国家社科基金重大委托项目
中国社会科学院创新工程学术出版资助项目

中国民族地区
经济社会调查报告

总顾问　陈奎元
总主编　王伟光

2014 年调查问卷分析·北方卷

本卷主编　王延中　丁　赛

中国社会科学出版社

图书在版编目(CIP)数据

中国民族地区经济社会调查报告·2014年调查问卷分析·北方卷/王延中,丁赛主编.—北京:中国社会科学出版社,2016.1(2021.12重印)

ISBN 978-7-5161-9411-9

Ⅰ.①中… Ⅱ.①王…②丁… Ⅲ.①民族地区经济-经济发展-调查报告-北方地区②民族地区-社会发展-调查报告-北方地区 Ⅳ.①F127.8

中国版本图书馆 CIP 数据核字(2016)第 280276 号

出 版 人	赵剑英
责任编辑	宫京蕾
责任校对	冯英爽
责任印制	李寡寡

出 版	中国社会科学出版社
社 址	北京鼓楼西大街甲 158 号
邮 编	100720
网 址	http://www.csspw.cn
发 行 部	010-84083685
门 市 部	010-84029450
经 销	新华书店及其他书店

印刷装订	北京君升印刷有限公司
版 次	2016 年 1 月第 1 版
印 次	2021 年 12 月第 2 次印刷

开 本	710×1000 1/16
印 张	20.25
插 页	2
字 数	343 千字
定 价	116.00 元

《21 世纪初中国少数民族地区经济
社会发展综合调查》
项目委员会

顾问委员会

总 顾 问　陈奎元

学术指导委员会

主　　任　王伟光

委　　员（按姓氏笔画为序）

　　　丹珠昂奔　李　扬　李培林　李　捷　陈改户　武　寅

　　　郝时远　赵胜轩　高　翔　黄浩涛　斯　塔

专家委员会

首席专家　王延中

委　　员（按姓氏笔画为序）

　　　丁　宏　丁　赛　丁卫东　马　援　王　平　王　锋

　　　王希恩　开　哇　扎　洛　车明怀　方　勇　方素梅

　　　尹虎彬　石玉钢　龙远蔚　卢献匾　田卫疆　包智明

　　　吐尔干·皮达　朱　伦　色　音　刘　泓　刘正寅

　　　刘世哲　江　荻　赤列多吉　李云兵　李红杰　李克强

　　　吴　军　吴大华　何星亮　张若璞　张昌东　张继焦

　　　陈建樾　青　觉　郑　堆　赵立雄　赵明鸣　赵宗福

　　　赵剑英　段小燕　姜培茂　聂鸿音　晋保平　特古斯

　　　倮代瑜　徐　平　徐畅江　高建龙　黄　行　曹宏举

　　　曾少聪　管彦波　毅　松

项目工作组

组　　长　扎　洛　孙　懿

成　　员（按姓氏笔画为序）

　　　丁　赛　孔　敬　刘　真　刘文远　李凤荣　李益志

　　　宋　军　陈　杰　周学文　程阿美　管彦波

总　序

　　实践的观点是马克思主义哲学最基本的观点，实事求是是马克思主义活的灵魂。坚持一切从实际出发、理论联系实际、实事求是的思想路线，是中国共产党把马克思主义基本原理与中国实际相结合，领导中国人民进行社会主义革命和社会主义建设不断取得胜利的基本经验。改革开放以来，在实事求是、与时俱进思想路线的指导下，中国特色社会主义伟大事业取得了举世瞩目的伟大成就，中国道路、中国经验在世界上赢得了广泛赞誉。丰富多彩的成功实践推进了中国化马克思主义的理论创新，也为哲学社会科学各学科的繁荣发展提供了坚实的沃土。时代呼唤理论创新，实践需要哲学社会科学为中国特色社会主义理论体系的创新发展做出更大的贡献。在中国这样一个统一的多民族的社会主义国家，中国特色的民族理论、民族政策、民族工作，构成了中国特色社会主义的重要组成部分。经济快速发展和社会剧烈转型，民族地区全面建成小康社会，进而实现中华民族的伟大复兴，迫切需要中国特色民族理论和民族工作的创新，而扎扎实实地开展调查研究则是推进民族研究事业适应时代要求、实现理论创新、服务发展需要的基本途径。

　　早在 20 世纪 50 年代，应民族地区的民主改革和民族识别之需，我国进行了全国规模的少数民族社会历史与语言调查，今称"民族大调查"。这次大调查收集获取了大量有关民族地区社会历史的丰富资料，形成 300 多个调查报告。在这次调查的基础上，整理出版了 400 余种、6000 多万字的民族社会历史建设的巨大系统工程——"民族问题五种丛书"，为党和政府制定民族政策和民族工作方针、在民族地区开展民主改革和推动少数民族经济社会的全面发展提供了重要的依据，也为中华人民共和国民族研究事业的发展奠定了坚实的基础。

　　半个多世纪过去了，如今我国边疆民族地区发生了巨大而深刻的变化，各民族逐渐摆脱了贫困落后的生产生活状态，正在向文明富裕的现代化社会迈进。但同时我们也要看到，由于历史和现实的原因，各民族之间以及不同民族地区之间经济社会的发展依然存在较大的差距，民族地区经济发展不平衡问题，以及各种社会问题、民族问题、宗教问题、生态问题，日益成为推动民族地区经济社会发展必须着力解决的紧迫问题。深入民族地区开展长期、广泛而深入的调查研究，全面了解各民族地区经济社会发展面临的新情况、新问题，科学把握各民族地区经济社会发展趋势，是时代赋予民族学工作者的使命。

　　半个多世纪以来，中国社会科学院民族学与人类学研究所一直把调查研究作为立所之本。1956年成立的少数民族语言研究所和1958年成立的民族研究所（1962年两所合并，以下简称"民族所"），从某种意义上讲，就是第一次民族大调查催生的结果。作为我国多学科、综合性、国家级的民族问题专业研究机构，民族所非常重视田野调查，几代学者已在中国各民族地区近1000个地点进行过田野调研。20世纪90年代，民族所进行了第二次民族地区典型调查，积数年之功完成了20余部调研专著。进入新的历史时期，为了更好地贯彻党中央对我院"三个定位"的要求，进一步明确今后一个时期的发展目标和主攻方向，民族所集思广益，经过反复酝酿、周密论证，组织实施了"21世纪初中国少数民族地区经济社会发展综合调查"。这是我国民族学研究事业发展的迫切需要，也是做好新时期民族工作的前提和基础。

　　在充分利用自20世纪50年代以来开展的少数民族社会历史与语言调查相关研究成果的基础上，本次民族大调查将选择60—70个民族区域自治地方（包括市、县/旗或民族乡）作为调查点，围绕民族地区政治、经济、社会、文化、生态五大文明建设而展开，计划用4—5年的时间，形成60—70个田野调查报告，出版50部左右的田野民族志专著。民族调查是一种专业性、学科性的调查，但在学科分化与整合均非常明显的当代学术背景下，要通过调查研究获得开拓性的成果，除了运用民族学、人类学的田野调查方法外，还需结合社会学问卷调查方式和国情调研、社会调查方式，把静态与动态、微观与宏观、定量分析与定性分析、典型与一般有机结合起来，突出调查研究的时代性、民族性和区域性。这是新时期开展民族大调查的新要求。

　　立足当代、立足中国的"民族国情"，妥善处理民族问题，促进各民族平等团结，促进各民族地区繁荣发展，是中国特色社会主义的重要任务。"21世纪初中国少数民族地区经济社会发展综合调查"作为国家社科基金特别委托项目和中国社会科学院创新工程重大项目，希望立足改革开放以来少数民族地区的发展变化，围绕少数民族地区经济社会发展，有针对性地开展如下调查研究：①民族地区经济发展现状与存在的问题调查研究；②民族地区社会转型、进步与发展调查研究；③西部大开发战略与民族问题调查研究；④坚持和完善民族区域自治制度调查研究；⑤民族地区宗教问题调查研究；⑥民族地区教育与科技调查研究；⑦少数民族传统文化与现代化调查研究。

　　调查研究是加强学科建设、队伍建设和切实发挥智库作用的重要保障。基础研究与应用对策研究是现代社会科学不可分割的有机统一整体。通过全面、深入、系统的调查研究，我们希望努力达成以下几个目标。一是全面考察中国特色民族理论、民族政策的探索和实践过程，凝练和总结中国解决民族地区发展问题、确立和谐民族关系、促进各民族共同繁荣发展的经验，把握民族工作的一般规律，为未来的民族工作提供坚实的理论支撑，为丰富和发展中国特色社会主义理论体系做出贡献。二是全面展示改革开放特别是自21世纪以来民族地区经济社会发展的辉煌成就，展示以"平等、团结、互助、和谐"为核心内容的新型民族关系在当代的发展状况，反映各族人民社会生活的深刻变化，增强各民族的自豪感、自信心，建设中华民族共同体，增强中华民族凝聚力。三是深入调查探寻边疆民族地区经济社会发展中存在的问题，准确把握未来发展面临的困难与挑战，为党和国家全面了解各民族发展现状、把握发展趋势、制订未来发展规划提供可靠依据。四是通过深入民族地区进行扎实、系统的调研，收集丰富翔实的第一手资料，构筑我国民族地区社会发展的基础信息平台，夯实民族研究的基础，训练培养一支新时期民族问题研究骨干队伍，为民族学研究和民族地区未来发展奠定坚实的人才基础。

　　我们深信，参与调查研究的每一位专家和项目组成员，秉承民族学、人类学学界前辈学人脚踏实地、不怕吃苦、勤于田野、精于思考的学风，真正深入民族地区、深入田野，广泛汇集干部、群众的意见，倾听干部、群众的呼声，运用多种方式方法取得丰富的数据资料，通过科学严谨的数据分析和系统深入的理论研究，一定会取得丰硕的成果。这不仅会成为

21世纪我国民族学与人类学学科建设的一座重要里程碑，也一定会为党和政府提供重要决策参考，为促进我国民族理论和民族工作的新发展，为在民族地区全面建成小康社会，为实现中华民族的伟大复兴做出应有的贡献。

王伟光

目 录

第一章

新疆鄯善县经济社会发展综合调查报告

新疆是多民族聚居地区，少数民族主要居住于天山以南的塔里木盆地和天山以北的准噶尔盆地周缘的绿洲地带。天山以东的吐鲁番盆地也是少数民族居住的主要地区，吐鲁番地区包括一市两县即吐鲁番市、鄯善县、托克逊县。鄯善县位于天山东部南麓的吐鲁番盆地东侧，全县总面积39800平方公里，约占新疆总面积的2.5%。北与木金县、奇台县为邻，东经七克台镇连接哈密市七角井乡，西部吐略沟苏巴什村与吐鲁番市胜金乡接壤，南部经南湖戈壁至觉罗塔格与若宪县、尉犁县为界。鄯善县地处库木塔格山（沙山）北麓，西接火焰山东端。三面环山，地势东北高、西南低。北部为博格达山，中部为吐鲁番盆地和哈密盆地，南部为戈壁和沙漠。鄯善县地处亚洲腹部，远离海洋、群山环绕、地貌复杂，形成了独特的气候。夏日炎热，冬天冰冷，春旱干燥，日照充足，昼夜温差大，等等。这对于棉花、葡萄、哈密瓜、西瓜的生长极为有利，这就是鄯善的甜瓜、葡萄世界有名的原因所在。鄯善县有五个镇和五个乡，五个镇分别是：鄯善镇、鲁克泌镇、连木泌镇、七克台镇、火车站镇；五个乡分别是：辟展乡、东巴扎回族乡、迪坎乡、大浪坎乡、吐略沟乡。其中的鲁克泌镇被命名为"中国历史文化名镇"，吐略沟乡的麻扎村被命名为"中国历史文化村"。鄯善县的土壤资源丰富，拥有耕地、休闲地和少数撂荒地总共47万亩，可垦荒地有90万亩。20世纪末，鄯善县由维吾尔、汉、回、哈萨克、满等20个民族构成。截至2014年，全县总人口23.86万，其中少数民族16.60万人，维吾尔族15.67万人，占总人口的94.4%；汉族7.1万人，占比4.3%；回族1.11万人，占比0.7%；另有哈萨克族37人，蒙古族88人，满族113人，其他民族336人。鄯善县居民主要以传统农业生产为主，资源也比较丰富。近年来，在党和政府的高度重视及各民族的共同努力下，鄯善县农业、工业以及旅游业有了翻天覆地的变化。鄯善县是新疆维吾尔自治区经济大县之一。截至 2014 年，全县实现地区生产总值达到 1473952 万元，其中农业总产值达到 150602 万元，地区农民平均纯收入每人达到 8170 元。①

本报告基于鄯善县居民的主观反映，针对鄯善县居民经济生活情况、民族文化与民族教育、民族关系与民族政策和公共服务等几个方面进行定量分析，为评估鄯善县经济社会发展程度提供必要参考依据，希望以此对维护鄯善县发展和稳定有所贡献。

一   调查对象基本情况

本报告关于"鄯善县经济社会发展综合调查"的分析数据来源于中国社会科学院民族学与人类学研究所主持的国家社科基金重大项目、中国社会科学院创新工程重大专项"21 世纪初中国少数民族地区经济社会发展综合调查"2014 年在鄯善县的家庭问卷抽样调查数据。鄯善县的样本回收数为 401 份，调查对象包括鄯善县城乡各民族成员。问卷回收整理录入后，主要使用社会统计软件 SPSS 加以统计分析。

表 1-1 显示，在性别方面，男性比例为 54%，女性比例为 46%，男性所占的比例略高。在年龄分布方面，30—60 岁的人占人口数量最多，比例为 68.2%，30 岁以下的年轻人所占比例为 16%，61 岁以上的所占比例为 15.8%。从民族成分上来看，维吾尔族人口最多，占总数的 53.9%，其次是回族，占 31.9%，汉族人口比为 13.9%，另有 0.3% 为土族。在户籍类型方面，农业户口最多，占 77.6%，城镇户口占 22.4%。在受教育程度上，接受了本科及以上教育的占 2.8%。受教育程度在初中及以下的占 79.1%。总体来看，受教育程度不高。在职业类型分布方面，从事农林牧渔水利生产人员最多，占 60.5%，其次为灵活就业人员，占 12.5%，商业、服务业人员占 11.2%，国家机关工作人员及负责人所占比例为 1%。在宗教信仰方面，信仰伊斯兰教的人数最多，占 83.8%，没有宗教信仰的人数占 13.2%，佛教和基督教各占 0.3%，不想透露自己宗教信仰的人数占 2.3%，0.3% 的人不知道或者不清楚自己的宗教信仰。

---

① 维吾尔自治区地方志编纂委员会编：《新疆统计年鉴 2014》，新疆年鉴社 2014 年。

性别	百分比	样本量	户口	百分比	样本量	职业	百分比	样本量
男性	54	216	农业户口	77.6	311	国家机关党群组织、事业单位负责人	1	4
女性	46	184	城镇户口	22.4	90	国家机关党群组织、事业单位工作人员	9.7	38
年龄	百分比	样本量	民族	百分比	样本量	同上		
30岁以下	16	64	汉族	13.9	55	专业技术人员	0.8	3
31—45岁	30.1	120	回族	31.9	126	生产、运输等设备操作人员及有关人员	2.8	11
46—60岁	38.1	152	维吾尔族	53.9	213			
61岁及以上	15.8	63	土族	0.3	1	商业、服务业人员	11.2	44
教育程度	百分比	样本量	宗教信仰	百分比	样本量			
未上学	12.5	50	伊斯兰教	83.8	331	农林牧渔水利生产人员	60.5	237
小学	29.3	117	佛教	0.3	1			
初中	37.3	149	基督教	0.3	1	各类企业办事人员	1.3	5
高中、中专或职高技校	10.8	43	没有宗教信仰	13.2	52	军人	0.3	1
大学专科	7.5	30	不知道	0.3	1	不便分类的其他从业人员	12.5	49
大学本科	2.8	11	不想说	2.3	9			

表1-1　　　　调查对象基本情况　　　单位：%，个

说明：户口中的城镇户口中包括了由农业户口转为居民户口的人数。

二　经济生活

（一）受访者的就业情况

鄯善县农村户口受访居民的职业类型集中在农林牧渔水利行业，比例占71.9%。城镇户口受访居民的职业类型主要是国家机关党群组织、事业单位工作人员，比例为27.9%，其次为从事灵活就业人员占22.1%，从事农林牧渔水利行业的占19.8%，其他职业分布比例较少。从民族维度看，汉族受访居民无论农村还是城镇户口，从事农林牧渔水利生产人员的比例最大，其他职业比例很小。回族农村户口受访居民多从事农林牧渔水利行业，比例为60.5%。回族城镇户口受访居民则多为灵活就业人员，比例为36.8%。维吾尔族农村户口受访居民从事农林牧渔水利生产行业比例最大，为79.5%。维吾尔族城镇户口受访居民则多为国家机关党群组织、事业单位工作人员，比例为47.4%。总体来看，城镇居民职业分布相对分散,农村居民的职业分布较集中单一。各民族农村户口受访居民中从事农林牧渔水利生产行业人员比例都占最多数,但各民族城镇受访居民从事行业差异较大,分布不均(见表1-2)。

表1-2   受访居民职业分布类型   单位:%,个

		样本量	国家机关党群组织、事业单位负责人	国家机关党群组织、事业单位工作人员	专业技术人员	各类企业办事人员	商业、服务业人员	农林牧渔水利生产人员	生产、运输设备操作人员及有关人员	军人	不便分类的其他从业人员
	农村	306	0.7	4.6	0.3	0	10.1	71.9	2.3	0.3	9.8
	城镇	86	2.3	27.9	2.3	5.8	15.1	19.8	4.7	0	22.1
	总体	392	1	9.7	0.8	1.3	11.2	60.5	2.8	0.3	12.5
汉族	农村	43	2.3	2.3	—	—	14	67.4	2.3	—	11.6
	城镇	10	10	—	—	—	10	50	10	—	20
	总体	53	3.8	1.9	—	—	13.2	64.2	3.8	—	13.2
回族	农村	86	—	4.7	—	—	17.4	60.5	3.5	1.2	12.8
	城镇	38	—	15.8	—	10.5	13.2	21.1	2.6	—	36.8
	总体	124	—	8.1	—	3.2	16.1	48.4	3.2	0.8	20.2
维吾尔族	农村	171	0.6	5.3	0.6	—	5.3	79.5	1.8	—	7
	城镇	37	2.7	48.6	5.4	2.7	16.2	10.8	5.4	—	8.1
	总体	208	1	13	1.4	0.5	7.2	67.3	2.4	—	7.2

受访居民外出就业意愿方面,从城乡维度看,城乡差异不大,85.3%的受访居民愿意留在县城之内,愿意到东部一线大城市工作的仅有1.9%,说明鄯善县受访居民外出打工意愿很低。从民族维度来看,回族受访居民愿意留在县城之内的占多数,回族农村户口受访居民中16.2%愿意在县城省区内就业,回族城镇户口受访居民仅有9.1%愿意在县外省内就业。说明回族农村户口受访居民的流动意愿大于城镇户口受访居民。维吾尔族受访居民整体流动意愿低,无论是农村还是城镇户口都有超过95%的受访居民愿意在县城之内就业(见表1-3)。

表 1-3　　　　　　　　　　受访居民外出就业意愿范围　　　　　　单位:%，个

		样本量	县城之内	县外省区内，但必须是家附近的市/县	县外省内无所谓远近	本省区相邻的外省区	本省区外非相邻省区	东部一线大城市	其他（请注明地区名称）
	农村	199	85.9	8	2	0	0.5	2.5	1
	城镇	67	83.6	7.5	4.5	1.5	1.5	0	1.5
	总体	266	85.3	7.9	2.6	0.4	0.8	1.9	1.1
回族	农村	68	75	16.2	5.9	0	0	1.5	1.5
	城镇	33	78.8	9.1	6.1	3	3	0	0
维吾尔族	农村	105	97.1	2.9	0	0	0	0	0
	城镇	26	96.2	3.8	0	0	0	0	0

（二）生活水平评价

整体看，鄯善县受访居民对过去 5 年生活水平变化大都持肯定态度。86.2%的受访居民认为过去 5 年生活水平上升很多或略有上升，认为上升很多的占 29.3%，认为略有上升的占 56.9%。从民族维度看，汉族、回族、维吾尔族受访居民认为过去 5 年生活水平上升很多的比例分别为 42.6%、41.3%和 18.9%，认为略有上升的比例分别为 37%、42.1%和 70.8%。其中汉族受访居民的评价最高。从城乡维度上看，农村受访居民认为生活水平上升的有 87.9%，城镇受访居民认为生活水平上升的有 80.7%。说明超过 80%的受访居民都认为在过去 5 年中得生活水平有所提升。

表 1-4　　　　　　　　受访居民 5 年的生活水平变化　　　　　　单位:%，个

	样本量	上升很多	略有上升	没有变化	略有下降	下降很多	不好说
汉族	54	42.6	37	13	0	1.9	5.6
回族	126	41.3	42.1	10.3	4	1.6	0.8
维吾尔族	212	18.9	70.8	4.7	0	0.5	5.2
总体	392	29.3	56.9	7.7	1.3	1	3.8
农村	308	30.8	57.1	6.5	0.6	0.3	4.5
城镇	88	22.7	58	11.4	3.4	3.4	1.1
总体	396	29	57.3	7.6	1.3	1	3.8

　　从民族维度来看受访居民对于自己生活水平的评价，汉族受访居民和回族受访居民认为自己生活水平处于中的为大多数，比例分别是54.7%和50.8%，维吾尔族受访居民认为自己生活水平处于下的占多数，比例为30.3%。汉族受访居民认为自己生活水平处于中上及上的居民占11.3%，回族受访居民占8.7%，维吾尔族受访居民占1.9%。因此可以看出，在鄯善县受访居民中汉族受访居民和回族受访居民认为自己的生活水平在中以上的居多，维吾尔族受访居民多认为自己的生活水平较低。从城乡维度看，汉族受访居民与回族受访居民的城乡差别不大，均认为自己的生活水平处于中等水平。维吾尔族农村受访居民认为自己的生活水平处于下的居多，比例为31.6%，而维吾尔族城镇受访居民大多数认为自己的生活水平处于中，比例为35%。由此可以看出维吾尔族受访居民的城乡生活水平差距相对于其他民族来说较大，维吾尔族农村受访居民生活水平较低。从整体来看，鄯善县受访居民对自己的生活水平评价并不高。

表1-5　　　　　　受访居民对于自己生活水平的评价　　　　单位:%，个

		样本量	上	中上	中	中下	下	不好说
	农村	307	0.3	4.6	33.9	20.8	22.8	17.6
	城镇	89	0	6.7	43.8	16.9	20.2	12.4
	总体	396	0.3	5.1	36.1	19.9	22.2	16.4
汉族	农村	42	0	7.1	54.8	19	4.8	14.3
	城镇	11	0	27.3	54.5	0	0	18.2
	总体	53	0	11.3	54.7	15.1	3.8	15.1
回族	农村	88	1.1	9.1	51.1	17	11.4	10.2
	城镇	38	0	5.3	50	13.2	21.1	10.5
	总体	126	0.8	7.9	50.8	15.9	14.3	10.3
维吾尔族	农村	171	0	1.8	20.5	24	31.6	22.2
	城镇	40	0	2.5	35	25	25	12.5
	总体	211	0	1.9	23.2	24.2	30.3	20.4
总体	农村	301	0.3	4.7	34.2	21.3	21.9	17.6
	城镇	89	0	6.7	43.8	16.9	20.2	12.4
	总体	390	0.3	5.1	36.4	20.3	21.5	16.4

三　民族文化与教育

（一）语言文字

由表1-6可以看出，普通话在鄯善县受访居民中使用率并不高。日常生活交谈中，59.5%的受访居民使用本民族语言，使用普通话的受访居民占39.7%，使用汉语方言的受访居民占29.6%。从民族维度看，汉族受访者和回族受访居民日常交谈中习惯使用普通话，相关比例分别为89.6%、74.8%；维吾尔族受访居民中100%日常交谈使用维吾尔语。从城乡维度看，农村受访居民使用普通话作为日常交谈媒介的比例低于城镇，使用本民族语言的比例高于城镇受访居民，但无论城乡，受访居民日常交谈都主要使用本民族语言。从其他少数民族语言的使用情况来看，汉族受访者有14.6%的人可以使用少数民族语言进行交流，回族受访者有3.3%的人可以使用少数民族语言，说明各民族之间的语言交流并不普遍。

表1-6　　　　　　　　受访居民与人交谈时语言使用情况　　　　单位:%，个

	样本量	普通话	汉语方言	本民族语言	其他少数民族语言
汉族	48	89.6	20.8	2.1	14.6
回族	115	74.8	80.9	8.7	3.3
维吾尔族	212	9.4	3.8	100	0.5
合计	375	39.7	29.6	59.5	12.3
农村	296	36.8	28.4	62.2	10.5
城镇	85	47.1	32.9	52.9	17.6
总体	381	39.1	29.4	60.1	12.1

从城乡维度看，鄯善县农村受访居民听不懂也不会说普通话的比例为49.4%，高于城镇居民的23.5%。说明普通话在农村普及率比城镇低。从民族维度看，维吾尔族受访居民普通话水平在基本交流及以上的比例为12.3%。其中，维吾尔族农村受访居民普通话水平在基本交流及以上的比例为8.8%，维吾尔族城镇受访居民为25%。听不懂也不会说普通话的维吾尔族农村受访居民比例为85%，城镇受访居民为47.5%。因此可以看出，鄯善县维吾尔族受访居民的普通话水平并不高，其中城镇受访居民的

普通话水平高于农村受访居民，农村受访居民的普通话水平很低。

表1-7　　　　　　　　　受访居民普通话掌握情况　　　　　　单位:%，个

		样本量	能流利准确地使用	能熟练使用但有些音不准	能熟练使用但口音较重	基本能交谈但不太熟练	能听懂但不太熟练	能听懂一些但不会说	听不懂也不会说
	农村	263	33.8	8.7	2.3	2.3	0.8	2.7	49.4
	城镇	81	43.2	11.1	3.7	4.9	4.9	8.6	23.5
	总体	344	36	9.3	2.6	2.9	1.7	4.1	43.3
维吾尔族	农村	147	2.7	2	0.7	3.4	1.4	4.8	85
	城镇	40	7.5	5	2.5	10	10	17.5	47.5
	总体	187	3.7	2.7	1.1	4.8	3.2	7.5	77

　　鄯善县维吾尔族受访居民的普通话掌握程度根据年龄段来分析，农村维吾尔族受访居民有85%听不懂也不会说普通话。其中61岁及以上的维吾尔族受访居民中普通话水平在基本能交谈及以上的占7.1%，能听懂的但不会说或不熟练的为0，听不懂也不会说的占92.9%。而30岁以下的维吾尔族受访居民中普通话水平在基本能交谈及以上的占10.7%，能听懂但不会说或不熟练的占17.8%，听不懂也不会说的占71.4%。由此可见，农村维吾尔族受访居民的普通话掌握水平很低，但整体呈缓慢提高趋势。城镇维吾尔族受访居民普通话水平在基本能交谈及以上的占26.3%，其中30岁以下普通话水平在能基本交谈及以上的占71.5%，普通话水平在能听懂但不会说或不熟练最多的年龄段是46—60岁。因此可以看出，城镇维吾尔族受访居民的普通话水平高于农村维吾尔族受访居民，并且整体呈提高趋势。

表1-8　　　　不同年龄段维吾尔族受访居民普通话掌握程度　　　单位:%，个

		样本量	能流利准确地使用	能熟练使用但有些音不准	能熟练使用但口音较重	基本能交谈但不太熟练	能听懂但不太熟练	能听懂一些但不会说	听不懂也不会说
农村	30岁以下	28	7.1	0	0	3.6	7.1	10.7	71.4
	31—45岁	51	2	2	0	2	0	3.9	90.2
	46—60岁	54	1.9	3.7	0	5.6	0	3.7	85.2
	61岁及以上	14	0	0	7.1	0	0	0	92.9
	总体	147	2.7	2	0.7	3.4	1.4	4.8	85

续表

		样本量	能流利准确地使用	能熟练使用但有些音不准	能熟练使用但口音较重	基本能交谈但不太熟练	能听懂但不太熟练	能听懂一些但不会说	听不懂也不会说
城镇	30 岁以下	7	42.9	14.3	0	14.3	0	0	28.6
	31—45 岁	17	0	0	5.9	5.9	17.6	5.9	64.7
	46—60 岁	11	0	9.1	0	18.2	9.1	45.5	18.2
	61 岁及以上	3	0	0	0	0	0	0	100
	总体	38	7.9	5.3	2.6	10.5	10.5	15.8	47.4

　　鄯善县维吾尔族受访居民对普通话的态度总体来说认为有好处的，方便与其他民族交往的比例为39%，有22.4%的维吾尔族受访居民认为不好说。其中农村维吾尔族受访居民有41.5%认为普通话是有好处的，方便与其他民族交往，另有23.4%的人认为不好说。城镇维吾尔族受访居民认为普通话有好处，方便与其他民族交往的占28.2%，低于农村受访维吾尔族居民，但城市维吾尔族受访居民同时也认为普通话对工作生活各方面都有好处，比例占28.2%，认为普通话有好处方便做买卖的占20.5%。因此，农村维吾尔族受访居民认为普通话的好处更多是在与其他民族交往方面，而城镇维吾尔族受访居民认为普通话的好处既在于方便与其他民族交往，也对工作生活各方面都有好处。由此可见，普通话在农村的使用面较窄，而在城镇的使用面更宽。

表 1-9　　　　　　　　维吾尔族受访居民对普通话的态度　　　　　单位:%，个

维吾尔族	样本量	有好处，方便与其他民族交往	有好处，方便做买卖	对工作生活各方面都有好处	不好说	没太大好处
农村	171	41.5	18.1	15.8	23.4	1.2
城镇	39	28.2	20.5	28.2	17.9	5.1
总体	210	39	18.6	18.1	22.4	1.9

　　鄯善县维吾尔族受访居民会使用汉字的比例为5%，会使用本民族文字的比例为89.6%。其中农村维吾尔族受访居民会使用汉字的比例为2.5%，城镇维吾尔族受访居民该项比例为15%。农村维吾尔族居民会使用本民族文字的比例为90.1%，城镇维吾尔族受访居民该项比例为87.5%。由此可见，维吾尔族受访居民的汉字使用率很低，其中农村维吾

尔族受访居民使用汉字的比例要低于城镇维吾尔受访居民。

表 1-10　　　　　　　　　**受访居民文字使用情况**　　　　单位:%，个

		样本量	汉字	样本量	本民族文字
维吾尔族	农村	161	2.5	171	90.1
	城镇	40	15	40	87.5
	总体	201	5	211	89.6

（二）宗教信仰

受访居民宗教信仰比例大，以伊斯兰教为主。83.6%受访居民都信仰伊斯兰教，没有宗教信仰的受访居民占13.3%，信仰佛教的受访居民占0.3%，信仰基督教的受访居民占0.3%，有0.3%的受访居民不清楚自己的宗教信仰情况。不想说自己的宗教信仰的居民占2.3%。从民族维度看，92.7%汉族受访居民无宗教信仰。回族和维吾尔族受访居民均信仰伊斯兰教，回族受访居民中有0.8%没有宗教信仰。维吾尔族受访居民中有2.8%不想说自己的宗教信仰。从城乡维度看，城镇受访居民不信教的比例为11.5%，农村受访居民为13.7%，说明城镇信教受访居民比例高于农村居民。其中，城镇受访居民中82.8%信仰伊斯兰教，农村受访居民相关比例为84%。

表 1-11　　　　　　　　　**受访居民宗教信仰情况**　　　　单位:%，个

	样本量	伊斯兰教	佛教	基督教	没有宗教信仰	不知道（不清楚）	不想说
汉族	55	0	1.8	1.8	92.7	0	3.6
回族	124	97.6	0	0	0.8	0.8	0.8
维吾尔族	211	97.2	0	0	0	0	2.8
总体	390	83.6	0.3	0.3	13.3	0.3	2.3
农村	306	84	0	0	13.7	0.3	2
城镇	87	82.8	1.1	1.1	11.5	0	3.4
总体	393	83.7	0.3	0.3	13.2	0.3	2.3

从农村受访居民宗教与信仰部分的支出情况来看，整体受访居民的支

出集中在 500 元之内，比例为 55.9%。支出在 500—2000 元的占 32.4%。
从民族维度来看，汉族受访居民最低，支出主要在 500 元以下，其次为回
族受访居民，68.4% 的宗教性支出在 500 元以下，89.5% 的受访居民宗教
性支出在 1000 元以下。维吾尔族的宗教性支出在 500 元以下的受访居民
比例为 38.5%，500—2000 元的占 45.4%，在 10000 元以上的占 9.8%。
说明虽然农村受访居民总收入与总支出中，维吾尔族受访居民都是最低，
但是在宗教信仰性支出上来看，维吾尔族受访居民要高于其他民族受访居
民，说明维吾尔族受访居民的宗教信仰是生活中的重要组成部分之一。

表 1-12　　　　　　　　农村受访居民的宗教与信仰支出　　　　单位:%，个

	样本量	0—500 元	500—1000 元	1000—2000 元	2000—5000 元	5000—10000 元	10000 元以上
汉族	45	97.8	0	0	2.2	0	0
回族	95	68.4	21.1	3.2	3.2	0	4.2
维吾尔族	114	38.5	17.2	28.2	6.3	0	9.8
总体	254	55.9	15.9	16.5	4.8	0	7

鄯善县受访居民主要的休闲活动是看电视或电影、参加朋友聚会，相
关比例分为 95.9%、59.5%。从民族维度看，由于回答此问题的汉族受访
居民人数仅为 2 人，所以不计入统计。从数据分析来看，两个民族的受访
居民都有 90% 以上选择看电视或电影，除此之外，通过比较可以看出维
吾尔族受访居民较回族受访居民来说更多地选择参加互动性活动，而回族
受访居民在上网和读书学习上所占的比例大于维吾尔族受访居民。另外，
回族受访居民在休闲时间参与宗教活动的比例为 27.8%，维吾尔族受访
居民的比例为 1.9%。从表 1-12 的统计可以看出维吾尔族受访居民 100%
信仰伊斯兰教，但此处休闲时间参与宗教活动的比例仅为 1.9%，个人认
为此数据有偏差。原因可能是由于近年新疆发生多起以宗教名义的暴恐事
件，从而宗教变成了敏感词，调查对象在填写问卷时有意回避该问题。另
一原因也许是因为伊斯兰教的许多宗教行为已经融入维吾尔族的民族传统
文化中，是维吾尔族生活的重要组成部分，一些原为宗教活动的行为也许
会被调查对象认为是传统文化习俗，而没有被归为宗教活动。从城乡角度
看，城镇受访居民的活动要比农村受访居民的活动丰富。

表 1-13 　　　　　　　　受访者休闲时间参与活动情况 　　　　单位:%，个

		样本量	看电视或电影	上网	朋友聚会	文体活动	读书学习	宗教活动
	农村	260	96.9	8.5	57.7	28.8	8.1	11.2
	城镇	78	92.3	24.4	65.4	30.8	14.1	12.8
	总体	338	95.9	12.1	59.5	29.3	9.5	11.5
回族	农村	88	94.3	13.6	47.7	19.5	17	28.4
	城镇	38	86.8	34.2	60.5	21.1	21.1	26.3
	总体	126	92.1	19.8	51.6	27	18.3	27.8
维吾尔族	农村	172	98.3	5.8	62.8	28.5	3.5	2.3
	城镇	40	97.5	15	70	40	7.5	
	总体	212	98.1	7.5	64.2	30.7	4.2	1.9

　　鄯善县受访居民总体认为伊斯兰教在当地的发展趋势是不断扩大的，支持该看法的比例为 50.9%。从民族维度看，维吾尔族受访居民认为伊斯兰教在当地的发展趋势是不断扩大的高于回族受访居民，比例为 57.5%。回族受访居民认为伊斯兰教在当地发展并没有变化的占 42.1%，高于维吾尔族受访居民的 14.6%。可以看出，维吾尔族受访居民内部宗教的发展要大于回族受访居民。从城乡维度来看，农村受访居民认为伊斯兰教不断扩大的要多于城镇受访居民，比例为 55.3%，而城镇受访居民同意该看法的比例为 38.5%。说明伊斯兰教在农村发展的趋势要大于城镇。

表 1-14 　　　　　　　受访居民对于伊斯兰教发展趋势的看法 　　　单位:%，个

	样本量	不断扩大	逐渐缩小	没有变化	不知道
回族	126	39.7	5.6	42.1	12.7
维吾尔族	212	57.5	1.9	14.6	25.9
总体	338	50.9	3.2	24.7	21.2
农村	266	55.3	2.6	21.8	20.3
城镇	78	38.5	6.4	33.3	21.8
总体	344	51.5	3.5	24.4	20.6

（三）民族文化

当地少数民族认为最具特色的少数民族文化类型主要为传统节日、传统饮食、传统服饰、宗教活动习惯四个方面。从民族维度来看，同样信奉伊斯兰教的回族受访居民与维吾尔族受访居民，回族受访居民认为宗教活动习俗是最具特色的少数民族文化类型之一，而维吾尔族受访居民认为最具特色的少数民族文化类型更偏向于传统文化。从城乡维度看，农村受访居民与城镇受访居民的差别并不大，都更倾向于传统文化。

表 1-15　　　　受访居民认为最具特色的少数民族文化类型　　　单位:%，个

			样本量	百分比
回族	第一位	传统节日	126	28.6
	第二位	传统饮食	111	22.5
	第三位	宗教活动习俗	101	18.8
维吾尔族	第一位	传统民居	212	63.7
	第二位	传统服饰	209	42.1
	第三位	传统节日	182	30.8
农村	第一位	传统民居	266	50
	第二位	传统服饰	252	32.5
	第三位	传统饮食	227	25.6
城镇	第一位	传统民居	77	32.5
	第二位	传统服饰	73	31.5
	第三位	传统节日	61	27.9

鄯善县受访居民了解和学习本民族文化的渠道主要有家庭、亲朋的耳濡目染；广播、电视及互联网媒体；社区的文化活动以及学习教育。其中影响最广的是家庭、亲朋的耳濡目染。从民族维度来看，回族受访居民与维吾尔族受访居民的选择基本一致；从城乡维度看，城镇中学校教育对于当地受访居民学习本民族以及其他民族文化有着一定的作用。需要强调的是，学校教育在当地受访居民学习本民族及其他民族文化中占得比例很低，相反电子媒体的影响很大。需要考虑加强学校教育中的少数民族文化以及相关知识的普及，并且要重视电子媒体对于民族文化传播的影响力。

表 1-16　　　　　当地居民了解和学习本民族文化的渠道　　　单位:%,个

			样本量	百分比
回族	第一位	家庭、邻里、亲朋耳濡目染	126	82.5
	第二位	广播、电视、互联网等	114	37.7
	第三位	村庄或社区的公告文化活动	96	38.5
维吾尔族	第一位	家庭、邻里、亲朋耳濡目染	212	94.8
	第二位	村庄或社区的公告文化活动	199	55.8
	第三位	广播、电视、互联网等	149	77.9
农村	第一位	家庭、邻里、亲朋耳濡目染	266	92
	第二位	村庄或社区的公告文化活动	244	49.6
	第三位	广播、电视、互联网等	191	59.2
城镇	第一位	家庭、邻里、亲朋耳濡目染	77	85.7
	第二位	学校教育	74	33.8
	第三位	广播、电视、互联网等	59	57.6

鄯善县受访居民在面对资源开发和保护传统文化发生冲突时,52.4%的受访居民认为保护本民族传统文化更为重要。从民族维度看,回族受访居民和维吾尔族受访居民大多数都认为保护本民族传统文化更为重要,比例分别是65.3%和44.8%。认为发展经济更为重要的回族受访居民更多,占24.2%,维吾尔族受访居民占14.3%;认为不好说的维吾尔族受访居民占41%,回族受访居民占10.5%。说明维吾尔族受访居民在面对发展与保护传统上更难以选择。从城乡维度看,城镇受访居民认为保护本民族传统文化的占68.4%,高于农村受访居民。农村受访居民34.1%认为不好说,高于城镇受访居民,说明农村受访居民面临问题更多,更难以选择。

表 1-17　　　　受访居民对资源开发和保护文化冲突时的态度　　　单位:%,个

		样本量	以发展经济为主,提高现代生活水平为主	保护本民族传统文化为主,不赞同过度商业化	不好说
	农村	258	18.2	47.7	34.1
	城镇	76	17.1	68.4	14.5
	总体	334	18	52.4	29.6
回族	农村	87	25.3	62.1	12.6
	城镇	37	21.6	73	5.4
	总体	124	24.2	65.3	10.5

续表

		样本量	以发展经济为主，提高现代生活水平为主	保护本民族传统文化为主，不赞同过度商业化	不好说
维吾尔族	农村	171	14.6	40.4	45
	城镇	39	12.8	64.1	23.1
	总体	210	14.3	44.8	41

（四）民族教育

从总体看，鄯善县受访居民的教育水平38.2%是初中，27.2%是小学，未上学的比例是12.4%，大学本科是2.4%。其中农村受访居民的教育水平40.6%是初中，城镇受访居民教育水平29.9%是初中。农村受访居民未上学的比例是15.3%，城镇受访居民未上学的比例为2.6%。其中回族受访居民的教育水平38.1%是初中，20.6%是未上学。其中回族农村受访居民27.3%未上学，回族城镇受访居民该项比例是5.3%，回族农村受访居民大学本科比例为0，回族城镇受访居民大学本科比例为10.5%。说明回族城镇受访居民的教育水平高于农村受访居民。维吾尔族农村受访居民40.5%为初中，维吾尔族城镇受访居民38.5%为大学专科。说明维吾尔族受访居民中，城镇受访居民的教育水平高于农村受访居民。

表1-18　　　　　少数民族受访居民受教育情况　　　单位:%，个

		样本量	未上学	小学	初中	高中、中专或职高技校	大学专科	大学本科
	农村	261	15.3	31	40.6	8.4	3.4	1.1
	城镇	77	2.6	14.3	29.9	22.1	24.7	6.5
	总体	338	12.4	27.2	38.2	11.5	8.3	2.4
回族	农村	88	27.3	22.7	40.9	8	1.1	0
	城镇	38	5.3	13.2	31.6	28.9	10.5	10.5
	总体	126	20.6	19.8	38.1	14.3	4	3.2
维吾尔族	农村	173	9.2	35.3	40.5	8.7	4.6	1.7
	城镇	39	0	15.4	28.2	15.4	38.5	2.6
	总体	212	7.5	31.6	38.2	9.9	10.8	1.9

鄯善县受访居民整体更愿意送孩子去双语学校学习，比例为55%。

其中农村受访居民 53.5%愿意送孩子去双语学校学习，45.8%表示无所谓。城镇受访居民有 60.3%愿意送孩子去双语学校学习，35.9%表示无所谓。回族受访居民 60.3%愿意送孩子去双语学校学习，35.7%表示无所谓。维吾尔族受访居民 51.9%表示愿意送孩子去双语学校学习，48.1%表示无所谓。回族受访居民在此项意愿上的农村城镇差距不大，维吾尔族农村受访居民愿意送孩子去双语学校的比例为 50%，维吾尔族城镇受访居民愿意送孩子去双语学校的比例为 60%。可以看出，维吾尔族城镇受访居民送孩子去双语学校的意愿大于维吾尔族农村受访居民。

表 1-19　　　　　　受访居民送孩子去双语学校学习的意愿　　　单位:%，个

		样本量	愿意	不愿意	无所谓
	农村	88	53.5	0.8	45.8
	城镇	38	60.3	3.8	35.9
	总体	126	55	1.5	43.5
回族	农村	172	60.2	2.3	37.5
	城镇	40	60.5	7.9	31.6
	总体	212	60.3	4	35.7
维吾尔族	农村	260	50	0	50
	城镇	78	60	0	40
	总体	338	51.9	0	48.1

鄯善县受访居民对双语教育的评价整体较高，52.5%的受访居民认为双语教育好。从民族维度看，维吾尔族受访居民对双语教育的评价最好，比例为 67%，回族受访居民和汉族受访居民的比例分别是 42.1%、18.9%。从城乡维度看，城镇受访居民对双语教育的评价略高于农村受访居民。

表 1-20　　　　　　　受访居民对双语教育的评价　　　单位:%，个

	样本量	好	一般	不好	不清楚
汉族	53	18.9	11.3	0	69.8
回族	126	42.1	21.4	11.1	25.4
维吾尔族	212	67	5.7	1.4	25.9
总体	391	52.5	11.5	4.3	31.7
农村	308	52.6	11	2.9	33.4
城镇	88	53.4	12.5	9.1	25
总体	396	52.7	11.4	4.3	31.6

四　民族关系与民族政策

（一）民族关系

1. 族际交往

鄯善县各族受访居民的族际交往意愿相对较强。各民族与本民族之外的民族成员交往评分均在 3 分以上，即处于愿意到非常愿意阶段。具体来看，汉族与少数民族交往的意愿相对最强，在聊天、成为邻居、一起工作等方面的评分均为 3.7 分。少数民族与汉族的交往意愿处于最弱的状况，在聊天、成为邻居、一起工作方面的评分分别为 3.4 分、3.3 分和 3.1 分。从具体民族维度看，回族居民与本民族外成员交往的意愿最强，评分均在 3.6—4.3 分，维吾尔族居民与其余各民族交往的意愿相对最弱，与汉族交往的意愿评分为 3.1 分，与其余少数民族交往的意愿为 3.5 分。但总体来看，民族之间的交往情况较为乐观。

表 1—21　　　　　　　　　受访者民族交往情况　　　　　　　单位：分

	样本量	汉族对少数民族			少数民族对汉族			少数民族对少数民族		
		聊天	成为邻居	一起工作	聊天	成为邻居	一起工作	聊天	成为邻居	一起工作
汉族	52	3.7	3.7	3.7	—	—	—	—	—	—
回族	126	—	—	—	3.7	4.3	3.6	3.6	4.3	3.6
维吾尔族	212	—	—	—	3.1	3.1	3.1	3.5	3.5	3.5
总体	390	3.7	3.7	3.7	3.4	3.3	3.1	3.6	3.5	3.5
农村	267	3.7	3.7	3.6	3.1	3.1	3.1	3.4	3.4	3.3
城镇	75	3.7	3.4	3.4	3.5	3.4	3.4	3.6	3.4	3.5
总体	342	3.7	3.6	3.5	3.2	3.2	3.1	3.4	3.4	3.4

说明：本报告对"民族交往意愿"的评价标准进行量化的方法是：很愿意 4 分、比较愿意 3 分、不太愿意 2 分、不愿意 1 分，分值越高，意愿越强。

鄯善县受访居民外出时认为本民族的人和同乡的人同等重要的占 35.2%，认为本民族的人更可以信任的占 34%。其中，回族受访居民认为本民族的人更值得信任的占 30.2%，说明回族居民在外民族认同感更强。

维吾尔族认为本民族的人和同乡人同等信任的占 40.1%，其次认为本民族的人更值得信任的占 36.3%，说明维吾尔族居民在外民族认同和地域认同同样强。维吾尔族认为可以不存在民族和地域差别的信任只占 9.4%，而回族占 28.6%，说明维吾尔族居民更容易信任自己文化圈内部的人。从城乡维度看，回族农村受访居民认为本民族人和同乡同等信任的人更多，比例是 29.5%。回族城镇受访居民认为本民族的人更值得信赖，比例为 36.8%。维吾尔族农村受访居民认为本民族人和同乡同等信任的人为 43%，认为本民族的人更值得信赖的占 42.5%。由此可见，在回族和维吾尔族受访居民中，农村受访居民的民族认同和地域认同同样强，城镇受访居民民族认同感更强。

表 1-22　　　　　　　　　受访居民外出时信任的对象　　　　　单位:%，个

		样本量	本民族的人（不管是否同乡）	同乡（不管是否本民族的人）	本民族的人和同乡同等交往、信任	不存在民族、地域差别
	农村	88	32.3	15	38.5	14.2
	城镇	38	39.7	11.5	24.4	24.4
	总体	126	34	14.2	35.2	16.6
回族	农村	172	27.3	18.2	29.5	25
	城镇	40	36.8	5.3	21.1	36.8
	总体	212	30.2	14.3	27	28.6
维吾尔族	农村	260	34.9	13.4	43	8.7
	城镇	78	42.5	17.5	27.5	12.5
	总体	338	36.3	14.2	40.1	9.4

2. 受访者的交友与通婚情况

在成为亲密朋友方面，回族受访居民的族际交往意愿高于其余各民族，有关评分均在 3.4—3.5。维吾尔族受访居民族际交友意愿评分也为 3 分和 3.4 分。汉族受访居民有关评分为 3.3 分。在族际通婚方面，各民族的意愿都不高，有关评分在 1.4—1.5，汉族受访居民的通婚意愿最弱，与少数民族通婚的意愿评分为 1.2 分，回族受访居民和维吾尔族受访居民的族际通婚意愿也相对较弱，评分分别为 1.5 分和 1.4 分。

表 1-23　　　　　　　　　　受访者的交友与通婚　　　　　　　　单位：分

	样本量	汉族与少数民族		少数民族与汉族		少数民族与少数民族	
		成为亲密朋友	通婚	成为亲密朋友	通婚	成为亲密朋友	通婚
汉族	52	3.3	1.2	—	—	—	—
回族	126	—	—	3.5	1.5	3.4	1.4
维吾尔族	212	—	—	3	1.4	3.4	1.4
总体	390	3.3	1.2	3.1	1.5	3.4	1.4
农村	267	3.3	1.3	3.1	1.4	3.3	1.4
城镇	75	3.1	1.7	3.4	1.4	3.7	1.3
总体	342	3.3	1.2	3.1	1.4	3.4	1.4

说明：本报告对"族际交友或通婚意愿"的评价标准进行量化的方法是：非常愿意4分、愿意3分、不太愿意2分、不愿意1分，分值越高，意愿越强。

从整体来看，98.4%的受访居民的家中没有与异民族通婚的亲属，可见鄯善县不同民族的通婚率非常低。从民族维度看，汉族受访居民仅有3.8%的人拥有与其他民族通婚的亲属，回族为3.2%，而维吾尔族为0。从城乡维度看，农村与城镇户口的受访居民拥有与其他民族通婚的亲属的比例都非常低，农村为1.3%，非农村为2.3%。

表 1-24　　　　受访居民家族中与其他民族通婚的人数　　　单位:%，个

	样本量	0	1	3
汉族	52	96.2	3.8	0
回族	126	96.8	2.4	0.8
维吾尔族	212	100	0	0
总体	390	98.4	1.3	0.3
农村	307	98.7	1	0.3
城镇	88	97.7	2.3	0
总体	395	97.5	1.3	0.3

3. 民族关系的变化

从改革开放前至今，鄯善县受访居民认为全国民族关系不断恶化。受访居民对民族关系持好评的比例，由改革开放前45.8%，下降到如今的25.6%。改革开放至2000年，好评降低了2.6%个百分点，2000年至今降低了20.2%。同时受访居民对民族关系的认知也逐渐模糊化，对民族

关系"说不清"的比例由改革开放前的 30.7% 提升到如今的 32.7%。从民族维度看，各民族对于不同时期民族关系的好评均有较大幅度的降低，其中维吾尔族受访居民降低幅度最大，由改革开放前的 40.6% 降低至 12.7%。各民族认为民族关系不好的比例都大幅提高，其中回族由改革开放前的 5.6% 提高到现在的 17.6%。该比例维吾尔族受访居民是由 0.5% 提升到 8%，汉族受访居民则是由 0 提升到 11.1%。从城乡维度看，2000 年至今城镇的民族关系恶化情况严重，相比改革开放前下降了 21%。其中农村下降了 21.4%，城镇下降了 19.3%。总体看来，民族关系呈不断恶化趋势。

表 1-25　　　　　　　受访者对民族关系变化情况的评价（全国）　　　单位:%，个

	样本量	改革开放前				改革开放到 2000 年				2001 年至今			
		好	一般	不好	说不清	好	一般	不好	说不清	好	一般	不好	说不清
汉族	54	50	31.5	0	18.5	46.3	38.9	0	14.8	42.6	24.1	11.1	22.2
回族	125	52.8	16	5.6	25.6	52.8	25.6	1.6	20	40	24.8	17.6	17.6
维吾尔族	212	40.6	22.2	0.5	36.8	36.8	25.5	0.5	37	12.7	34.9	8	44.3
合计	391	45.8	21.5	2	30.7	43.2	27.4	0.8	28.6	25.6	30.2	11.5	32.7
农村	308	46.4	24	1.6	27.9	42.2	30.8	0.6	26.3	25	33.1	10.1	31.8
城镇	88	46.6	12.5	3.4	37.5	50	14.8	1.1	34.1	27.3	21.6	17	34.1
合计	396	46.5	21.5	2	30.1	43.9	27.3	0.8	28	25.5	30.6	11.6	32.3

从改革开放前至今，鄯善县受访居民认为本地民族关系不断恶化。受访居民对民族关系持好评的比例，由改革开放前 67.8%，下降到如今的 47.9%。改革开放至 2000 年期间，好评提高了 0.2 个百分点，但是 2000 年至今降低了 20.1 个百分点。同时受访居民对民族关系的认知也逐渐模糊化，对民族关系"说不清"的比例由改革开放前的 7.9% 提升到如今的 12.8%。从民族维度看，汉族受访居民对不同时期民族关系的好评率有所提升，由改革开放前的 60.4% 提升到现在的 67.9%，其他民族受访居民对于不同时期民族关系的好评均有较大幅度的降低，其中维吾尔族受访居民降低幅度最大，由改革开放前的 69.3% 降低至 41%，回族该比例由 68.3% 降低至 50.8%。各民族认为民族关系不好的比例都大幅提高，其中维吾尔族受访居民提升最高，由改革开放前的 1.4% 提高到现在的 26.4%。该比例汉族受访居民是由 0 提升到 3.8%，回族受访居民则是由

6.3%提升到14.3%。从城乡维度看，2000年至今城镇的民族关系恶化情况严重，相比改革开放前下降了20.7%。其中农村下降了20.7%，城镇下降了20.5%。总体看来，本地民族关系呈不断恶化趋势。

表1-26　　　　　　受访者对民族关系变化情况的评价（本地）　　　单位:%，个

	样本量	改革开放前				改革开放到2000年				2000年至今			
		好	一般	不好	说不清	好	一般	不好	说不清	好	一般	不好	说不清
汉族	53	60.4	24.5	0	15.1	67.9	28.3	0	3.8	67.9	26.4	3.8	1.9
回族	126	68.3	17.5	6.3	7.9	68.3	26.2	2.4	3.2	50.8	30.2	14.3	4.8
维吾尔族	212	69.3	23.1	1.4	6.1	67.9	23.1	3.3	5.7	41	12.3	26.4	20.3
合计	391	67.8	21.5	2.8	7.9	68	24.8	2.6	4.6	47.9	19.9	19.4	12.8
农村	308	67.5	23.1	2.6	3.9	66.2	27.3	2.6	3.9	46.8	20.1	20.5	12.7
城镇	88	68.2	15.9	3.4	12.5	73.9	15.9	2.3	8	47.7	19.3	17	15.9
合计	396	67.7	21.5	2.8	8.1	67.9	24.7	2.5	4.8	47	19.9	19.7	13.4

4. 民族冲突

鄯善县受访居民民族冲突不算非常严重，但不能轻视。52.6%受访居民认为当前民族冲突不算严重，24.5%认为完全不严重，认为有点严重或非常严重的占15.1%。从民族维度看，回族受访居民认为民族冲突非常严重或有些严重的最多，比例为23%，汉族受访居民和维吾尔族受访居民相关比例分别为14.8%、10.4%。从城乡维度看，城乡受访居民中大都认为民族冲突不算严重，农村受访居民相对城镇受访居民来说认为民族冲突有点严重，比例为5.1%，而城镇受访居民该比例为3.3%。所以民族冲突是存在的，而且不能掉以轻心。

在宗教信仰冲突方面，鄯善县75.9%的受访居民认为不算严重或完全不严重，不清楚是否严重的比例为14.2%，居民整体观念上宗教信仰冲突不算严重。从民族维度看，回族受访居民认为宗教冲突严重或有点严重的占15.9%，汉族和维吾尔族受访居民该比例分别为11.1%和6.1%。从城乡维度看，农村受访居民均认为宗教冲突不严重或不清楚，城镇受访居民中有2.1%认为有点严重或非常严重。因此，鄯善县宗教冲突非常小，仅有的冲突存在于城镇。

表1-27　　　受访者对民族冲突与不同宗教信仰者之间冲突的评价

单位:%,个

	样本量	民族间冲突					不同宗教信仰者间冲突				
		非常严重	有点严重	不算严重	完全不严重	不清楚	非常严重	有点严重	不算严重	完全不严重	不清楚
汉族	54	0	14.8	53.7	25.9	5.6	0	11.1	37	25.9	25.9
回族	126	2.4	20.6	42.9	29.4	4.8	2.4	13.5	44.4	32.5	7.1
维吾尔族	212	0	10.4	58	21.2	10.4	0	6.1	45.8	32.5	15.6
总体	392	0.8	14.3	52.6	24.5	7.9	0.8	9.2	44.1	31.6	14.3
农村	309	0	5.1	41.1	38	15.8	0	0	26.6	51.3	22.2
城镇	88	0.4	3.3	47.3	41.1	7.9	0	1.7	34.7	45.9	17.4
总体	397	0.3	4	44.9	39.8	11	0.3	1	31.5	48	19.3

(二) 受访者的民族意识和国家意识

鄯善县受访居民民族意识和国家意识处于协调发展过程中。41.2%受访居民认为未来国家意识将增强,民族意识也会随之增强;17.4%受访居民认为未来民族意识增强,国家意识也随之增强;12.5%受访居民认为未来主要是国家意识增强,认为未来主要是民族自我意识增强的居民占3.6%。值得注意的是,25.3%受访居民对于未来民族意识和国家意识变化情况无自己的判断。从民族维度看,维吾尔族受访居民认为国家意识增强,民族意识也随之增强的比例最高,为50.2%。回族受访居民该比例为31%,汉族为29.6%。汉族认为无法自己判断的最多,占42.6%。从城乡维度看,城乡受访居民都认为未来先是国家意识增强,民族意识随之增强,城乡相关比例为33%、44.2%。尽管各民族对民族意识和国家意识变化顺序和侧重有所不同,但民族意识和国家意识都处于增强趋势,且逐渐趋于平衡。

表1-28　　　受访者的民族意识与国家意识及未来变化趋势　　单位:%,个

	样本量	民族自我意识增强	国家意识增强	民族意识增强,国家意识也随之逐步增强	国家意识增强,民族意识也随之逐步增强	不清楚
汉族	54	3.7	11.1	13	29.6	42.6
回族	126	6.3	22.2	20.6	31	19.8
维吾尔族	211	1.9	7.1	16.6	50.2	24.2

续表

	样本量	民族自我意识增强	国家意识增强	民族意识增强，国家意识也随之逐步增强	国家意识增强，民族意识也随之逐步增强	不清楚
总体	391	3.6	12.5	17.4	41.2	25.3
农村	308	3.9	11.7	15.6	44.2	24.7
城镇	88	2.3	14.8	23.9	33	26.1
总体	396	3.5	12.4	17.4	41.7	25

　　鄯善县受访居民在对外的选择上更倾向于中国人、本民族顺序，比例为57%，说明大部分受访居民在对外进行介绍时，国家意识是最重要的。其中，回族无论是城镇还是农村受访居民，选择中国人、本民族排序的都是最多，比例分别为60.2%、73%。维吾尔族农村受访居民在对外进行介绍时选择中国人、本民族顺序的，比例为53.8%，城镇受访居民选择该顺序的比例为48.7%。而城镇维吾尔族受访居民选择本民族、中国人顺序的比例为20.5%，要高于农村维吾尔族受访居民的4.1%。因此可以看出，虽然维吾尔族受访居民无论农村还是城镇户口大多数都是国家认同先于民族认同，但是在城镇维吾尔族受访居民中认为民族认同先于国家认同的比例要高于农村维吾尔族受访居民。

表1-29　　　　　　　受访居民对外的民族意识和国家意识情况　　　　单位:%，个

		样本量	中国人、本民族	本民族、中国人	中国人和本民族不分先后	不好回答
	农村	259	56	6.9	32.4	4.6
	城镇	76	60.5	11.8	23.7	3.9
	总体	335	57	8.1	30.4	4.5
回族	农村	88	60.2	12.5	27.3	0
	城镇	37	73	2.7	21.6	2.7
	总体	125	64	9.6	25.6	0.8
维吾尔族	农村	171	53.8	4.1	35.1	7
	城镇	39	48.7	20.5	25.6	5.1
	总体	210	52.9	7.1	33.3	6.7

　　鄯善县受访居民总体认为民族身份和公民身份一样重要的居多，占52.7%。认为民族身份更重要的城镇受访居民比例为7.9%，高于农村受

访居民的 5.8%。从民族维度看,回族与维吾尔族受访居民大部分都认为民族身份和公民身份一样重要,比例分别为 56.3% 和 50.5%。其中城镇回族受访居民认为民族身份更重要的占 15.8%,高于农村回族受访居民的 10.2%。因此可以看出,城镇回族受访居民的民族认同感强于农村回族受访居民。城镇维吾尔族受访居民认为民族身份更重要的比例为 0,农村维吾尔族受访居民认为公民身份更重要的比例为 48.3%,高于城镇维吾尔受访居民的 39.5%。可以看出,维吾尔族的国家认同感较强。

表 1-30　　　　　　　受访居民对民族身份和公民身份的态度　　　　　　单位:%

		民族身份	公民身份	民族身份和公民身份一样重要
	农村	5.8	41.9	52.3
	城镇	7.9	38.2	53.9
	总体	6.3	41.1	52.7
回族	农村	10.2	29.5	60.2
	城镇	15.8	36.8	47.4
	总体	11.9	31.7	56.3
维吾尔族	农村	3.5	48.3	48.3
	城镇	0	39.5	60.5
	总体	2.9	46.7	50.5

　　鄯善县受访居民认为民族身份和本地人身份一样重要的占 57.3%。认为民族身份更重要的城镇受访居民比例为 20.8%,高于农村受访居民的 6.5%。从民族维度看,回族受访居民认为民族身份和本地人身份一样重要的最多占 65.1%,维吾尔族受访居民为 52.6%。城镇回族受访居民中,认为民族身份更重要的占 21.1%,认为本地人身份更重要的占 26.3%,而农村回族受访居民该两项比例分别为 14.8%、14.8%。因此可以看出城镇回族受访居民的民族认同和地域认同强于农村回族受访居民。城镇维吾尔族受访居民认为本地人身份重要的占 30.8%,农村维吾尔族受访居民认为本地人身份更重要的占 44.2%,说明农村维吾尔族受访居民的地域认同强于城镇维吾尔族受访居民。而农村维吾尔族受访居民认为民族身份更重要的占 2.3%,而城镇维吾尔族受访居民该比例为 20.5%,因此可以看出城镇维吾尔族受访居民的民族认同强于农村维吾尔受访居民。

表 1-31　　　　　　　受访居民对民族身份与地域身份的态度　　　单位:%，个

		样本量	民族身份	本地人身份	民族身份和本地人身份一样重要
	农村	259	6.5	34.2	59.2
	城镇	76	20.8	28.6	50.6
	总体	335	9.8	32.9	57.3
回族	农村	88	14.8	14.8	70.5
	城镇	37	21.1	26.3	52.6
	总体	125	16.7	18.3	65.1
维吾尔族	农村	171	2.3	44.2	53.5
	城镇	39	20.5	30.8	48.7
	总体	210	5.7	41.7	52.6

（三）民族身份平等

民族身份平等程度较高。当问及"在工作、学习和日常生活中，您的民族身份有无不便利的地方"时，68.4%受访居民回答是没有，经常有、偶尔有和很少有的比例较低，分别为0.6%、4.2%和4.8%。另外有22%受访居民表示不清楚，说明在日常生活中，这部分受访居民对于自己的民族身份并未形成有意识的关注，一方面可能与本民族外的成员接触较少，另一方面也可能是民族身份平等更高程度的重要体现。从民族维度看，回族受访居民74.6%表示在日常生活中，没有因民族身份出现不便利的地方，8.7%认为很少有民族身份产生不便利，这一比例高于维吾尔族受访居民。在外出旅行或出国过程中，46.6%受访居民认为没有因民族身份产生不便利，43.7%对此表示不清楚。从民族维度看，回族受访居民在外出旅行或出国时，很少或偶尔有身份不便利的比例为8.7%、9.5%。维吾尔族受访居民相关比例分别为0.5%、1.4%。总体来看，受访居民认为工作中民族身份不便利的很少。

表 1-32　　　　　受访居民对民族身份在工作中存在障碍的态度　　　单位:%，个

	样本量	经常有	偶尔有	很少	没有	不清楚
回族	126	1.6	7.9	8.7	74.6	7.1
维吾尔族	210	0	1.9	2.4	64.8	31
总体	336	0.6	4.2	4.8	68.4	22

续表

	样本量	经常有	偶尔有	很少	没有	不清楚
农村	264	0.4	3.8	3.8	70.5	21.6
城镇	77	1.3	5.2	7.8	63.6	22.1
总体	341	0.6	4.1	4.7	68.9	21.7

　　鄯善县受访居民总体认为民族身份在外出旅行时并不存在不便利的情况，比例为 46.4%。从民族维度看，回族受访居民认为有一些影响的比例为 14.3%，维吾尔族受访居民该项比例为 1.4%。回族受访居民选择不清楚的比例为 39.7%，维吾尔族受访居民为 46.2%，说明大部分受访居民并没有外出旅行的经验，所以无法判定是否会有影响。

表 1-33　　　　受访居民民族身份在外出旅行时有影响的态度　　单位:%，个

	样本量	经常有	偶尔有	很少	没有	不清楚
回族	126	4.8	9.5	8.7	37.3	39.7
维吾尔族	212	0	1.4	0.5	51.9	46.2
总体	338	1.8	4.4	3.6	46.4	43.8
农村	264	0.4	3.8	3.8	70.5	21.6
城镇	77	1.3	5.2	7.8	63.6	22.1
总体	341	0.6	4.1	4.7	68.9	21.7

(四) 民族政策

1. 计划生育

　　鄯善县受访居民整体上对计划生育政策的评价较高，比例为 83.9%。从民族维度看，维吾尔族受访居民对计划生育政策的评价最高，比例为 93.4%，回族受访居民该项比例为 81%，汉族受访居民为 53.7%。汉族受访居民对计划生育政策的评价最低，认为计划生育政策一般或不好的占 24.1%，回族受访居民该比例为 16.7%，维吾尔族受访居民为 1.9%。从城乡维度来看，农村受访居民对计划生育政策的评价高于城镇受访居民。

表 1-34　　　　　　受访居民对计划生育政策的评价　　　单位:%，个

	样本量	好	一般	不好	不清楚
汉族	54	53.7	20.4	3.7	22.2
回族	126	81	14.3	2.4	2.4
维吾尔族	212	93.4	1.9	0	4.7
总体	392	83.9	8.4	1.3	6.4
农村	309	85.4	7.4	1.3	5.8
城镇	88	79.5	11.4	1.1	8
总体	397	84.1	8.3	1.3	6.3

2. 高考加分政策

鄯善县受访居民对高考加分政策的态度 81.6% 的人表示满意，不满意的仅有 5.9%。从民族维度看，维吾尔族受访居民的评价最高，93.4% 的受访居民对高考加分政策持满意态度，回族受访居民认为满意的为 81.7%。汉族受访居民多选择不清楚，比例为 42.6%，原因可能是民族加分政策并不适用于汉族受访居民。从城乡维度看，农村受访居民 82.8% 对少数民族高考加分政策持满意态度，高于城镇受访居民的 78.4%。说明农村受访居民更受惠于少数民族高考加分政策。

表 1-35　　　　受访居民对少数民族的高考加分政策的态度　　单位:%，个

	样本量	满意	不满意	不清楚
汉族	54	35.2	22.2	42.6
回族	126	81.7	7.9	10.3
维吾尔族	211	93.4	0.5	6.2
总体	391	81.6	5.9	12.5
农村	308	82.8	4.9	12.3
城镇	88	78.4	9.1	12.5
合计	396	81.8	5.8	12.4

鄯善县受访居民对于长期居住在城市的少数民族高考加分政策的态度，77.8% 的人认为是应该加分的。从民族维度看，维吾尔族受访居民认为应该加分的最多，比例为 91.2%，其次为回族受访居民，比例为 75.7%，汉族受访居民该比例为 32.7%。认为不应该加分的汉族受访居民

最多，比例为 21.2%，其次是回族受访居民，比例为 9.6%。原因可能是因为高考名额有限，汉族受访居民认为城市中生活的少数民族汉语水平相对较好，若加分便会造成与汉族受访居民的竞争。从城乡维度看，城镇受访居民认为应该加分的最多，比例为 80.2%。

表 1-36　　受访居民对长期居住在城市的少数民族高考加分政策的态度

单位:%，个

	样本量	应该	不应该	不清楚
汉族	52	32.7	21.2	46.2
回族	115	75.7	9.6	14.8
维吾尔族	194	91.2	0	8.8
总体	361	77.8	6.1	16.1
农村	285	77.5	6.3	16.1
城镇	81	80.2	4.9	14.8
合计	366	78.1	6	15.8

3. 民族地区优惠政策

对于国家民族地区优惠政策的态度，77%的鄯善县受访居民是满意的。从民族维度看，维吾尔族受访居民满意程度最高，比例为 85.3%，汉族受访居民不满意程度最高，为 9.3%。从城乡维度看，农村受访居民的满意程度要高于城镇受访居民。

表 1-37　　　　受访居民对国家民族地区优惠政策的态度　　　单位:%，个

	样本量	满意	不满意	不清楚
汉族	54	44.4	9.3	46.3
回族	126	77	7.9	15.1
维吾尔族	211	85.3	1.4	13.3
总体	391	77	4.6	18.4
农村	309	78.6	3.6	17.8
城镇	87	72.4	8	19.5
总体	396	77.3	4.5	18.2

五　公共服务

（一）公共服务

1. 公共基础设施

公共基础设施到居民住宅的距离可以看出受访居民是否可以有效地享受公共基础设施带来的便利。从表1-38来看，老年活动中心、运动器械及场所、银行距离居民住宅最远，其中有17.8%的受访居民不知道老年活动中心的距离，23.5%的受访居民不知道运动器械场所的距离。从城乡维度来看，除了基础设施中农村受访居民除了小学和中学的距离与城镇区别不大之外，其他基础设施与农村受访居民的距离都大于与城镇受访居民的距离，距离都在5—10公里。

表1-38　　　　　　　受访居民住宅到公共基础设施的距离　　　　　单位:%

		小于1公里	1—3公里	3—5公里	5—10公里	10公里以上	不知道
教育设施（幼儿园）	农村	28.2	27.8	5.5	37.9	0.6	0
	城镇	54.5	29.5	5.7	2.3	0	1.1
	合计	34	28.2	5.3	31.7	0.5	0.3
教育设施（小学）	农村	29.4	34.3	2.9	32.7	0.6	0
	城镇	60.2	27.3	4.5	8	0	0
	合计	36.3	32.7	3.3	27.2	0.5	0
教育设施（中学）	农村	20.1	41.7	4.9	32.7	0.6	0
	城镇	37.5	46.6	8	6.8	0	1.1
	合计	23.9	42.8	5.5	27	0.5	0.3
社区或乡卫生院或最近的医院	农村	32.6	27	2.6	37.8	0	0
	城镇	65.5	20.7	3.4	10.3	0	0
	合计	39.8	25.6	2.8	31.7	0	0
治安设施（派出所、警卫室等）	农村	35.3	23.9	2.3	37.9	0.6	0
	城镇	65.9	17	6.8	10.2	0	0
	合计	42.1	22.4	3.3	31.7	0.5	0

续表

		小于1公里	1—3公里	3—5公里	5—10公里	10公里以上	不知道
活动中心（老年）	农村	19.5	23.8	3.3	34.9	2.3	16.3
	城镇	34.9	29.1	4.7	8.1	0	23.3
	合计	22.9	24.9	3.6	29	1.8	17.8
运动场所及器材	农村	23.5	21.5	2.9	35.5	0	16.6
	城镇	38.8	28.2	2.4	7.1	0	23.5
	合计	26.8	23	2.8	29.3	0	18.1
农贸市场	农村	22.7	27.3	8.8	36		5.2
	城镇	56.3	36.8	5.7	1	0	1.1
	合计	23.7	32.6	8.8	30.6	0	4.3
车站（码头）	农村	25.2	21.4	7.8	36.9	5.5	3.2
	城镇	56.8	28.4	2.3	9.1	2.3	1.1
	合计	32.2	22.9	6.5	30.7	4.8	2.8
邮电所	农村	11.7	30.4	12.9	39.5	4.5	1
	城镇	9.1	52.3	22.7	11.4	3.4	1.1
	合计	11.1	35.4	15.1	33.2	4.3	1
银行（信用社）	农村	13.3	29.1	11.3	40.5	5.2	0.6
	城镇	14.9	50.6	18.4	11.5	3.4	1.1
	合计	13.6	33.8	12.9	34.1	4.8	0.8

　　总体来看受访居民对各项公共基础设施持满意态度的比例均超过40％。具体来看，除了幼儿园和警卫室，农村受访居民的满意程度略高于城镇受访居民，其他设施均是城镇受访居民高于农村受访居民，说明农村公共基础设施建设仍然落后于城镇。但从农村与城镇受访居民对各个基础设施的满意度百分比来看，每一项的差值都在1％—10％，说明鄯善县对于农村的公共服务基础设施的建设比较看重。从教育设施来看，农村与城镇受访居民对幼儿园至中学的满意度呈递减趋势，说明初等教育公共基础设施均衡化程度高于中等教育阶段。农村受访居民对各项公共基础设施持"不好说"态度的比例均显著高于城镇受访居民，说明农村受访居民对公共基础设施的熟悉程度和使用率不及城镇受访居民。根据居民的反映，幼儿园、老年活动中心、运动场所及器材、农贸市场、车站、邮电所和银行在农村和城镇都有缺失。尤其是运动场所及器材，12.7％的受访居民反映

没有该设施，9.6%的受访居民反映没有老年活动中心，1.8%的受访居民反映没有邮电所，1.5%的受访居民反映没有银行，3.6%的农村受访居民反映没有车站，4.2%的农村受访居民反映没有农贸市场，1.1%的城镇受访居民反映没有幼儿园。说明无论农村还是城镇，在基础设施的建设方面还是有一定的缺失，需要加强基础设施的建设。

表1-39　　　　　　　　受访居民对公共基础设施的看法　　　　单位:%

		满意	一般	不满意	不好说	没有该设施
教育设施 （幼儿园）	农村	65.9	23.1	3.9	7.1	0
	城镇	63.6	27.3	5.7	2.3	1.1
	总体	65.4	24	4.3	6.1	3
教育设施 （小学）	农村	44.8	46.1	3.6	5.5	0
	城镇	54.5	35.2	8	2.3	0
	总体	47	43.7	4.5	4.8	0
教育设施 （中学）	农村	46.3	44.3	3.6	5.9	0
	城镇	59.1	31.8	6.8	2.3	0
	总体	49.1	41.5	4.3	5.1	0
社区或乡 卫生院或 最近的医院	农村	48.7	33.3	15.3	2.3	0
	城镇	52.3	31.8	14.8	1.1	0
	总体	49.5	33.3	15.2	2	0
治安设施 （派出所、 警卫室等）	农村	59.1	36.4	2.6	1.9	0
	城镇	58	36.4	5.7	0	0
	总体	58.8	36.4	3.3	1.5	0
活动中心 （老年）	农村	43.6	36.5	8.1	2.9	8.8
	城镇	42.5	26.4	11.5	6.9	12.6
	总体	43.4	34.3	8.9	3.8	9.6
运动场所 及器材	农村	45.5	30.5	8.8	2.9	12.3
	城镇	43	23.3	17.4	2.3	14
	总体	44.9	28.9	10.7	2.8	12.7
农贸市场	农村	51.6	38.6	3.6	1.9	4.2
	城镇	56.3	36.8	5.7	1.1	0
	总体	52.7	38.2	4.1	1.8	3.3

续表

		满意	一般	不满意	不好说	没有该设施
车站 （码头）	农村	51.5	36.9	5.8	2.3	3.6
	城镇	58	36.4	4.5	1.1	0
	总体	52.9	36.8	5.5	2	2.8
邮电所	农村	53.4	38.8	3.2	2.9	1.6
	城镇	56.8	34.1	5.7	1.1	2.3
	总体	54.2	37.8	3.8	2.5	1.8
银行 （信用社）	农村	52.8	39.5	3.9	2.6	1.3
	城镇	54.5	36.4	5.7	1.1	2.3
	总体	53.1	38.8	4.3	2.3	1.5

总体来看，受访居民对治安设施和幼儿园基础设施的评分较高，分别为 1.66、1.82 分。对活动中心、运动场所及器材和卫生院或医院的评分较低，分别为 1.22、1.01、1.01 分。从民族维度看，维吾尔族受访居民对大多数公共基础设施的评分高于其余各民族，其中对教育基础设施的评分远高于其余各民族受访居民。汉族受访居民对公共基础设施的评分均低于平均分，尤其是对卫生院或医院的评分为 0。回族受访居民对各项公共基础设施的评分也是相对较低，对卫生院或医院、运动场所及器材、活动中心等评分很低，均低于 1 分。

表 1-40　　　　　　受访各族居民对公共基础设施的评价　　　　单位：分，个

	样本量	幼儿园	小学	中学	卫生院或医院	治安设施	活动中心	运动场所及器材	农贸市场	车站	邮电所	银行
汉族	54	0.98	0.94	0.89	0	1.5	0.33	0.33	0.67	0.83	1.22	1.26
回族	125	1.32	1.13	1.23	0.38	1.59	0.9	0.67	1.4	1.43	1.52	1.45
维吾尔族	212	2.38	1.2	1.51	1.02	1.75	1.25	1.4	1.7	1.57	1.6	1.52
合计	391	1.82	1.27	1.33	1.01	1.66	1.22	1.01	1.46	1.41	1.5	1.46

说明：本报告对"公共基础设施"的评价标准进行量化的方法是：满意 3 分、一般 0 分、不满意 -3 分，分值越高满意度也越高。

2. 社会保障

在农村社会保险参与率方面，93.3% 的农村受访居民参加了新型农村合作医疗制度，参加新型农村养老保险制度的比例占 53%。从民族维度

看，新型农村合作医疗制度参与情况中，维吾尔族受访居民参与率最高，相关比例为95.9%；汉族受访居民参与率为86.7%；回族受访居民为91.8%。而新型农村养老保险制度方面，汉族受访居民参与率为46.7%，回族、维吾尔族受访居民的参与率分别为64.3%、48.3%。

表1-41　　　　　　　　农村受访居民参加社会保险的情况　　　　单位:%，个

	样本量	新农合	新农保
汉族	45	86.7	46.7
回族	98	91.8	64.3
维吾尔族	172	95.9	48.3
合计	315	93.3	53

鄯善县受访居民对当地社会保障整体评价较好，除了对城镇低保制度的评价为-0.75分，其他各社会保障项目评分均在1.15—2.69分。具体来看，受访居民对城镇居民基本医疗保险制度的评分最高，为2.69分；其次为新型农村合作医疗制度，评分为2.56分；然后是新型农村养老保险制度的评分为2.5分。对城镇低保制度和农村低保制度的满意度较低，评分分别为-0.75分和1.15分。从民族维度看，汉族受访居民对城镇居民基本医疗保险制度评分较高，为2.25分，对其他各项保险制度的评分均较低。回族受访居民除了对城镇低保制度和农村低保制度的评分很低外，对其他保险制度的评分都较高。维吾尔族受访居民对各项保险制度的评分均为最高，均分在2.5分之上。由此可见，各民族受访居民对各项保险制度的满意度有着较大差异。

表1-42　　　　　　　　受访居民对社会保障的满意度　　　　　　单位：分

	城镇职工基本医疗保险	城镇居民基本医疗保险制度	城镇居民养老保险制度	城镇低保制度	新型农村合作医疗制度	新型农村养老保险制度	农村低保制度
汉族	1.5	2.25	1	0	1.77	2	0
回族	2.05	2.61	2.3	-2	2.3	2.2	0
维吾尔族	2.739	2.89	2.5	3	2.9	2.82	2.5
合计	2.35	2.69	2.25	-0.75	2.56	2.5	1.15

说明：本报告对"社会保障满意度"的评价标准进行量化的方法是：满意3分、一般0分、不满意-3分，分值越高，满意度越高。

鄯善县中认为低保能帮助解决家庭特殊困难的受访居民占 46.2%，26.5%的受访居民认为低保能够帮助解决家庭特殊困难，认为低保能够帮助提高生活水平的占 14.3%，认为低保不能满足最低需求的占 13%。从民族维度看，维吾尔族受访居民认为低保能够提高生活水平的占 20%，明显高出汉族受访居民的 2%和回族受访居民的 9.7%。回族有 53.2%的受访居民认为低保可以满足最低需求，汉族受访居民则更看重低保的济困作用。从城乡维度看，城乡受访居民最注重的均是低保的济困作用。值得注意的是，23.8%的城镇受访居民认为低保不能满足最低需要，说明有一部分城镇受访居民认为目前低保水平过低。

表 1-43　　　　　　受访居民对低保作用的看法　　　　单位:%，个

	样本量	能够满足最低需求	能够帮助提高生活水平	能够帮助解决家庭特殊困难	不能够满足最低需求
汉族	51	43.1	2	43.1	11.8
回族	124	53.2	9.7	24.2	12.9
维吾尔族	210	42.9	20	23.8	13.3
总体	385	46.2	14.3	26.5	13
农村	306	48.4	16	26.1	9.5
城镇	84	36.9	11.9	27.4	23.8
总体	390	45.9	15.1	26.4	12.6

3. 扶贫项目

（1）扶贫项目开展情况

根据调查数据，鄯善县受访居民所在地区主要扶贫项目知晓度最高的是"两免一补"，知晓比例为 75.6%；其次是"村村通"工程，知晓度为 65%；道路修建和改扩工程知晓比例为 57.1%；卫生设施建设项目的知晓比例为 54%。从民族维度看，汉族、回族以及维吾尔族受访居民对大多数扶贫项目的知晓情况都比较高，但是维吾尔族受访居民对于基本农田建设工程项目、人畜饮水工程项目和种植业、林业、养殖业扶贫金的知晓程度远低于汉族与回族受访居民，比例仅为 3.3%、2.4%、2.4%。

表1-44 当地实施扶贫项目情况 单位:%, 个

	样本量	"两免一补"政策	扶贫工程生产项目	道路修建和改扩工程	基本农田建设工程	电力设施建设工程	人畜饮水工程	技术推广及培训工程	资助儿童入学和扫盲教育项目	卫生设施建设项目	种植业/林业/养殖业扶贫金	"村村通"工程	教育扶贫工程	扶贫培训工程
农村	302	79.1	40.7	55.3	18.9	30.8	20.9	39.4	43.7	57.3	11.9	65.2	50.3	10.6
城镇	87	63.2	25.3	63.2	12.6	46	26.4	25.3	39.1	42.5	9.2	64.4	31	10.3
总体	389	75.6	37.3	57.1	17.5	34.2	22.1	36.2	42.7	54	11.3	65	46	10.5
汉族														
农村	42	47.6	23.8	35.7	23.8	45.2	16.7	14.3	19	23.8	19	45.2	35.7	2.4
城镇	11	45.5	9.1	54.5	18.2	45.5	18.2	0	9.1	27.3	9.1	63.6	0	0
总体	53	47.2	20.8	39.6	22.6	45.3	17	11.3	17	24.5	17	49.1	28.3	1.9
回族														
农村	88	68.2	36.4	63.9	45.5	58	58	35.2	36.4	60.2	26.1	80.7	46.6	10.2
城镇	38	52.6	21.1	65.8	23.7	65.8	55.3	15.8	31.6	44.7	18.4	84.2	18.4	0
总体	126	63.5	31.7	64.3	38.9	60.3	57.1	29.4	34.9	55.6	23.8	81.7	38.1	7.1
维吾尔族														
农村	172	92.4	47.1	55.8	4.1	13.4	2.9	47.7	53.5	64	2.9	62.2	55.8	12.8
城镇	38	78.9	34.2	63.2	0	26.3	0	42.1	55.3	44.7	0	44.7	52.6	23.7
总体	210	90	44.8	57.1	3.3	15.7	2.4	46.7	53.8	60.5	2.4	59	55.2	14.8

(2) 受访居民对扶贫项目的整体评价较高

从民族维度看,除对基本农田建设工程、种养殖业扶贫金和退耕还林还草补助工程的评分为2.88、2.3和1.35分外,对其余各扶贫项目的评分均在3—4分,即态度介于满意和非常满意之间。其中对"村村通"工程和"两免一补"工程满意度最高,评分均为3.45分。汉族受访居民对"村村通"工程和电力设施建设工程满意的较高,评分分别为3.39分和3.13分,对其他项目工程的满意度较低。回族受到居民对扶贫培训工程和"两免一补"政策评分较高,分别为3.67分和3.27分。维吾尔族受访居民对各项扶贫的评分波动不大,均在3—4分。从城乡维度看,农村受访居民对扶贫项目的整体满意度与城镇受访居民差别不大。

表 1-45　　　　　　　　　　　受访居民对扶贫项目的评价　　　　　　　　　单位：分

	"两免一补"政策	扶贫工程生产项目	道路修建和改扩工程	基本农田建设工程	电力设施建设工程	人畜饮水工程	技术推广及培训工程	资助儿童入学和扫盲教育项目	卫生设施建设项目	种植业/林业/养殖业扶贫金	"村村通"工程	教育扶贫工程	牧区扶贫工程	扶贫培训工程
汉族	2.72	1.37	2.71	2.5	3.13	2.89		1.21	2.46	1	3.39	2		
回族	3.27	2.79	2.68	3.04	3.2	3.23	2.58	2.88	2.58	2.4	3.25	2.8	2	3.67
维吾尔族	3.6	3.44	3.43	3.7	3.2	3	3.44	3.48	3.45	3.8	3.62	3.36		3.42
合计	3.45	3.11	3.1	2.88	3.19	3.21	3.07	3.2	3.09	2.3	3.45	3.1		3.44
农村	3.39	3.1	3.13	3.03	3.19	3.16	3.06	3.13	2.17	2.18	3.49	3.07	1.75	3.37
城镇	3.67	3.27	3	2.72	3.3	3.21	3.18	3.54	3	2.63	3.29	3.4	3	3.44
合计	3.45	3.13	3.2	2.98	3.2	5.58	3.08	3.21	3.11	2.27	3.41	3.1	2	3.39

说明：本报告对"扶贫项目效果"的评价标准进行量化的方法是：非常满意 4 分、满意 3 分、不满意 2 分、很不满意 1 分，得分越高，相关满意度也越高。

（二）社会和谐发展情况

1. 社会压力

鄯善县受访居民的整体压力感不大，相关评分均在 1.7—2.4 分，即处于几乎没有压力到有压力之间。具体来看，受访居民最大的压力是经济压力，有关评分为 2.9 分。其次是医疗健康压力，孩子教育压力。评分分别为 2.2、1.9 分。居民婚姻生活压力最小，仅 1.2 分。从民族维度看，各个民族受访居民最大的都是经济压力，评分为 2.9 分。从城乡维度看，城乡受访居民各方面压力大小差异不明显。

表 1-46　　　　　　　　受访居民的社会压力状况　　　　　　　　单位：分，个

	样本量	经济压力	个人发展	社交压力	孩子教育压力	医疗/健康压力	赡养父母压力	住房压力	婚姻生活压力	总体社会生活压力
汉族	54	2.9	2.2	1.9	2	2.3	1.6	1.5	1.1	1.8
回族	126	2.8	2	1.7	1.8	2.2	1.4	1.5	1.1	2.3
维吾尔族	212	2.9	1.9	1.8	2	2	1.6	1.5	1.5	1.7
总体	392	2.9	2	1.8	1.9	2.2	1.3	1.5	1.2	2.4
农村	307	2.9	1.8	1.7	1.9	2.2	1.7	1.6	1.3	2.4
非农村	87	2.7	1.9	1.7	1.8	2.2	1.5	1.5	1.3	2.3
总计	394	2.9	1.9	1.7	1.9	2.2	1.6	1.5	1.3	2.4

说明：本报告对"社会压力感"的评价标准进行量化的方法是：压力很大 4 分、有压力 3 分、压力很小 2 分、几乎没有压力 1 分，分值越高，压力越大。

2. 社会安全感

在社会安全感方面，鄯善县受访居民总体评分为 1.4 分，介于很安全到比较安全范围内。具体看，受访居民对医疗安全感最弱，评分为 1.6 分。安全感最强的是在劳动安全和个人信息安全两方面，有关评分为 1.2 分和 1.3 分。从民族维度看，汉族受访居民安全感最弱的是人身自由，评分为 2.5 分，回族受访居民安全感最弱的为医疗安全与生态环境安全，评分均为 1.7 分，维吾尔族受访居民安全感最弱为个人和家庭财产安全，评分为 2.3 分。从城乡维度看，农村受访居民除在医疗安全和人身自由安全感略弱于城镇受访居民外，其余各项安全感均强于城镇受访居民，城镇受访居民的个人信息、隐私安全评分相比农村受访居民来说更低，评分分别为 1.4、1.8 分。

表 1-47　　　　　　　　受访者的社会安全感评价　　　　单位：分，个

	样本量	个人和家庭财产安全	人身安全	交通安全	医疗安全	食品安全	劳动安全	个人信息、隐私安全	生态环境安全	人身自由	总体情况
汉族	54	1.7	1.7	1.7	1.9	1.8	1.7	1.8	1.8	2.5	1.7
回族	125	1.4	1.5	1.6	1.7	1.5	1.5	1.5	1.7	1.5	1.8
维吾尔族	212	2.3	1.4	1.3	1.3	1.4	1.3	1.3	1.4	1.4	1.4
总体	391	1.4	1.5	1.5	1.5	1.5	1.2	1.5	1.5	1.5	1.6
农村	308	1.5	1.5	1.6	1.6	1.7	1.5	1.8	1.5	1.5	1.5
城镇	88	1.5	1.5	1.5	1.6	1.6	1.5	1.4	1.5	1.5	1.6
总体	396	1.4	1.5	1.5	1.7	1.6	1.5	1.5	1.5	1.4	1.6

说明：本报告对"社会安全感"的评价标准进行量化的方法是：很不安全 4 分、不太安全 3 分、比较安全 2 分、很安全 1 分，分值越高，安全感越弱。

3. 社会公平

鄯善县受访居民的总体社会公平感较强，评分为 1.7 分。具体看，受访居民对语言文字的公平感相对最弱，评分为 2.3 分，在投资经营方面的安全感最强，为 1.5 分。从民族维度看，汉族受访居民的社会保障公平感和教育公平感最弱，评分均为 2 分。回族受访居民在社会保障、医疗、住房和政府办事方面的公平感最弱，评分均为 1.8 分。维吾尔族受访居民对就业和发展的公平感最弱，评分均为 2.3 分。从城乡维度看，农村受访居民和城镇受访居民在干部选拔与政府办事的公平感最弱，评分为 2 分。

总的来看，除了总体社会公平状况维吾尔族受访居民的公平感略强于汉、回民族受访居民，其他各方面的公平感皆弱于其他民族受访居民，尤其是在语言文字、干部选拔、就业发展、信息公平及政府办事等方面，评分均大于2分，处于不太公平与较公平之间。

表1-48　　　　社会公平状况　　　　单位：分，个

	样本量	教育公平	语言文字公平	医疗公平	住房公平	社会保障公平	法律公平	干部选拔任用	就业、发展公平	信息公平	政府办事公平	投资经营	总体社会公平状况
汉族	54	2	1.6	2	1.8	2	1.5	1.7	1.5	1.2	1.9	1.2	1.9
回族	125	1.5	1.5	1.8	1.8	1.8	1.3	1.6	1.6	1.5	1.8	1.2	1.9
维吾尔族	212	1.9	2.1	1.8	1.8	1.8	1.7	2.1	2.3	2.1	2	1.7	1.8
总体	391	1.7	2.3	1.8	1.8	1.8	1.6	1.9	1.9	1.7	2	1.5	1.7
农村	308	1.7	1.9	1.9	1.8	1.7	1.7		1.9	1.9	2	1.6	1.9
城镇	88	1.8	1.8	1.9	1.8	1.8	1.7		2.1	1.9	2	1.5	1.9
总体	396	1.7	1.9	1.9	1.8	1.7	1.7		1.9	1.9	2	1.5	1.9

说明：本报告对"社会公平感"的评价标准进行量化的方法是：很不公平4分、不太公平3分、比较公平2分、很公平1分，分值越高，不公平感越强。

4. 社会冲突

在社会冲突方面，鄯善县受访居民总体评价良好，对各类冲突评分为1.6—1.7分，各项评价均处于完全不严重到不太严重范围内。从民族维度看，汉族受访居民认为贫富冲突相对较严重，评分为2分，高于其余各项评分。维吾尔族受访居民认为干群冲突最严重，评分为1.7分。从城乡维度看，农村受访居民对各项冲突的评分均低于城镇受访居民，因此农村的整体和谐感强于城镇。

表1-49　　　　社会冲突情况　　　　单位：分，个

	样本量	干群冲突	城乡冲突	医患冲突	贫富冲突
汉族	54	1.9	1.8	1.7	2
回族	126	1.8	1.7	1.8	1.8
维吾尔族	211	1.7	1.5	1.4	1.4
总体	391	1.7	1.6	1.6	1.6
农村	309	1.6	1.6	1.5	1.6
城镇	88	1.8	1.6	1.6	1.6
总体	397	1.8	1.6	1.6	1.6

5. 社会预期

鄯善县受访居民中，认为当地未来 5 年生活水平将会上升很多或略有上升的占 56.4%，认为略有下降的仅占 0.8%，不好说的占 39%，总体看鄯善县受访居民对未来生活比较不确定。从民族维度看，汉族受访居民对生活改善最为乐观，77.7%认为未来 5 年生活水平上升很多或略有上升。回族与维吾尔族受访居民的相关比例分别为 73%和 41%，维吾尔族受访居民对未来生活改善信心较弱，56.1%的维吾尔族受访居民选择不好说。从城乡维度看，城乡受访居民认为未来 5 年生活会上升的比例分别为 57.9%、53.4%，农村受访居民对未来生活改善的信心强于城镇受访居民，38.5%的受访居民认为不好说，农村受访居民对未来的不确定性高于城镇受访居民。总体来看，受访居民生活预期较乐观。

表 1-50　　　　　　　　受访居民对未来 5 年的生活预期　　　　　单位:%，个

	样本量	上升很多	略有上升	没有变化	略有下降	下降很多	不好说
汉族	54	48.1	29.6	5.6	1.9	0	14.8
回族	126	31.7	41.3	4	0.8	1.6	20.6
维吾尔族	212	12.7	28.3	2.4	0.5	0	56.1
总体	392	23.7	32.7	3.3	0.8	0.5	39
农村	309	24.6	33.3	1	0.3	0.3	40.5
城镇	88	19.3	34.1	11.4	2.3	1.1	31.8
总体	397	23.4	33.5	3.3	0.8	0.5	38.5

93.5%的受访居民对当地 2020 年建成小康社会很有信心或有信心。从民族维度看，维吾尔族受访居民对所在地区 2020 年建成小康社会的信心最强，认为很有信心或有信心的比例为 94.3%，汉族、回族受访居民相关比例分别为 92.5%、92.9%。从城乡维度看，农村受访居民对当地 2020 年全面建成小康社会很有信心或有信心的比例占 94.4%，城镇受访居民为 90.9%，农村受访居民高于城镇受访居民。

表 1-51　　　　　受访居民对所在地区 2020 年建成小康社会的态度

单位:%，个

	样本量	很有信心	有信心	没什么信心	不可能	没听说过
汉族	54	44.4	48.1	3.7	0	3.7
回族	126	40.5	52.4	5.6	0.8	0.8

续表

	样本量	很有信心	有信心	没什么信心	不可能	没听说过
维吾尔族	211	35.1	59.2	0.5	0	5.2
总体	391	38.1	55.4	2.6	0.3	3.6
农村	308	37.3	57.1	2.6	0	2.9
城镇	88	37.5	53.4	2.3	1.1	5.7
总体	396	37.4	56.3	2.5	0.3	3.5

6. 政府管理

在对政府应对突发事件能力评价方面，鄯善县受访居民的整体满意度较高。受访居民对政府应对自然灾害事件持满意态度的比例最高，为83.9%，其次是一般社会治安事件，满意度为74.7%。对群体性事件和暴力恐怖事件应对的满意度均在60%以上。对政府应对传染病及公共卫生事故的能力评价最低，满意度在56.6%。从民族维度看，汉族受访居民对政府处理一般社会治安事件能力的认可度最高，相关比例为81.1%。维吾尔族受访居民对政府处理自然灾害事件能力的认可度最高，相关比例为92.5%。回族受访居民对政府处理一般社会治安事件的认可度最高，比例为77.8%。从城乡维度看，城镇受访居民与农村受访居民对政府应对各项突发事件能力的评价，差异不大。

表 1-52　　　　　受访居民关于政府应对突发事件的评价　　　　单位:%，个

	样本量	自然灾害事件		生产安全事件		传染病及公共卫生事故		一般社会治安事件		群体性事件		暴力恐怖事件	
		满意	不清楚	满意	不清楚	满意	不清楚	满意	不清楚	满意	不清楚	满意	不清楚
汉族	53	66	18.9	49.1	47.2	41.5	49.1	81.1	11.3	71.2	25	67.9	24.5
回族	126	77	8.7	68.3	19	64.3	20.6	77.8	4.8	66.7	15.9	74.6	5.6
维吾尔族	212	92.5	6.1	60.4	17.5	55.7	26.9	71.2	20.3	63.7	24.1	62.1	26.5
总体	391	83.9	8.7	61.4	22	56.5	27.9	74.7	14.1	65.6	21.5	66.9	19.5
农村	308	85.7	7.8	60.7	22.1	56.5	28.2	76	14.3	65.8	22.1	67.1	20.8
城镇	88	77.3	12.5	62.5	23.9	55.7	28.4	70.5	13.6	63.6	20.5	65.9	15.9
总体	396	83.8	8.8	61.1	22.5	56.3	28.3	74.7	14.1	65.3	21.8	66.8	19.7

说明：每列中 100 减去满意与不清楚百分比之和便是不满意的比例。

总体上来看。84.7%的受访居民认为当地干部有必要学习或掌握少数

民族语言，从民族维度看，各个民族受访居民对此看法比较一致，汉族、回族和维吾尔族受访居民认为有必要的比例都在 80% 以上。从城乡维度看，城镇受访居民认为有必要的比例要高于农村受访居民。说明当地受访居民对于干部学习或掌握少数民族语言的要求比较强烈。

表 1-53　　　　　　受访居民对当地干部学习少数民族语言的看法　　单位：%，个

	样本量	有必要	一般	没必要	不清楚
汉族	54	83.3	0	0	16.7
回族	126	87.3	4	2.4	6.3
维吾尔族	212	83.5	8	0	8.5
总体	392	84.7	5.6	0.8	8.9
农村	309	82.5	6.8	0.6	10
城镇	88	90.9	1.1	1.1	6.8
总休	397	84.4	5.5	0.8	9.3

六　结论和建议

（一）结论

1. 鄯善县受访居民经济发展水平较低，产业结构单一，受访居民生活水平处于中低等，经济压力较大。

从数据分析中可以看出，鄯善县的产业结构单一，劳动力配置模式单一，主要集中在农林牧渔行业，其他行业发展缓慢。其次，鄯善县人口迁移率低，移民（包括迁出、迁入）比例很小，劳动力外出就业意愿低，造成劳动力流动的时间和空间非常有限。在 16—60 岁劳动力中 24% 的人没有工作，社会闲散人员较多。鄯善县受访居民的自住房率高，但是部分少数民族土地确权的意识薄弱。虽然 86.2% 的鄯善县受访居民认为自己近 5 年的生活水平是呈上升趋势的，但超过 78.2% 的受访居民认为自己目前的生活水平在中下等。在各种压力之间，鄯善县认为经济压力是目前最严峻的问题。

2. 鄯善县少数民族受访居民的汉语普通话以及文字普及率低，受教育程度普遍不高。传统文化仍受重视，宗教信仰影响较大。

数据分析表明鄯善县受访居民，尤其是少数民族受访居民的普通话普

及程度低。77%的维吾尔族受访居民听不懂也不会说普通话，100%的维吾尔族受访居民在交谈时使用本民族语言，16.4%的维吾尔族受访居民可以使用汉字。受访居民受教育程度普遍不高，回族与维吾尔族受访居民的教育水平平均在初中水平，本科以上仅为1.9%。

从民族文化角度来看，受访居民习得传统文化的途径多为家庭、邻里之间的耳濡目染，这种传承有利于原生文化的维持，但不利于民族之间文化的交流与融合。在资源开发和保护传统文化之间，更多的人选择保护传统文化。维吾尔族受访居民全民信仰伊斯兰教，并且超过50%的受访居民认为信仰伊斯兰教的人数在不断提高。

3. 目前民族关系稳定，但好评比例有所下降。

从数据分析可以看出，鄯善县的民族关系好评比例有所下降。从改革开放前，经过改革开放到2000年，及2000年之后的民族关系对比可以看出，受访居民对民族关系持好评的态度下降了近20个百分点。说明鄯善县民族关系问题严峻。但就目前来看，民族关系比较稳定，当地受访居民认为目前民族冲突虽然不算严重，但大部分受访居民对于民族冲突仍持有保留态度。

从民族意识和国家意识方面来看，大部分受访居民的国家意识大于民族意识，对于多重身份，大部分受访居民认为公民身份和民族身份一样重要。鄯善县大部分受访居民认为地域身份认同与民族身份认同同样重要，有超过36%的受访居民认为地域认同更重要。

4. 公共基础设施建设仍有不足，受访居民对国家及政府的少数民族政策持肯定态度，但对生活保障的满意度不高。

从数据可以看出，城乡的公共基础设施建设仍有待提高，农村缺少一些必要的基础设施，如：老年活动中心、健身运动场所、银行等。对于医院卫生所、活动中心以及运动场所等设施，受访居民的评价很低。鄯善县受访居民对于国家的少数民族政策，包括计划生育、高考加分、双语教育和地区优惠政策持肯定态度的居多。社会保险基本普及，但是受访居民对保险的了解和满意度并不高。社会安全感方面，汉族受访居民有关人身自由的社会安全感相对于其他民族的受访者不高，而维吾尔族受访居民对自己及家庭财产的社会安全感相对不高。受访居民的社会公平感较好，对未来的社会预期较高。

（二）建议

1. 加大经济方面的扶持力度，加快经济多样性的发展，确实提高居民生活水平。

经济发展是地区稳定，民族团结的基础之一，鄯善县居民生活水平低下，建议加大经济扶持力度，加强当地各项产业的发展，促进当地居民实现就业，并且提高人口流动率，形成经济发展多样化，为当地居民提供更多就业机会，提高居民收入水平，减少社会闲散人员。

2. 推进民族教育，促进不同民族文化交往、交流、交融。

进一步推进国家关于民族教育的有关政策，在尊重少数民族语言文化的前提下，加强双语教育。提高汉语普通话的普及率以及少数民族综合文化水平，加强对少数民族人才的重点培养。由于各民族不同的历史、文化、习俗以及经济发展基础，无论在地理还是心理上始终有着一条"边界"。"边界"的存在有利于保护民族原生文化，但不利于不同民族之间的横向交流。这一点不仅体现在经济生活、民族文化中，也存在于教育、社会生活等各个方面。要在尊重民族传统文化的前提下，促进不同民族之间横向的交往和交流。

3. 确实落实民族政策的实施，更好地履行政府公共管理和公共服务职能，提高党员干部的综合素质。

鄯善县居民的民族关系的好评呈下降趋势。建议政府部门工作人员应正确理解和看待少数民族文化，正确引导居民的宗教生活，确实落实民族政策的实施，使居民真正受益。完善基本社会保障制度，按照标准配置基础公共设施，保证居民可以享受到基础公共服务。结合反腐败工作，加强党员干部的综合素质建设，对其进行当地少数民族文化以及语言的相关培训，以便更密切地联系群众，服务群众。

第二章

新疆乌恰县经济社会发展综合调查报告

"乌恰"源自柯尔克孜语"乌鲁克恰提"的简称,意为大山沟分岔口。因克孜勒河谷在该地分岔成三道沟而得名。乌恰县是我国最西部边陲,位于塔里木盆地西端的天山南麓与昆仑山北麓两大山系的结合部位,面积19155.03平方公里,东临阿图什市,东南与喀什地区疏附县为邻,西南和阿克陶县毗连,西北与吉尔吉斯斯坦共和国接壤,边境线长425公里,形成东南低,西北、西南高,群山环绕、沟壑纵横的地理环境。境内有吐尔尕特和伊尔克什坦两个国家级一类对外开放口岸,是我国连接中亚、西亚的纽带和对外开放的桥头堡。新疆乌恰县下辖9乡2镇、34个行政村、8个社区居民委员会。境内有柯尔克孜、汉、维吾尔、回、乌孜别克、塔吉克等11个常住民族。本报告基于乌恰居民的主观反映,针对乌恰经济生活、社会事业、生态保护移民、民族关系、民族文化、民族政策、社会安全与和谐等方面进行定量分析,为评估乌恰县经济社会发展程度提供必要参考依据,希望以此对维护乌恰县发展和稳定有所贡献。

一 调查对象基本情况

本报告关于"乌恰县经济社会发展综合调查"的分析数据来源于中国社会科学院民族学与人类学研究所主持的国家社科基金重大项目及中国社会科学院创新工程重大专项"21世纪初中国少数民族地区经济社会发展综合调查"(2013—2017年)2014年在新疆乌恰县的家庭问卷抽样调查数据。乌恰县的样本回收数为400份,调查对象包括乌恰县各民族成员。问卷回收整理录入后,主要使用社会统计软件SPSS加以统计分析。调研对象的基本情况见表2-1。

表 2-1　　　　　　　　　　受访对象基本特征　　　　　　　单位:%

性别	男性	52.3	民族	汉族	15.9	职业	国家机关事业单位负责人、工作人员	24.5
	女性	47.7		维吾尔族	12.9			
年龄	30 岁及以下	16.3		柯尔克孜族	69.9		专业技术人员	0.3
	31—45 岁	41.3		其他	1.3		各类企业办事人员	3.2
	46—60 岁	27.3	宗教信仰	伊斯兰教	77.8		商业人员	7.1
	61 岁及以上	15.1		没有宗教信仰	20.9		农林牧渔水利生产人员	33
受教育程度	未上学	6.6		不想说	1.3			
	小学	30.2		农业	49.1		生产、运输设备操作人员及有关人员	5
	初中	26.1		非农业	49.9			
	高中	20.2	户籍	居民户口（之前是农业户口）	0.5		不便分类的其他从业人员	26.9
	大学及以上	16.9		居民户口（之前是非农业户口）	0.5			

说明：（1）民族维度中"其他民族"是由样本量低于 30 的民族共同构成，乌恰的抽样数据中"其他民族"包含回族、哈尼族、纳西族、乌孜别克族。

（2）职业类型是按照人力资源与社会保障部职业能力建设司公布的国家职业分类目录编制而成，详情可参见网站：http://ms.nvq.net.cn/nvqdbApp/htm/fenlei/index.html。

从乌恰县被访群体的人类学特征来看，在性别方面，男性比例为 52.3%，女性比例为 47.7%。在年龄分布方面，30—60 岁占 68.6%，30 岁以下的年轻人和达到退休年龄的人分别占 16.3%、15.1%。在民族成分上，柯尔克孜族最多，占 69.9%，其次是汉族，占 15.9%，维吾尔族人口比为 12.9%. 其他少数民族人口比例较小，占 1.3%。在户籍类型方面，农业户口占 49.1%，非农业户口占 49.9%，农业户口转居民户口的占 0.5%，非农业户口转居民户口的占 0.5%。在受教育程度上，接受了本科及以上教育的占 16.9%。受教育程度在初中及以下的占 62.9%。总体来看，受教育程度不高。在职业类型分布方面，灵活就业人员比例最大，占 26.9%，其次商业人员占 7.1%，国家机关事业单位负责人、工作人员占 3.2%。在宗教信仰方面，信仰伊斯兰教的占 77.8%，无宗教信仰的占 20.9%，1.3% 不想透露自己的宗教信仰情况。

二　城乡就业与住房

（一）城乡就业情况

乌恰县近年来深入贯彻落实党的十八大及十八届二中、三中全会、第四次全国对口援疆工作会议精神，牢牢把握"稳中求进、进中求变"的总基调，以"实干快干、奋斗前行"为主题，紧紧抓住县委"经济发展攻坚、口岸城市建设推进、基层组织建设、宣传文化提升、民生建设加强、维稳工作常态、干部作风转变"的七年战略部署，抢抓机遇、乘势而上、凝心聚力、攻坚克难，保持了经济社会平稳较快发展。

就业是民生之本，也是安国之策。就业是国家宏观调控目标之一，是地区经济内生增长的核心动力，就业稳则心定、家宁、国安。乌恰县县委县政府高度关注保障和改善民生工作，继续实施"民生建设年"等七个活动，切实解决农牧民就业问题。本部分从居民职业类型、就业性质、就业途径和影响劳动力流动的因素四方面分析乌恰县居民的就业状况。

乌恰县居民的职业类型集中在主要的几个行业。从事灵活就业人员比例最高，占26.9%，商业服务业人员占7.1%，国家机关事业单位工作人员占21.9%，从事农林牧渔生产人员占33.0%，其他职业分布比例较少。从城乡维度看，63.6%农村居民从事农林牧渔生产，灵活就业人员占25.0%。城镇居民以国家机关党群组织、事业单位工作人员为主，相关比例为39.3%，其次是灵活就业人员占28.8%。城镇居民职业分布相对均匀，农村居民的职业分布较集中单一。因城乡中柯尔克孜族与汉族差异不大，而其他民族的样本量过低，所以本部分没有按民族进行分类分析。

表2-2　　　　　　　　　城乡受访居民职业分布类型　　　　　　单位:%，个

	国家机关党群组织、事业单位负责人	国家机关党群组织、事业单位工作人员	专业技术人员	各类企业办事人员	商业、服务业人员	农林牧渔水利生产人员	生产、运输设备操作人员及有关人员	不便分类的其他从业人员	合计	样本量
全体	2.6	21.9	0.3	3.2	7.1	33.0	5.0	26.9	100.0	377
农户	0.5	4.4	0.0	1.1	4.9	63.6	0.5	25.0	100.0	184
非农户	4.2	39.3	0.5	5.2	9.4	3.7	8.9	28.8	100.0	193

说明：将"农转居"和"非农转居"均归入城镇户籍。

在农村劳动力就业结构方面，2014 年乌恰县农村劳动力中 11.8% 从事非农务工工作；从事农业生产的比例为 61.3%。从民族维度看，只有汉族和柯尔克孜族从事农业生产或非农务工，汉族农村劳动力从事非农务工和农业生产的比例分别为 12.5% 和 6.3%，柯尔克孜族相关比例分别为10.6% 和 0.8%。人口比例较少民族务农的比例为 100.0%。总体来看调查点的劳动力仍然以务农为主，从事非农工作的人口比例不高。

表 2-3　　　　　　　　农业户口受访劳动力工作性质　　　　单位:%，个

	只是务农	以务农为主，同时也从事非农工作	以非农工作为主，同时也务农	只从事非农工作	样本量
汉族	21.9	12.5	6.3	43.8	27
维吾尔族	60.0	3.3	0.0	6.7	21
柯尔克孜族	71.5	10.6	0.8	4.9	108
总计	61.3	9.7	1.6	11.8	157

从城镇劳动力合同性质方面看，乌恰县城镇劳动力合同以长期合同职工为主，比例为 43.5%，固定职工占 22.8%，私营和个体经营人员占12.0%，短期合同和无合同的情况分别占 7.6%、8.7%。从民族维度看，汉族和柯尔克孜族均以长期合同工为主，汉族长期合同工的比例达37.5%，柯尔克孜族为 48.5%。此外，汉族劳动力中没有签合同的占6.3%，柯尔克孜族为 8.8。说明乌恰县城镇劳动力以工作稳定为主要就业导向，劳动力市场化程度不高。同时，劳动力市场还很不完善，短期临时合同工仍占据一定比例，部分劳动力没有劳动合同，劳动者的合法权益保障工作需要进一步提升。

表 2-4　　　　　　　　非农业户口劳动力合同性质　　　　单位:%，个

	固定职工（包括国家干部、公务员）	长期合同工	短期或临时合同工	没有合同的员工	从事私营或个体经营人员	其他（请注明）	合计	样本量
汉族	12.5	37.5	12.5	6.3	25.0	6.3	100.0	16
柯尔克孜族	26.5	48.5	5.9	8.8	4.4	5.9	100.0	68
总计	22.8	43.5	7.6	8.7	12.0	5.4	100.0	92

根据农村劳动力寻找非农工作的途径看，通过朋友或熟人介绍的占

28.9%，尽管通过"其他"途径找工作的比例达21.1%，但"其他"主要包括"开店、自己做"等方式，对应灵活就业方向，因此可以说政府保障农村劳动力从事非农工作的能力较强。从民族维度看，柯尔克孜族的劳动力通过朋友或熟人介绍获得非农工作的比例为22.2%，依靠家人或亲戚介绍和本乡人介绍获得非农工作机会的比例均为11.1%，说明柯尔克孜族就业更依赖传统社会共同体。总体来看，农村劳动力直接获得市场就业信息的机会小，利用市场途径实现非农就业的能力较弱，侧面说明市场发育不健全，城镇市场对农村劳动力的开放程度不足，劳动力未处于完全竞争状态。

表2-5　　　　　　　受访农村劳动力寻找非农工作的途径　　　单位:%，个

	政府/社区安排介绍	招聘广告	直接申请（含考试）	家人/亲戚介绍	朋友/熟人介绍	通过本乡人介绍	通过同民族介绍	其他（请注明）	合计	样本量
汉族	0.0	0.0	40.0	13.3	40.0	0.0	0.0	6.7	100.0	15
柯尔克孜族	5.6	5.6	0.0	11.1	22.2	11.1	11.1	33.3	100.0	18
总计	5.3	2.6	15.8	10.5	28.9	7.9	7.9	21.1	100.0	38

从城镇劳动力就业途径来看，通过政府或社区安排介绍就业的占38.3%，23.5%主要通过家人或亲戚介绍，通过朋友或熟人介绍就业比例占21.0%，直接申请就业比例占14.8%，其他路径相对较窄。政府仍然在保障乌恰县城镇劳动力就业方面发挥主导作用。从民族维度看，汉族43.8%通过直接申请获得工作，31.3%通过朋友或者熟人介绍实现就业。柯尔克孜族农村人口主要通过政府安排获得就业机会，所占比例为50.0%，通过家人或亲戚介绍就业的占22.4%。人口比例较少民族主要依靠家人或者亲戚介绍找工作。汉族劳动力就业途径市场化倾向明显，维吾尔族与柯尔克孜族就业途径较为多元，人口比例较少民族仍然以社会关系网络为主要就业资本。

表2-6　　　　　　　受访城镇劳动力寻找工作的途径　　　单位:%，个

	政府/社区安排介绍	直接申请（含考试）	家人/亲戚介绍	朋友/熟人介绍	通过本乡人介绍	其他（请注明）	合计	样本量
汉族	6.3	43.8	18.8	31.3	0.0	0.0	100.0	16
柯尔克孜族	50.0	6.9	22.4	17.2	1.7	1.7	100.0	58
总计	38.3	14.8	23.5	21.0	1.2	1.2	100.0	81

根据表 2-7，限制农村劳动力流动的主要原因是"当地能找到满意的工作"，相关比例为 55.9%，其次找不到工作的占 14.7%。因疾病或伤残不能外出工作的为 11.8%，不适应外地生活环境的占 5.9%。总体来看，乌恰县农村劳动力外出就业意愿不高。从民族维度看，限制柯尔克孜族劳动力外出最主要的原因是当地能够找到满意工作，比例为 40.0%，因找不到工作的比例均为 30%，因不适应外地生活环境，疾病或伤残和家长缺乏劳动力的比例均为 10%。汉族劳动力外出就业限制的主要障碍是当地能找到满意工作，比例为 75%，因疾病或伤残不能外出工作的比例为 10.0%，因回家结婚、生育的原因占 5.0%。

表 2-7　　　　　　　　　限制农村劳动力流动的因素　　　　　　单位:%，个

	找不到工作（或担心找不到工作）	不适应外地生活环境	疾病或伤残	家中农业缺乏劳动力	回家结婚、生育	当地能找到满意的工作	其他（请注明）	合计	样本量
汉族	0.0	0.0	10.0	0.0	5.0	75.0	10.0	100.0	20
柯尔克孜族	30.0	10.0	10.0	10.0	0.0	40.0	0.0	100.0	10
总计	14.7	5.9	11.8	2.9	2.9	55.9	5.9	100.0	34

关于劳动力流动区域，农村方面劳动力流动率非常低，结合农业发展受季节性影响较大，可以推知农村劳动力流动区域较小。城镇 70.7% 劳动力主要流动区域为乡外县内，在乡镇区域内流动的比例为 29.3%。由此可知乌恰县城镇劳动力流动范围相对不大，乌恰县城镇劳动力流动以乌恰县区为主。从民族维度看，柯尔克孜族劳动力以乡外县内为主要流动范围，比例为 80.3%。汉族城镇劳动力流动主要是乡镇内流动，比例为 75.0%，乡外县内的劳动力流动比例为 25.0%。

表 2-8　　　　　　　　　城镇受访劳动力流动区域　　　　　　单位:%，个

	乡镇内	乡外县内	合计	样本量
汉族	75.0	25.0	100.0	16
柯尔克孜族	19.7	80.3	100.0	66
总计	29.3	70.7	100.0	92

在城乡受访居民工作流动的主观愿望方面，80.4% 希望在县城之内工作，8.7% 希望在县外省内，但必须是家附近的市县，认为在县外省内无

所谓远近的受访者的比例为 4.3%，希望到东部一线大城市工作的比例为 2.2%。从民族维度看，汉族和柯尔克孜族关于外出工作区域的愿望相近，都希望在县城之内工作，比例分别为 75.0%、83.9%，说明乌恰县居民有浓厚的乡土观念。汉族除 75.0% 的居民希望在县城之内工作外，25.0% 的居民希望在东部一线大城市工作，由此可见，汉族居民就业视野相对更宽广。

表 2-9　　　　　　　　城乡受访居民关于工作区域的主观愿望　　　　　单位:%，个

	县城之内	县外省区内，但必须是家附近的市/县	县外省内无所谓远近	东部一线大城市	其他（请注明地区名称）	合计	样本量
汉族	75.0	0.0	0.0	25.0	0.0	100.0	14
柯尔克孜族	83.9	3.2	6.5	0.0	6.5	100.0	31
总计	80.4	8.7	4.3	2.2	4.3	100.0	46

（二）住房情况

住房是人类最基本的需求之一，是关系国计民生的重大经济问题和社会问题。新疆自治区实施安居富民工程以来，县委、县政府把实施安居富民工程作为全民转变观念、增收致富的重要工作来抓。坚持"规划先行、民生为本、产业为重、实事求是"的总体思路，树立"安居富民、定居兴牧、扶贫攻坚、农村环境综合整治、新农村建设"五位一体的理念，始终遵循"多措并举解难题、因地制宜搞建设"的原则，紧紧抓住援疆机遇，坚持以户均一套标准住房为目标，以"三高"（高起点、高水平、高效益）和"四不落后"（住房面积不落后、基本功能不落后、建房质量不落后、产业培育不落后）为基准，以"改变村容村貌、环境综合整治"为主线，大力实施安居富民工程建设三项行动（沿边整村推进建设行动、乡村集中规划新村建设行动、产业转移进城定居建设行动），强力推进安居富民工程建设。本报告将从家庭自有住房拥有情况、居民对现有住房及住房政策的满意度两方面讨论乌恰县居民住房情况。因分城乡再分民族后样本量较小，而且从现有的小样本数据中可看出民族间的差距明显小于城乡差距，因此本部分主要对城乡进行分析和比较。

从家庭自有住房拥有情况看，乌恰县家庭中 64.3% 拥有 1 套自有住

房，34.9%没有自有住房，拥有 2 套或 2 套以上自有住房的比例非常小。农村居民29.7%无自住房，69.8%拥有 1 套自住房，城镇居民无自住房的比例为40.2%，拥有 1 套自住房的比例为58.8%。

目前乌恰县受访居民居住的房屋中，78.9%为自有住房，6.2%为租住的廉租房，租住亲友住房的为1.5%，0.8%为租住私人住房，居住在集体宿舍为0.5%。从城乡维度看，城镇居民自有住房率为68.8%，农村居民为89.4%，高于城镇居民。农村居民租住亲友房和私人住房的比例高于城镇居民，分别为3.2%、1.1%。城镇居民租住廉价房的比例高于农村居民，为9.0%。

表 2-10　　　　　　　　受访家庭住房产权归属情况　　　　　单位:%，个

	自有住房	租/住廉租房	租/住亲友房	租/住私人房	集体宿舍	其他（请注明）	合计	样本量
农村	89.4	3.2	3.2	1.1	0.0	3.2	100.0	189
城镇	68.8	9.0	0.0	0.5	1.0	20.6	100.0	199
合计	78.9	6.2	1.5	0.8	0.5	12.1	100.0	388

关于对当前住房的评价，53.1%居民持满意态度，不满意的占10.0%，总体满意度较高。从城乡维度看，农村居民对当前住房持满意态度的比例为51.4%，城镇居民为54.3%，高于农村居民。整体看居民对住房的满意度与居民自有住房情况存在一定正相关性，但并非完全线性相关。

表 2-11　　　　　　　　受访居民对当前住房的满意情况　　　　　单位:%，个

	满意	一般	不满意	不清楚	合计	样本量
农村	51.4	35.3	9.2	4.0	100.0	174
城镇	54.3	32.5	10.7	2.5	100.0	197
合计	53.1	33.7	10.0	3.2	100.0	371

三　移民与生态环境保护

总体上，乌恰县生态环境不断改善，当地居民环保意识较强，政府保护生态工作效果良好。

关于所在地生态环境的评价，受访居民对 20 年前当地生态环境评价

不高,仅32.6%认为当时生态环境较好。认为当前自己所处地区生态环境好的比例为28.4%,35.0%的受访者认为未来20年后当地生态环境较好。从时间维度看,受访居民对地区生态环境的评价逐渐升高。从民族维度看,汉族、维吾尔族对近20年来当地生态环境的评价逐渐变好,此外,汉族、维吾尔族、柯尔克孜族对未来20年当地生态环境的评价均有一定程度提升。

表 2-12　　　　　　　　受访居民对地区生态环境的评价　　　　单位:%,个

	您对目前自己所处地区的生态环境评价			您所了解的20年前当地的生态环境状况			合计	样本量
	好	一般	不好	好	一般	不好		
汉族	47.5	49.2	3.3	48.4	50.0	1.6	100.0	62
维吾尔族	28.0	72.0	0.0	36.0	64.0	0.0	100.0	50
柯尔克孜族	24.2	74.3	1.5	28.6	69.9	1.5	100.0	269
总计	28.4	70.1	1.5	32.6	66.1	1.3	100.0	389

	您认为20年后当地的生态环境状况			您对居住地周边环境状况的评价			合计	样本量
	好	一般	不好	好	一般	不好		
汉族	54.8	43.5	1.6	45.2	53.2	1.6	100.0	62
维吾尔族	38.0	62.0	0.0	34.0	66.0	0.0	100.0	50
柯尔克孜族	30.1	68.8	1.1	25.3	73.2	1.5	100.0	269
总计	35.0	64.0	1.0	29.3	69.4	1.3	100.0	389

说明:本报告对"居民关于地区生态环境"的评价标准进行量化的方法是:好为3分、一般为0分、不好为-3分,分值越高,对地区生态环境的评价越好。

关于生态环境和资源保护的态度,乌恰县受访居民的环保意识非常强。99%的受访居民认为"大自然很容易被破坏,需要人类在开发使用中加强保护",86.6%认为不能因为经济发展和就业就大规模开发自然资源,54.4%认为国家和发达地区需要加强生态补偿机制建设,90.7%的受访居民认为不能为了致富而忽略环境,83.7%认为必须平衡好开发利用与保护环境的关系,97.9%认为为了子孙后代的生产和发展必须大力保护环境,98.2%认为万物与人类都一样有生命。从民族维度看,人口比例较少民族的综合环保意识最强,其次是维吾尔族居民的综合环保意识最强,再次是汉族,最后是柯尔克孜族,但各民族都具有很强的环保意识。由此看来,相比于物质生活的改善,乌恰县居民更加注重生态环境的保护,在此前提

下寻求环境与经济的协调发展。

表 2-13　　　　受访居民关于生态环境和资源保护方面的看法　　单位:%，个

	大自然很容易被破坏，需要人类开发使用中加强保护	不能为了当地经济发展和解决就业，而大规模开发自然资源	国家和发达地区需要加强生态补偿机制建设	不能为了加快致富发展，不考虑考虑环境约束问题	为继承先人和本民族传统，必须平衡好开发利用与保护资源环境的关系	为了子孙后代的生存和发展必须大力保护环境	万物与人类一样都有生命	样本量
汉族	100.0	85.2	51.6	93.4	90.3	98.4	98.4	62
维吾尔族	98.0	90.0	64.0	94.0	88.0	94.0	96.0	50
柯尔克孜族	98.9	85.9	53.4	89.2	80.9	98.5	98.5	269
总计	99.0	86.6	54.4	90.7	83.7	97.9	98.2	389

　　乌恰县受访居民对地方政府保护生态环境效果的整体评价较高。具体来看，受访居民对生态保护措施和法规的评价为"好"的比例占51.2%；对公众参与环保的宣传动员工作评价"好"的比例为55.5%，对环保投入、处罚违法违规环境事件、公众自发制止影响环境的资源开发的态度的评价相关比例分别为50.1%、50.4%、52.1%。。从民族维度看，对地方政府保护环境的各项工作评价程度依次为柯尔克孜族、维吾尔族、汉族。

表 2-14　　　　　　　受访居民对地区生态环境的评价　　　　单位:%，个

	生态保护措施和法规				环境保护投入力度				违法违规环境事件的处罚			合计	样本量
	好	一般	不好	说不清	好	一般	不好	说不清	好	一般	说不清		
汉族	58.1	19.4	0.0	22.6	43.5	33.9	0.0	22.6	45.2	32.3	22.6	100.0	62
维吾尔族	46.0	48.0	0.0	6.0	52.0	42.0	0.0	6.0	52.0	42.0	6.0	100.0	50
柯尔克孜族	50.4	35.2	0.4	14.1	51.5	34.1	0.4	14.1	50.7	35.2	14.1	100.0	270
总计	51.2	34.4	0.3	14.1	50.1	35.5	0.3	14.1	50.4	35.5	14.1	100.0	389

	公众参与环境保护的宣传动员			对公众自发制止影响环境的资源开发			合计	样本量
	好	一般	说不清	好	一般	说不清		
汉族	46.8	25.8	27.4	45.2	29.0	25.8	100.0	62
维吾尔族	58.0	36.0	6.0	54.0	40.0	6.0	100.0	50
柯尔克孜族	56.7	27.4	15.9	53.2	30.9	16.0	100.0	269
总计	55.5	28.0	16.5	52.1	31.7	16.2	100.0	388

四　社会事业发展

在全面小康社会建设进程中，乌恰县贫困人口的综合素质和生活水平明显增强，基础设施、社会保障和基本公共服务日益完善。本报告从公共基础设施建设、社会保障、扶贫项目和居民社会预期四方面对当前乌恰县社会事业发展状况加以讨论。

（一）公共基础设施

根据调查数据，受访居民对各项公共基础设施持满意态度的比例均超过50%。具体来看，农村受访居民对教育设施满意比例均低于城镇受访居民。一方面，城乡受访居民对学前和小学阶段教育设施满意度差距小于对中学满意度的差距，初等教育公共基础设施均衡化程度高于中等教育阶段；另一方面，说明农村居民对教育及教育重要性已有清晰的认知。此外，农村受访居民对卫生院、治安设施、活动中心、运动场所及器材、农贸市场、车站码头、邮政储蓄所和银行等公共基础设施的满意度均低于城镇受访居民，分别为67.4%、68.6%、61.1%、68.6%、48.9%、62.3%、45.5%、48.2%，而城镇受访居民的满意度分别为86.7%、85.3%、84.8%、76.1%、81.7%、83.2%、80.2%、84.8%，说明农村公共基础设施建设仍然落后于城镇。农村居民对各项公共基础设施持"不好说"态度除在卫生院和农贸市场中的比例均高于城镇居民外，其他方面比例都低于城镇居民。

表2-15　　　　城乡受访居民对公共基础设施的评价　　　单位:%，个

		满意	一般	不满意	不好说	没有该设施	合计	样本量
教育设施 （幼儿园）	农村	57.4	39.5	1.1	2.1	0.0	100.0	190
	城镇	80.1	16.3	0.0	3.6	0.0	100.0	196
	合计	69.0	27.6	0.5	2.8	0.0	100.0	386
教育设施 （小学）	农村	54.2	22.1	3.2	3.2	17.4	100.0	190
	城镇	85.7	8.7	0.5	3.6	1.5	100.0	196
	合计	70.3	15.2	1.8	3.4	9.3	100.0	386

续表

		满意	一般	不满意	不好说	没有该设施	合计	样本量
教育设施（中学）	农村	42.6	35.3	2.6	2.1	17.4	100.0	190
	城镇	79.1	15.8	0.0	3.6	1.5	100.0	196
	合计	61.2	25.3	1.3	2.8	9.3	100.0	386
社区或乡卫生院或最近的医院	农村	67.4	27.9	3.7	1.1	0.0	100.0	190
	城镇	86.7	12.8	0.0	0.5	0.0	100.0	196
	合计	77.3	20.2	1.8	0.8	0.0	100.0	386
治安设施（派出所、警卫室等）	农村	68.6	30.4	1.0	0.0	0.0	100.0	190
	城镇	85.3	14.2	0.5	0.0	0.0	100.0	196
	合计	77.1	22.1	0.8	0.0	0.0	100.0	386
活动中心（老年）	农村	61.1	37.9	0.5	0.5	0.0	100.0	190
	城镇	84.8	13.2	1.0	0.5	0.5	100.0	196
	合计	73.2	25.3	0.8	0.5	0.3	100.0	386
运动场所及器材	农村	68.6	27.7	1.6	1.0	1.0	100.0	190
	城镇	76.1	14.7	0.5	1.5	7.1	100.0	196
	合计	72.5	21.1	1.0	1.3	4.1	100.0	386
农贸市场	农村	48.9	25.8	0.5	1.1	23.7	100.0	190
	城镇	81.7	15.2	0.5	1.0	1.5	100.0	196
	合计	65.7	20.4	0.5	1.0	12.4	100.0	386
车站（码头）	农村	62.3	28.8	0.0	1.0	7.9	100.0	190
	城镇	83.2	14.7	1.0	1.0	0.0	100.0	196
	合计	73.0	21.6	0.5	1.0	3.9	100.0	386
邮电所	农村	45.5	27.7	1.0	0.5	25.1	100.0	190
	城镇	80.2	15.7	1.0	1.5	1.5	100.0	196
	合计	63.2	21.6	1.0	1.0	13.1	100.0	386
银行（信用社）	农村	48.2	25.7	0.5	0.5	25.1	100.0	190
	城镇	84.8	11.7	0.5	1.5	1.5	100.0	196
	合计	66.8	18.5	0.5	1.0	13.1	100.0	386

（二）社会保障

1. 受访城乡居民参保情况

在农村社会保险方面，乌恰县农村受访居民参加新农合的比例为99.4%，参加新农保的比例为58.3%。从民族维度看，汉族、维吾尔族、柯尔克孜族、人口比例较少民族受访居民参与新农合的比例都很高，分别为100.0%、100.0%、99.1%，参加新农保的相关比例分别为85.2%、11.1%、60.8%。

表2-16　　　　　　　　农民参与社会保险情况　　　　　单位:%，个

	新农合	样本量	新农保	样本量
汉族	100.0	26	85.2	27
维吾尔族	100.0	27	11.1	18
柯尔克孜族	99.1	114	60.8	74
总计	99.4	170	58.3	120

在城镇社会保险参与率方面，72.4%城镇受访居民参加了城镇职工基本医疗保险，参加城镇居民医疗保险的比例占55.1%，参加城镇居民养老保险的比例为25.0%。从民族维度看，城镇职工基本医疗保险参与情况中，柯尔克孜族参与率最高，相关比例为76.5%；汉族居民参与率为59.1%；维吾尔族居民为66.7%。而城镇居民基本医疗保险方面，维吾尔族居民参与率为76.5%，汉族、柯尔克孜族参与率分别为61.5%、48.6%。在城镇居民养老保险方面，汉族居民参与率最高，为75.0%%，维吾尔族、柯尔克孜族依次为12.5%、14.6%。

表2-17　　　　　　　城镇居民参加社会保险的情况　　　　单位:%，个

	城镇职工基本医疗保险	样本量	城镇居民基本医疗保险制度	样本量	城镇居民养老保险制度	样本量
汉族	59.1	22	61.5	26	75.0	20
维吾尔族	66.7	12	76.5	17	12.5	8
柯尔克孜族	76.5	119	48.6	109	14.6	82
总计	72.4	156	55.1	156	25.0	112

2. 受访居民对社会保障的评价

乌恰县受访居民对当地社会保障整体评价很高，对各社会保障项目评分均在 2—2.9 分。具体来看，受访居民对农村低保的评分最高，为 2.94分；对城镇居民养老保险和新型农村合作医疗制度的满意度相对较低，评分分别为 2.42、2.82 分。从民族维度看，汉族居民对城镇职工基本医疗保险、城镇居民基本医疗保险、城镇居民养老保险、城镇低保、新农合、新农保的评分分别为 2.63 分、2.54 分、2.2 分、3 分、2.19 分、2.32分、2.5 分，维吾尔族的各项评分分别为 2.67 分、3 分、3 分、2 分、2.89 分、3 分、3 分。由此可见，各民族对当地社会保障满意度评价存在较大差异。

表 2-18　　　　　　　　　受访居民对社会保障的满意度　　　　　　　单位：分

	城镇职工基本医疗保险	城镇居民基本医疗保险制度	城镇居民养老保险制度	城镇低保制度	新型农村合作医疗制度	新型农村养老保险制度	农村低保制度
汉族	2.63	2.54	2.2	3	2.19	2.32	2.5
维吾尔族	2.67	3	3	2	2.89	3	3
柯尔克孜族	2.97	2.94	2.7	3	2.97	3	3
其他民族	3	3	—	3	2	—	—
合计	2.9	2.88	2.42	2.91	2.82	2.91	2.94

说明：本报告对"社会保障满意度"的评价标准进行量化的方法是：满意 3 分、一般 0 分、不满意 -3 分，分值越高，满意度越高。

乌恰县受访居民认为低保能帮助解决家庭特殊困难的占比是 13.0%，2.1% 的受访居民认为低保有助于提高生活水平，认为能够满足困难群众最低生活需求的受访居民占 25.7%。对低保作用持否定态度的居民占59.3%。从民族维度看，汉族、维吾尔族、柯尔克孜族受访居民认为低保不能满足最低需求的比例分别为 55.2%、60.0%、59.7%。从城乡维度看，城乡受访居民最注重的均是低保的济困作用。值得注意的是，68.6%的农村受访居民，50.3% 的城镇受访居民认为低保不能满足最低需要，说明农村与城镇受访居民都认为目前低保水平过低。

表 2-19　　　　　　　　　　受访居民对低保作用的看法　　　　　单位:%，个

	能够满足最低需求	能够帮助提高生活水平	能够帮助解决家庭特殊困难	不能够满足最低需求	合计	样本量
汉族	27.6	1.7	15.5	55.2	100.0	58
维吾尔族	30.0	2.0	8.0	60.0	100.0	50
柯尔克孜族	24.3	2.3	13.7	59.7	100.0	263
农村	13.3	1.1	17.0	68.6	100.0	189
城镇	37.6	3.2	9.0	50.3	100.0	189
总计	25.7	2.1	13.0	59.3	100.0	378

（三）扶贫项目

根据调查数据，乌恰县受访居民所在地区主要扶贫项目有"两免一补"、道路修建和改扩工程、电力设施建设工程、人畜饮水工程、卫生设施建设项目、"村村通"工程和教育扶贫工程，知晓以上扶贫项目的受访居民比例分别为 93.8%、47.7%、41.2%、38.1%、46.4%、43.6%、19.3%。此外，开展资助儿童入学和扫盲项目、扶贫工程生产项目的地区也占一定比例，受访居民知晓度分别为 46.6%、28.6%。从民族维度看，汉族受访居民对"两免一补"、扶贫工程生产、道路修建和改扩工程、电力设施建设工程、资助儿童入学和扫盲教育、卫生设施建设项目、"村村通"工程、教育扶贫工程知晓度较高，相关比例分别为 78.7%、49.2%、39.3%、18%、29.5%、29.5%、14.8%、18%。维吾尔族居民所在地主要实施了"两免一补"政策、扶贫工程生产、退耕还林还草补助工程、道路修建和改扩工程、电力设施建设工程、人畜饮水工程、技术推广及培训工程、资助儿童入学和扫盲教育、卫生设施建设项目、种植业林业养殖业扶贫金、"村村通"工程、教育扶贫工程，相关比例分别为 100%、24%、20%、64%、60%、62%、32%、48%、64%、30%、56%、18%。柯尔克孜族居民对"两免一补"、退耕还林还草补助工程、道路修建和改扩工程、电力设施建设工程、人畜饮水工程、卫生设施建设项目、"村村通"工程的知晓比例分别达到 95.9%、54.2%、59.9%、55.8%、56.4%、55.8%、49%。从城乡维度看，农村居民对除移民搬迁工程外的各扶贫项目的知晓度均超过城镇，说明乌恰县扶贫政策重点向农村倾斜。

表 2-20　　　　　　　　　　　当地实施扶贫项目情况　　　　　　单位:%

	汉族	维吾尔族	柯尔克孜族	农村	城镇	总计
移民搬迁工程	8.2	0	1.5	4.2	0.5	2.3
"两免一补"政策	78.7	100	95.9	90.5	97	93.8
扶贫工程生产项目	49.2	24	24.9	27	30.3	28.6
退耕还林还草补助工程	37.7	20	29.7	56.6	4	29.6
道路修建和改扩工程	39.3	64	46.8	59.3	36.9	47.7
基本农田建设工程	23	2	3.3	10.6	2	6.2
电力设施建设工程	18	60	43.5	52.9	30.3	41.2
人畜饮水工程	6.6	62	40.9	50.3	26.8	38.1
技术推广及培训工程	19.7	32	11.9	23.3	8.6	15.7
资助儿童入学和扫盲教育项目	29.5	48	36.4	28	44.9	36.6
卫生设施建设项目	29.5	64	47.2	52.9	40.4	46.4
种植业/林业/养殖业扶贫金	1.6	30	13	23.3	3.5	13.1
"村村通"工程	14.8	56	48	50.3	37.4	43.6
教育扶贫工程	18	18	20.1	17.5	21.2	19.3
牧区扶贫工程	0	4	1.1	2.1	0.5	1.3
扶贫培训工程	1.6	2	2.2	0.5	3.5	2.1
样本量	61	50	269	190	198	388

(四)　生活和社会预期

整体看,乌恰县受访居民对过去 5 年生活水平变化大都持肯定态度。54.4%的受访居民认为过去 5 年生活水平上升很多或略有上升,认为上升很多的占 11.9%。从民族维度看,汉族、维吾尔族、柯尔克孜族认为过去 5 年生活水平上升很多或略有上升的比例分别为 59%、42.9%、55.5%,汉族评价最高,其余各民族差异不明显。从城乡维度看,农村 55.2%居民认为过去 5 年生活水平上升很多或略有上升,城镇相关比例为 53.3%,低于农村,说明近年来农村居民对生活质量的评价更乐观。

表2-21　　　　　　　受访居民对过去5年生活水平变化的评价　　　单位:%，个

	上升很多	略有上升	没有变化	略有下降	下降很多	不好说	合计	样本量
汉族	16.4	42.6	13.1	3.3	0.0	24.6	100.0	61
维吾尔族	10.2	32.7	4.1	34.7	0.0	18.4	100.0	49
柯尔克孜族	11.1	44.4	9.3	21.1	1.5	12.6	100.0	270
农村	7.3	47.9	8.3	19.3	1.0	16.1	100.0	193
城镇	16.4	36.9	10.3	20.5	1.0	14.9	100.0	195
总计	11.9	42.5	9.3	19.8	1.0	15.5	100.0	388

　　乌恰县受访居民中，认为当地未来5年生活水平将会上升很多或略有上升的占47.0%，认为没有变化的占5.7%，不好说的占47.3%。从民族维度看，汉族受访居民对生活改善最为乐观，54.1%认为未来5年生活水平上升很多或略有上升；维吾尔族受访居民、柯尔克孜族受访居民的相关比例分别为25%、44%、46.7%。从城乡维度看，城乡受访居民认为未来5年生活会上升的比例分别为40.3%、53.6%，农村受访居民对未来生活改善的信心强于城镇居民。

表2-22　　　　　　　受访居民对未来5年生活水平的预期　　　单位:%，个

	上升很多	略有上升	没有变化	不好说	合计	样本量
汉族	19.7	34.4	9.8	36.1	100.0	61
维吾尔族	8.0	36.0	0.0	56.0	100.0	50
柯尔克孜族	6.7	40.0	5.6	47.8	100.0	270
农村	5.7	47.9	5.2	41.1	100.0	193
城镇	12.2	28.1	6.1	53.6	100.0	196
总计	9.0	38.0	5.7	47.3	100.0	389

　　85.1%的受访居民对当地2020年建成小康社会很有信心或有信心。从民族维度看，柯尔克孜族受访居民对所在地区2020年建成小康社会的信心最强，认为很有信心或有信心的比例为90.4%，汉族受访居民、维吾尔族受访居民相关比例分别为67.2%、82%。从城乡维度看，农村受访居民对于"2020年所在地区全面建成小康社会"这一说法表示"没听说过"的占7.8%，说明当地有关政策的宣传和贯彻工作存在不足。农村居民对当地2020年全面建成小康社会很有信心或有信心的比例占91.7%，

城镇居民为 78.6%，低于农村。

表 2-23　　　　　　居民对所在地区 2020 年建成小康社会的态度　　单位:%，个

	很有信心	有信心	没什么信心	不可能	没听说过	合计	样本量
汉族	42.6	24.6	14.8	1.6	16.4	100.0	61
维吾尔族	26.0	56.0	16.0	0.0	2.0	100.0	50
柯尔克孜族	30.4	60.0	4.4	0.0	5.2	100.0	270
农村	32.8	58.9	0.5	0.0	7.8	100.0	193
城镇	30.1	48.5	15.3	0.5	5.6	100.0	196
合计	31.4	53.7	8.0	0.3	6.7	100.0	389

　　总体而言，乌恰县受访居民对所在地区 2020 年建成小康社会无信心的比例非常小。究其原因，43.8% 的信心不足者认为经济收入提高慢是主要障碍，认为源于自然条件差、文化教育跟不上的比例分别为 6.3%、3.1%。由此看来，受访居民认为经济收入问题是小康社会建设过程中的主要障碍。从民族维度看，汉族受访居民、维吾尔族受访居民、柯尔克孜族受访居民都认为经济收入增长慢是阻碍当地 2020 年建成小康社会的主要因素，所占比例分别为 77.8%、28.6%、35.7%。但除此之外，汉族受访居民更重视文化教育跟不上减缓小康社会建设进程，所占比例为 11.1%；而维吾尔族受访居民更看重自然条件差的制约，所占比例为 14.3%。从城乡维度看，农村居民、城镇居民都认为经济收入提高慢是所在地区 2020 年建成小康社会的主要障碍，所占比例分别为 100.0%、40.0%。

表 2-24　受访居民对所在地区 2020 年建成小康社会信心不足的原因

单位:%，个

	经济收入提高慢	自然条件差	文化、教育跟不上	其他（请注明）	合计	样本量
汉族	77.8	0.0	11.1	11.1	100.0	9
维吾尔族	28.6	14.3	0.0	57.1	100.0	7
柯尔克孜族	35.7	7.1	0.0	57.1	100.0	14
其他民族	0.0	0.0	0.0	100.0	100.0	2
农村	100.0	0.0	0.0	0.0	100.0	2
城镇	40.0	6.7	3.3	50.0	100.0	30
合计	43.8	6.3	3.1	46.9	100.0	32

五　民族关系

乌恰县在县委、县人民政府的领导下，以党的十八大精神和"三个代表"重要思想为指导，全面贯彻落实党的各项民族政策，始终坚持"三个离不开"的思想，不断巩固和发展平等、团结、互助的社会主义民族关系。各族人民同呼吸、共命运、心连心的深情，携手为振兴乌恰经济全面建设小康社会做贡献。本部分从语言使用、宗教差异、族际交往、族际通婚、族群意识、当地居民对外来人员的评价、民族身份平等、民族关系主观评价和民族冲突状况这九个方面，对乌恰县民族关系现状加以论述。

（一）沟通语言的使用情况

国家通用语言文字在乌恰县受访居民中普及率较高。日常生活交谈中，90%乌恰县受访居民使用本民族语言，使用其他少数民族语言的占85.7%，使用普通话的受访居民占67.3%，使用汉语方言的受访居民占1.5%。从民族维度看，汉族受访居民日常交谈中习惯使用普通话，相关比例为93.5%；维吾尔族受访居民中100.0%日常交谈使用维吾尔语；柯尔克孜族受访居民在日常交谈中100.0%使用柯尔克孜语。从城乡维度看，农村居民使用普通话作为日常交谈媒介的比例低于城镇，使用本民族语言的比例低于城镇居民，但无论城乡，居民日常交谈都主要使用本民族语言。

表2-25　　　　　　　受访居民与人交谈时语言使用情况　　　　单位:%，个

	普通话	汉语方言	本民族语言	其他少数民族语言	其他	样本量
汉族	93.5	9.7	37.1	41.9	0.0	62
维吾尔族	56.0	0.0	100.0	88.0	0.0	50
柯尔克孜族	63.8	0.0	100.0	94.8	0.4	271
农村	50.8	1.6	89.0	81.2	0.0	192
城镇	82.9	1.5	91.0	89.9	0.5	199
总计	67.3	1.5	90.0	85.7	0.3	396

（二）宗教信仰情况

乌恰县受访居民宗教信仰比例大，以伊斯兰教为主。77.8%的受访居民自报信仰伊斯兰教，自报没有宗教信仰的受访居民占20.9%，有1.3%的受访居民不想表达自己的宗教信仰情况。从民族维度看，98.3%的汉族受访居民无宗教信仰。维吾尔族受访居民和柯尔克孜族受访居民主要信仰伊斯兰教，相关比例分别为98.0%和91.1%，仍有7.1%的柯尔克孜族受访居民无宗教信仰。从城乡维度看，城镇居民不信教的比例为23.1%，农村居民为18.7%，城镇信教居民比例低于农村居民。其中，城镇居民中74.9%信仰伊斯兰教，农村居民相关比例为80.7%。

表 2-26 居民宗教信仰情况 单位:%，个

	伊斯兰教	没有宗教信仰	不想说	合计	样本量
汉族	1.7	98.3	0.0	100.0	59
维吾尔族	98.0	2.0	0.0	100.0	49
柯尔克孜族	91.1	7.1	1.9	100.0	269
农村	80.7	18.7	0.5	100.0	188
城镇	74.9	23.1	2.1	100.0	195
总计	77.8	20.9	1.3	100.0	383

（三）族际交往

乌恰县各族受访居民的族际交往意愿相对较强。具体来看，汉族很愿意与本民族之外的民族成员聊天、成为邻居、一起工作，相关比例分别为85.7%、83.9%、81.8%。少数民族很愿意与汉族聊天、成为邻居、一起工作，相关比例分别为31.0%、31.0%、31.0%。少数民族比较愿意与汉族聊天、成为邻居、一起工作，相关比例分别为67.5%、60.0%、66.0%。少数民族大多很愿意或者比较愿意与本民族之外的民族成员聊天、成为邻居、一起工作。从具体民族维度看，汉族居民与本民族外成员交往的意愿最强。总体来看，民族之间的交往情况乐观。

表 2-27a　　　　　民族交往情况——汉族对少数民族　　　单位:%，个

	聊天				成为邻居			一起工作				样本量
	很愿意	比较愿意	不太愿意	不愿意	很愿意	比较愿意	不愿意	很愿意	比较愿意	不太愿意	不愿意	
汉族	85.7	10.7	1.8	1.8	83.9	14.3	1.8	81.8	12.7	3.6	1.8	55

表 2-27b　　　　　民族交往情况——少数民族对汉族　　　单位:%，个

	聊天				成为邻居					一起工作				样本量
	很愿意	比较愿意	不太愿意	不好说	很愿意	比较愿意	不太愿意	不愿意	不好说	很愿意	比较愿意	不太愿意	不好说	
维吾尔族	26.0	72.0	2.0	0.0	26.0	70.0	4.0	0.0	0.0	26.0	70.0	4.0	0.0	50
柯尔克孜族	29.6	68.9	0.7	0.7	29.6	60.0	7.8	1.9	0.7	29.6	67.4	2.2	0.7	270
总计	31.0	67.5	0.9	0.6	31.0	60.0	6.9	1.5	0.6	31.0	66.0	2.4	0.6	328

表 2-27c　　　　　民族交往情况——少数民族对少数民族　　　单位:%，个

	聊天		成为邻居		一起工作			样本量
	很愿意	比较愿意	很愿意	比较愿意	很愿意	比较愿意	不太愿意	
维吾尔族	36.0	64.0	36.0	64.0	36.0	62.0	2.0	50
柯尔克孜族	48.7	51.3	49.8	50.2	49.0	51.0	0.0	263
其他民族	50.0	50.0	50.0	50.0	50.0	50.0	0.0	8
总计	47.9	52.1	48.8	51.2	48.2	51.5	0.3	321

（四）族际交友与族际通婚

在成为亲密朋友方面，汉族受访者很愿意与本民族之外的民族成员成为亲密朋友，相关比例为75.0%。26.0%的维吾尔族受访居民和30.1%的柯尔克孜族受访居民很愿意与汉族受访居民成为亲密朋友。68%的维吾尔族受访居民和62.5%的柯尔克孜族受访居民比较愿意与汉族受访居民成为亲密朋友。在族际通婚方面，各民族的意愿都不高。汉族受访者与本民族之外的民族成员的族际通婚意愿相对较弱，7.0%的柯尔克孜族受访居民表示很愿意与汉族结为亲家，18.1%的柯尔克孜族受访居民表示比较愿意与汉族结为亲家，26.0%的维吾尔族受访居民比较愿意和汉族结为亲家。

表 2-28a　　　　　　　　交友与通婚——汉族对少数民族　　　　单位:%，个

	成为亲密朋友				结为亲家					样本量
	很愿意	比较愿意	不太愿意	不愿意	很愿意	比较愿意	不太愿意	不愿意	不好说	
汉族	75.0	17.9	3.6	3.6	3.6	10.7	25.0	55.4	5.4	55

表 2-28b　　　　　　　　交友与通婚——少数民族对汉族　　　　单位:%，个

	成为亲密朋友				结为亲家				样本量
	很愿意	比较愿意	不太愿意	不好说	很愿意	比较愿意	不愿意	不好说	
维吾尔族	26.0	68.0	6.0	0.0	0.0	26.0	50.0	24.0	50
柯尔克孜族	30.1	62.5	6.7	0.7	7.0	18.1	54.1	20.7	270
总计	31.4	61.7	6.3	0.6	6.6	18.8	54.3	20.3	328

表 2-28c　　　　　　　交友与通婚——少数民族对少数民族　　　　单位:%，个

	成为亲密朋友			结为亲家				样本量
	很愿意	比较愿意	不太愿意	比较愿意	不太愿意	不愿意	不好说	
维吾尔族	38.0	60.0	2.0	36.0	6.0	32.0	26.0	50
柯尔克孜族	48.7	51.3	0.0	28.1	11.0	30.4	30.4	263
总计	48.2	51.5	0.3	28.4	10.4	32.3	29.0	321

（五）民族意识与国家意识

乌恰县受访居民中有 23.1%认为未来国家意识将增强，民族意识也会随之增强；37.1%的受访居民认为未来民族意识增强，国家意识也随之增强；23.1%的受访居民认为未来主要是国家意识增强，认为未来主要是民族自我意识增强的受访居民占 5.5%，11.2%的受访居民对于未来民族意识和国家意识变化情况无自己的判断。从民族维度看，汉族受访居民认为国家意识增强，民族意识也随之增强的比例最高，为 30.0%，维吾尔族受访居民和柯尔克孜族受访居民的相关比例分别为 18.4%和 22.7%。46.9%的维吾尔族受访居民认为民族意识增强，国家意识也随之逐步增强。汉族和柯尔克孜族受访居民也主要认为民族意识会增强，国家意识随之逐步增强，相关比例分别为 28.3%、37.5%。从城乡维度看，32.7%的

城乡受访居民认为未来先是国家意识增强，民族意识随之增强，46.3%的农村受访居民认为未来民族意识增强，国家意识也随之增强。尽管各民族对民族意识和国家意识变化顺序和侧重有所不同，但民族意识和国家意识都处于增强趋势，且逐渐趋于平衡。

表2-29　　　受访者对民族意识与国家意识未来变化趋势的评价

单位:%，个

	民族自我意识增强	国家意识增强	民族意识增强，国家意识也随之逐步增强	国家意识增强，民族意识随之逐步增强	不清楚	合计	样本量
汉族	3.3	16.7	28.3	30.0	21.7	100.0	60
维吾尔族	6.1	24.5	46.9	18.4	4.1	100.0	49
柯尔克孜族	5.6	24.2	37.5	22.7	10.0	100.0	269
农村	7.4	20.7	46.3	12.8	12.8	100.0	189
城镇	3.6	25.5	28.6	32.7	9.7	100.0	196
总计	5.5	23.1	37.1	23.1	11.2	100.0	385

（六）当地受访居民对外来人口的态度

乌恰县受访居民对县外省内的外来流入人员持欢迎态度的比例为90.3%，对省外国内外来流入人员持欢迎态度的比例为87.5%，对外国人持欢迎态度的比例为79.3%。从民族维度看，汉族受访居民对县外省内、省外国内和外国流入人员持欢迎态度的比例分别为98.2%、96.4%、96.4%。维吾尔族受访居民对县外省内、省外国内和外国流入人员持欢迎态度的比例分别为95.9%、95.9%、89.8%。柯尔克孜族受访居民对县外省内、省外国内和外国流入人员持欢迎态度的比例分别为87.5%、84.2%、73.8%。值得注意的是，柯尔克孜族居民对省外国内外来流入人员欢迎程度低于对县内省外和国外流入人员的欢迎程度，是否因为省外国内的外来人员流入给本地柯尔克孜族带来的利益竞争更直接，需要进一步研究。从城乡维度看，对于县外省内的外来流入人员，城镇居民对各类外来流入人员的欢迎程度高于农村居民；对于省外国内的外来流入人员和外国人，农村居民对各类外来流入人员的欢迎程度高于城镇居民。

表 2-30　　　　　　　　当地受访居民对外来人口的态度　　　　单位:%，个

	县外省内的外来流入人员				省外国内的外来流入人员				外国人				合计	样本量
	欢迎	不欢迎	视情况而定	不清楚	欢迎	不欢迎	视情况而定	不清楚	欢迎	不欢迎	视情况而定	不清楚		
汉族	98.2	0.0	1.8	0.0	96.4	1.8	1.8	0.0	96.4	0.0	3.6	0.0	100.0	55
维吾尔族	95.9	0.0	2.0	2.0	95.9	0.0	2.0	2.0	89.8	0.0	8.2	2.0	100.0	49
柯尔克孜族	87.5	5.5	4.4	2.6	84.2	5.9	6.6	3.3	73.8	7.4	14.4	4.4	100.0	271
农村	89.9	6.9	2.7	0.5	88.8	6.9	3.7	0.5	84.0	8.5	6.9	0.5	100.0	189
城镇	90.7	1.0	4.7	3.6	86.1	2.1	7.2	4.6	74.6	2.1	17.1	6.2	100.0	193
合计	90.3	3.9	3.7	2.1	87.5	4.4	5.5	2.6	79.3	5.2	12.0	3.4	100.0	382

　　乌恰县受访居民对外来流动人口的欢迎源于多个原因。96.0%的受访居民认为外来人口增加了当地投资，63.8%的受访居民认为外来人口扩大了当地就业，认为外来人口开阔了当地人眼界、提高了当地的社会服务水平、带来了先进技术和管理方式、有利于缩小区域间的差距、增强了民族间的交往、增加了当地劳动力市场中的劳动力、有利于弘扬本地的民族文化的比例分别为 83.6%、77.3%、74.1%、70.9%、72.6%、73.4%、74.0%。从民族维度看，各民族对于大多数外来人口流入持肯定态度，但值得注意的是，维吾尔族受访居民认为外来人口能够"扩大当地就业机会"、"有利于弘扬本地的民族文化"的比例占 54.5%和 68.2%，柯尔克孜族受访居民认为外来人口能够"扩大当地就业机会"的比例占 59.8%，说明外来人口对维吾尔族和柯尔克孜族这两个民族形成了一定的竞争感和压迫感。从城乡维度看，农村受访居民欢迎外来人口的原因相对单一，主要是增加当地投资，开阔了当地人的眼界；城镇受访居民欢迎外来人口的原因相对多元，说明外来人口对城镇居民的影响方式的多样化。

表 2-31　　　　　　　　　　欢迎外来人口的原因　　　　　　单位:%，个

	增加了当地的投资	扩大了当地的就业机会	开阔了当地人的眼界	提高了当地的社会服务水平	带来了先进技术和管理方式	有利于缩小区域间的差距	增强了民族间的交往	增加了当地劳动力市场中的劳动力	有利于弘扬本地的民族文化	样本量
汉族	94.5	85.5	85.5	76.4	74.5	69.1	72.7	74.5	80.0	55
维吾尔族	97.7	54.5	84.1	77.3	72.7	72.1	72.7	75.0	68.2	44

续表

	增加了当地的投资	扩大了当地的就业机会	开阔了当地人的眼界	提高了当地的社会服务水平	带来了先进技术和管理方式	有利于缩小区域间的差距	增强了民族间的交往	增加了当地劳动力市场中的劳动力	有利于弘扬本地的民族文化	样本量
柯尔克孜族	95.9	59.8	83.0	77.2	74.6	71.4	72.9	73.2	73.6	241
农村	95.9	55.0	82.2	74.0	65.5	62.1	66.3	65.7	69.2	171
城镇	96.1	71.9	84.8	80.3	82.0	79.1	78.5	80.7	78.4	177
总计	96.0	63.8	83.6	77.3	74.1	70.9	72.6	73.4	74.0	348

（七）民族身份的评价

当问及"在工作、学习和日常生活中，您的民族身份有无不便利的地方"时，51.8%的受访居民回答是"没有"，经常有、偶尔有和很少有的比例非常低。另外有 43.7%的受访居民表示不清楚，说明在日常生活中，这部分受访居民对于自己的民族身份并未形成有意识的关注，一方面可能与本民族外的成员接触较少，另一方面也可能是民族身份平等更高程度的重要体现。从民族维度看，1.8%的柯尔克孜族受访居民认为偶尔有民族身份产生不便利，这一比例高于其余各民族。在外出旅行或出国过程中，45.0%受访居民认为没有因民族身份产生不便利，54.7%的受访居民对此表示不清楚。但总体来看，各民族受访者接触外国人的频率不高，因此一部分人未对在与国外人接触中是否产生不便利形成看法。

表 2-32　　　　　受访者对工作中民族身份有无不便利的评价　　单位:%，个

	经常有	偶尔有	很少	没有	不清楚	合计	样本量
维吾尔族	0.0	0.0	2.0	60.0	38.0	100.0	50
柯尔克孜族	0.4	1.8	3.0	49.8	45.0	100.0	271

表 2-33　　　　民族身份在外出旅行或出国时有无不便利的地方　　单位:%，个

	很少	没有	不清楚	合计	样本量
维吾尔族	0.0	56.0	44.0	100.0	50
柯尔克孜族	0.4	43.0	56.7	100.0	270

（八）民族关系

调查数据显示，改革开放前，75.4%的汉族受访居民、58.0%的维吾尔族受访居民、71.5%的柯尔克孜族受访居民对民族关系持好评。改革开放至 2000 年，68.9%的汉族受访居民、70.0%的维吾尔族受访居民、73.7%的柯尔克孜族受访居民对民族关系持好评。2000 年至今，34.4%的汉族受访居民、56.0%的维吾尔族受访居民、64.8%的柯尔克孜族受访居民对民族关系持好评。同时受访居民对民族关系的认知也逐渐清晰化，对民族关系"说不清"的比例由改革开放前的 3.6% 下降到如今的 1.5%。从民族维度看，各民族受访者对于不同时期民族关系的好评比较稳定。从城乡维度看，农村受访居民和城镇受访居民对于不同时期民族关系的好评也比较稳定。总体来看，乌恰县民族关系良好，和谐程度不断提升。

表 2-34　　　　　　　　　　民族关系变化情况　　　　　　　单位:%，个

	改革开放前			改革开放到 2000 年			2000 年至今				合计	样本量
	好	一般	说不清	好	一般	说不清	好	一般	不好	说不清		
汉族	75.4	14.8	9.8	68.9	26.2	4.9	34.4	36.1	23.0	6.6	100.0	61
维吾尔族	58.0	40.0	2.0	70.0	28.0	2.0	56.0	42.0		2.0	100.0	50
柯尔克孜族	71.5	25.9	2.6	73.7	23.7	2.6	64.8	32.6	2.2	0.4	100.0	270
农村	63.9	31.9	4.2	67.0	29.3	3.7	53.9	38.7	5.8	1.6	100.0	191
城镇	76.8	20.2	3.0	77.3	20.7	2.0	63.1	30.8	4.5	1.5	100.0	198
总计	70.4	26.0	3.6	72.2	24.9	2.8	58.6	34.7	5.1	1.5	100.0	389

乌恰县受访居民总体认为民族冲突并不严重。48.7%的受访居民认为当前民族冲突有点严重，39.0%认为完全不严重，认为非常严重的仅占 1.3%，认为不清楚的占 11.0%。从民族维度看，认为民族间冲突有点严重的汉族受访居民相关比例为 43.5%，维吾尔族受访居民相关比例为 56.0%，柯尔克孜族受访居民相关比例为 49.3%。认为民族间冲突完全不严重的汉族受访居民相关比例为 43.5%，维吾尔族受访居民相关比例为 32.0%，柯尔克孜族受访居民相关比例为 38.6%。总体来看，各民族主观认为民族冲突不算特别严重。从城乡维度看，农村受访居民和城市受访居民认为民族冲突有点严重的相关比例分别为 54.2% 和 43.2%，认为完全不严重的相关比例分别为 35.9% 和 42.2%。城乡居民中大都认为民族冲

突不是特别严重，且差异不明显。

　　在宗教信仰冲突方面，乌恰县 72.3% 的受访居民认为不算严重或完全不严重，不清楚是否严重的比例为 27.2%，乌恰县受访居民整体观念上宗教信仰冲突不严重。从民族维度看，3.2% 的汉族受访居民认为不同宗教信仰者间冲突有点严重，维吾尔族、柯尔克孜族受访者对宗教信仰冲突均认为不算严重、完全不严重或不清楚。从城乡维度看，除了 0.5% 的农村受访居民和 0.5% 的城镇受访居民认为宗教冲突有点严重，其余都认为不算严重、不严重或不清楚。

表 2-35　　　受访者对民族冲突与不同宗教信仰者之间的冲突的评价

单位:%，个

	民族间冲突				不同宗教信仰者间冲突				合计	样本量
	非常严重	有点严重	完全不严重	不清楚	有点严重	不算严重	完全不严重	不清楚		
汉族	3.2	43.5	43.5	9.7	3.2	33.9	21.0	41.9	100.0	62
维吾尔族	0.0	56.0	32.0	12.0	0.0	48.0	28.0	24.0	100.0	50
柯尔克孜族	1.1	49.3	38.6	11.0	0.0	47.8	27.4	24.8	100.0	270
农村	0.5	54.2	35.9	9.4	0.5	53.4	26.7	19.4	100.0	192
城镇	2.0	43.2	42.2	12.6	0.5	36.9	27.8	34.8	100.0	198
总计	1.3	48.7	39.0	11.0	0.5	45.1	27.2	27.2	100.0	390

六　民族政策

　　民族政策是国家调节民族关系、处理民族问题而采取的相关措施，是党和政府根据马克思国情和民族问题长期存在的客观实际制定的，促进了各民族平等团结、发展进步和共同繁荣，是我国政策体系的重要组成部分。由于针对乌恰县特殊的住房保障、促进就业等具体政策已在上文有所论述，这里仅从计划生育、高考加分、民族特殊优惠政策三方面分析评估民族政策在乌恰县的执行效果。

（一）计划生育政策

　　受访居民对计划生育政策的认可度较高。在对民族地区计划生育政策的评价方面，56.5% 的受访居民认为"好"，认为"一般"的占 34.0%，认为"不好"的占 0.8%，认为不清楚的占 8.7%。从民族维度看，汉族受访者对计划生育政策评价最高，68.4%评价为"好"，52.1%的维吾尔族受访者评价为"好"，柯尔克孜族受访者相关比例为55.7%。汉族受访居民对认为计划生育政策不好的比例为3.5%，高于其余各民族受访者。汉族、柯尔克孜族受访者中分别有8.8%和10.6%对计划生育政策不清楚，可能是政策宣传不足造成的。从城乡维度看，城镇受访居民对计划生育政策给予好评的比例为60.5%，农村受访者相关比例为52.3%。城镇受访居民对计划生育政策不清楚的占10.3%，农村受访居民为7.0%。城镇受访居民对计划生育政策的熟悉程度和支持程度低于农村受访居民。

表 2-36　　　　　　　　受访居民对计划生育政策的评价　　　　单位:%，个

	好	一般	不好	不清楚	合计	样本量
汉族	68.4	19.3	3.5	8.8	100.0	57
维吾尔族	52.1	47.9	0.0	0.0	100.0	48
柯尔克孜族	55.7	33.3	0.4	10.6	100.0	255
农村	52.3	40.1	0.6	7.0	100.0	173
城镇	60.5	28.2	1.0	10.3	100.0	195
总计	56.5	34.0	0.8	8.7	100.0	368

（二）高考加分政策

受访居民对高考加分政策满意度较高。乌恰县受访居民中92%对少数民族高考加分政策持满意态度，不满意的占2.7%，不清楚的居民占5.2%。说明知晓高考加分政策的受访居民相关满意度非常高，但也有一部分受访居民没能直接或间接地享受或熟悉高考加分政策。从民族维度看，维吾尔族受访居民和柯尔克孜族受访居民对高考加分政策满意度最高，相关比例分别为95.7%和94.8%。汉族受访居民对高考加分政策满意比例为78.0%，从城乡维度看，城镇受访居民对少数民族高考加分政策持满意态度的比例为90.3%，农村为93.8%。城镇受访居民对高考加分政策不清楚的比例占7.0%，农村为3.4%。当问及"长期居住在城市的少数民族子女是否应该加分?"时，93.5%受访居民认为应该，认为不应该的占1.4%，不清楚的占5.1%。从民族维度看，汉族受访居民、维吾尔族受访居民和柯尔克孜族受访居民支持长期居住在城市的少数民族子女高考加分的比例分别为74.1%、97.8%、97.1%，体现出高考加分政策

在当地实行得相对公平合理，让受访居民较满意。

表 2-37　　　　　受访居民对高考加分政策的态度　　　单位:%，个

	少数民族的高考加分政策			少数民族且长期在城市居住，其子女高考是否应该加分?			合计	样本量
	满意	不满意	不清楚	应该	不应该	不清楚		
汉族	78.0	8.5	13.6	74.1	8.6	17.2	100.0	58
维吾尔族	95.7	2.2	2.2	97.8	0.0	2.2	100.0	45
柯尔克孜族	94.8	1.2	4.0	97.1	0.0	2.9	100.0	241
农村	93.8	2.8	3.4	94.8	2.3	2.9	100.0	170
城镇	90.3	2.7	7.0	92.1	0.6	7.3	100.0	182
总计	92.0	2.7	5.2	93.5	1.4	5.1	100.0	352

（三）民族地区特殊优惠政策

关于民族地区特殊优惠政策的评价，85.4%的受访居民持满意态度，不满意的仅占3.2%，11.4%表示不清楚。从民族维度看，维吾尔族受访居民对特殊优惠政策满意度最高，相关比例为95.6%；汉族受访居民对特殊优惠政策满意度的相关比例为68.4%，还有29.8%的汉族受访居民对特殊优惠政策表示不清楚，柯尔克孜族受访居民对特殊优惠政策满意度的相关比例为87.4%。从城乡维度看，农村受访居民对民族地区特殊优惠政策持满意态度的比例为81.1%，城镇受访居民为89.7%，城镇受访居民该比例略高于农村受访居民。

表 2-38　　　　受访居民对民族地区特殊优惠政策的评价　　　单位:%，个

	满意	不满意	不清楚	合计	样本量
汉族	68.4	1.8	29.8	100.0	57
维吾尔族	95.6	2.2	2.2	100.0	45
柯尔克孜族	87.4	3.4	9.2	100.0	261
农村	81.1	5.9	13.0	100.0	185
城镇	89.7	0.5	9.8	100.0	185
总计	85.4	3.2	11.4	100.0	370

七　民族教育与语言

我国民族教育事业快速发展，民族团结教育广泛开展，双语教育积极稳步推进，教育教学质量不断提高，培养了少数民族人才，为加快民族地区经济社会发展、促进民族团结作出了重要贡献。由于历史、自然等原因，民族教育整体发展水平与全国平均水平相比差距仍然较大，必须把加快发展民族教育摆在更加突出的战略位置。乌恰县积极发展民族教育，培养民族后继人才，充分利用国家、自治区、自治州有关民族教育的优惠政策发展民族教育，更好地为民族地区培养四化建设所需的各类人才。本报告从语言习得情况、双语教育情况这两个方面，对乌恰县民族关系现状加以论述。

（一）语言习得情况

在第一语言习得方面，乌恰县受访居民中90%最先习得本民族语言，最先习得汉语的比例占3.3%，最先习得普通话的比例占6.7%。从民族维度看，41.9%的汉族受访居民最先习得的语言是普通话，最先习得汉语方言的比例是21.0%，最先习得本民族语言的比例是37.1%。维吾尔族、柯尔克孜族受访者最先习得的语言是本民族语言，相关比例均为100%。从城乡维度看，农村受访居民和城镇受访居民均以本民族语言为最先习得语言，相关比例为88.9%和91.0%。最先习得普通话的农村受访居民占5.8%，城镇受访居民占7.5%。最先习得汉语方言的农村受访居民比例是5.3%，城镇受访居民相关比例是1.5%。

表2-39　　　　　　　　　最先习得语言情况　　　　　　单位:%，个

	普通话	汉语方言	本民族语言	其他少数民族语言	合计	样本量
汉族	41.9	21.0	37.1	0.0	100.0	62
维吾尔族	0.0	0.0	100.0	2.0	100.0	50
柯尔克孜族	0.0	0.0	100.0	0.4	100.0	269
其他民族	0.0	0.0	100.0	0.0	100.0	8
农村	5.8	5.3	88.9	0.0	100.0	190
城镇	7.5	1.5	91.0	1.0	100.0	199
总计	6.7	3.3	90.0	0.5	100.0	389

　　在普通话掌握能力方面，乌恰县受访居民中12.9%能够流利准确地使用普通话，能熟练使用普通话但有些音不准的占25.5%，能熟练使用但口音较重的比例占7.2%，基本能用普通话交谈但不太熟练的占8.4%，能听懂但不太熟练的占9.1%，能听懂一些但不会说的占35.7%，听不懂也不会说的占1.1%。总体来看，乌恰县受访居民普通话掌握能力一般。从民族维度看，汉族受访居民对普通话的掌握能力相对最强，50.0%的维吾尔族受访居民能够熟练使用普通话，有42.3%的维吾尔族受访居民和47.7%的柯尔克孜族受访居民表示能听懂一些普通话但不会说。表明一部分维吾尔族和柯尔克孜族的受访居民在使用普通话交谈中仍存在障碍。从城乡维度看，农村受访居民掌握普通话的能力与城镇受访居民差别不大。

表2-40　　　　　　　　　　普通话掌握程度　　　　　　　　单位:%，个

	能流利准确地使用	能熟练使用但有些音不准	能熟练使用但口音较重	基本能交谈但不太熟练	能听懂但不太熟练	能听懂一些但不会说	听不懂也不会说	合计	样本量
汉族	42.4	39.0	13.6	0.0	5.1	0.0	0.0	100.0	59
维吾尔族	3.8	46.2	0.0	0.0	7.7	42.3	0.0	100.0	26
柯尔克孜族	4.6	17.2	6.3	12.1	10.3	47.7	1.7	100.0	174
农村	6.5	35.5	8.6	7.5	3.2	36.6	2.2	100.0	94
城镇	16.0	20.1	6.5	8.9	12.4	35.5	0.6	100.0	169
总计	12.9	25.5	7.2	8.4	9.1	35.7	1.1	100.0	263

　　关于普通话的功能效用，乌恰县39.0%受访者认为普通话对工作生活各方面都有好处，26.7%受访居民更看重普通话对民族交往带来的方便，26.2%认为普通话的主要功能是方便做买卖。从民族维度看，汉族、维吾尔族、柯尔克孜族受访居民认为普通话能够给工作生活各方面带来综合效益的比例分别为37.3%、32.7%、39.8%。汉族、维吾尔族、柯尔克孜族受访居民认为普通话能够给民族交往带来方便的比例分别为44.1%、26.5%、22.9%。汉族、维吾尔族、柯尔克孜族受访居民认为普通话的主要功能是方便做买卖的比例分别为1.7%、36.7%、30.1%。从城乡维度看，城镇受访居民认为普通话对工作生活各方面都有好处的比例为48.7%，农村为29.3%。41.9%的农村受访居民更认为普通话的好处在于做买卖方便。总体而言，无论是农村受访居民还是城镇受访居民对普通话大体都持积极态度，

肯定了它带来的多元效益。

表 2-41　　　　　受访者关于普通话的效用评价　　　　单位:%，个

	有好处，方便与其他民族交往	有好处，方便做买卖	对工作生活各方面都有好处	不好说	合计	样本量
汉族	44.1	1.7	37.3	16.9	100.0	59
维吾尔族	26.5	36.7	32.7	4.1	100.0	49
柯尔克孜族	22.9	30.1	39.8	7.1	100.0	266
农村	16.2	41.9	29.3	12.6	100.0	191
城镇	37.2	10.5	48.7	3.7	100.0	191
总计	26.7	26.2	39.0	8.1	100.0	382

（二）双语教育情况

乌恰县受访居民对于送子女到双语学校就学持积极态度。47.3%的受访居民愿意送子女到双语学校学习，表示无所谓的占 50.4%，2.3%表示不愿意。从民族维度看，维吾尔族受访者愿意送子女到双语学校学习的比例为 49.0%，柯尔克孜族受访者相关比例为 50.6%。从城乡维度看，城镇受访居民愿意送子女到双语学校学习的比例为 63.1%，农村受访居民为 31.4%，低于城镇。除民族分布因素影响之外，可能是城镇受访居民对于双语教育功能的认知更全面，学习双语所能发挥的作用更大。

表 2-42　　　　受访者对子女就学于双语教育学校的意愿　　　单位:%，个

	愿意	不愿意	无所谓	合计	样本量
维吾尔族	49.0	2.0	49.0	100.0	49
柯尔克孜族	50.6	1.9	47.6	100.0	269
农村	31.4	3.1	65.4	100.0	192
城镇	63.1	1.5	35.4	100.0	195
总计	47.3	2.3	50.4	100.0	387

在双语教育效果评价方面，58.8%的受访居民给予正面评价，负面评价占 1.3%，不清楚的占 10.5%。从民族维度看，维吾尔族受访居民和柯尔克孜族受访居民对双语教育效果的评价较高，相关比例分别为 66.7%和 61.1%。43.9%的汉族受访居民对双语教育的效果表示肯定，45.6%的

汉族受访居民表示不清楚。从城乡维度看，城镇受访居民对双语教育效果的评价略高于农村受访居民。

表 2-43　　　　　　　受访者对双语教育效果评价　　　　单位:%，个

	好	一般	不好	不清楚	合计	样本量
汉族	43.9	10.5	0.0	45.6	100.0	57
维吾尔族	66.7	31.1	0.0	2.2	100.0	45
柯尔克孜族	61.1	32.4	1.9	4.6	100.0	262
农村	53.0	33.5	2.7	10.8	100.0	185
城镇	64.9	24.9	0.0	10.3	100.0	186
总计	58.8	29.4	1.3	10.5	100.0	371

关于少数民族地区干部学习当地民族语言的态度方面，乌恰县受访居民中 66.5% 认为很有必要，认为没有必要的仅占 0.5%。从民族维度看，汉族、维吾尔族、柯尔克孜族受访居民认为少数民族地区干部学习当地民族语言有必要的相关比例分别为 77.2%、71.1% 和 64.4%。从城乡维度看，城镇受访居民认为少数民族地区干部有必要学习当地民族语言的比例为 73.9%，农村受访者为 58.9%。

表 2-44　　　　　　　受访居民对到少数民族地区工作的
　　　　　　　　　　　　干部学习掌握当地民族语言的态度　　　单位:%，个

	有必要	一般	没必要	不清楚	合计	样本量
汉族	77.2	7.0	0.0	15.8	100.0	57
维吾尔族	71.1	26.7	0.0	2.2	100.0	45
柯尔克孜族	64.4	31.4	0.8	3.4	100.0	261
农村	58.9	34.6	1.1	5.4	100.0	185
城镇	73.9	21.2	0.0	4.9	100.0	185
总计	66.5	27.8	0.5	5.1	100.0	370

八　民族文化传承与保护

民族文化是在民族历史发展过程中创造和发展起来的具有本民族特点的文化，乌恰县优美的自然山水风光，浓厚的柯尔克孜民族文化，繁华的边境贸易，有助于民族文化的传承与创新，促成民族传统文化与现代文化产业的融合，推动新疆现代文化的繁荣发展。本部分从民族文化认知、民

族文化传承、民族文化保护这三个方面，对乌恰县民族文化传承与保护加以论述。

（一）民族文化认知

总体来看，乌恰县受访居民认为本民族最具特色的文化类型是传统服饰，相关比例为72.8%。其次是传统节日和传统民居，比例均为9.4%。从民族维度看，维吾尔族受访居民最具特色的民族文化是传统服饰，相关比例为77.1%，其次是传统民居，相关比例为14.6%。72.3%的柯尔克孜族受访居民认为传统服饰是本民族最具特色的文化类型，10.0%的柯尔克孜族受访居民认为传统节日是最具特色的。总体来说，柯尔克孜族居民的民族文化特色比较多元。

表2-45　　　　　　　　本民族最具特色的文化类型　　　　　单位:%，个

	传统民居	传统服饰	传统节日	人生礼仪	传统文娱活动	人际交往习俗	传统生产方式	其他	合计	样本量
维吾尔族	14.6	77.1	4.2	0.0	0.0	0.0	4.2	0.0	100.0	48
柯尔克孜族	8.9	72.3	10.0	1.1	0.4	1.1	5.5	0.7	100.0	271

关于最需要保护的民族文化类型，36.4%的受访居民认为是传统服饰，28.9%的受访居民认为是传统民居，10.5%的受访居民认为是人生礼仪。从民族维度看，汉族受访居民认为最需保护的民族文化是传统民居和传统服饰，相关比例均为50%。维吾尔族受访居民认为传统服饰、传统民居、道德规范是最需要保护的，相关比例分别为44.9%、22.4%和12.2%。柯尔克孜族受访居民认为最需要保护的文化类型是传统服饰、传统民居和传统生产方式，相关比例为35.4%、29.5%和9.2%。

表2-46　　　　　　　　本民族最需要保护的文化类型　　　　　单位:%，个

	传统民居	传统服饰	传统节日	人生礼仪	传统文娱活动	传统饮食	道德规范	人际交往习俗	传统生产方式	宗教活动习俗	合计	样本量
汉族	50.0	50.0	0.0	0.0	0.0	0.0	0.0	0.0	0.0	0.0	100.0	4
维吾尔族	22.4	44.9	4.1	8.2	0.0	0.0	12.2	2.0	6.1	0.0	100.0	49
柯尔克孜族	29.5	35.4	1.8	11.1	2.6	0.4	6.6	2.6	9.2	0.7	100.0	271
其他民族	37.5	12.5	0.0	12.5	25.0	0.0	12.5	0.0	0.0	0.0	100.0	8
总计	28.9	36.4	2.1	10.5	2.7	0.3	7.5	2.4	8.4	0.6	100.0	332

（二） 民族文化传承

乌恰县受访居民中72.6%认为本民族文化传承的主要途径是家庭、邻里和亲朋的耳濡目染，21.1%认为是广播、电视、互联网等。从民族维度看，各民族受访者均认为传承本民族文化的主要途径是家庭、邻里、亲朋耳濡目染。维吾尔族、柯尔克孜族的相关比例依次为75.5%、72.3%。维吾尔族、柯尔克孜族通过广播电视互联网等现代传播媒介传承文化的比例分别为18.4%、21.4%。在传承民族文化上，学校教育、村社文化活动场所和图书报刊等传播媒介的使用率不高。由此可见，以家庭为主的社会网络依然是乌恰县地区各民族传播本民族文化的主要途径，而现代化正规传播媒介未占主要地位。

表 2-47　　　　　　　受访者对民族文化传承途径的选择　　　　单位:%，个

	家庭、邻里、亲朋耳濡目染	学校教育	村庄或社区的公共文化等活动	广播、电视、互联网等	合计	样本量
维吾尔族	75.5	6.1	0.0	18.4	100.0	49
柯尔克孜族	72.3	4.1	2.2	21.4	100.0	271
总计	72.6	4.2	2.1	21.1	100.0	332

乌恰县受访居民对本民族文化传承的信心较强。在民族语言文字方面，96.4%的受访居民认为子女和上辈相比有更强烈的接受意愿。在民族风俗传承方面，93.7%的受访居民对子女传承本民族风俗很有信心。在宗教传承信心方面，93.1%的受访居民很有信心。在本民族特色手艺传承方面，87.3%的受访居民很有信心。在民族语言文字方面，维吾尔族、柯尔克孜族受访者认为和上辈相比接受本民族语言、文化和风俗习惯的意愿比例分别为80.0%、99.3%。在民族风俗传承方面，维吾尔族、柯尔克孜族受访者和上辈相比接受本民族语言、文化和风俗习惯的意愿比例分别为80.0%、95.9%。在宗教传承信心方面，维吾尔族、柯尔克孜族受访者和上辈相比接受本民族语言、文化和风俗习惯的意愿比例分别为78.0%、95.5%。在本民族特色手艺传承方面，维吾尔族受访者的相关比例是74.0%，柯尔克孜族受访者的相关比例是89.6%。

表 2-48　　　　　受访者认为子代和上辈相比接受本民族语言、
文化和风俗习惯的意愿　　　　　单位:%，个

	语言文字			风俗			宗教			特色手艺			合计	样本量
	愿意	不愿意	无所谓	愿意	不愿意	无所谓	愿意	不愿意	无所谓	愿意	不愿意	无所谓		
维吾尔族	80.0	0.0	20.0	80.0	0.0	20.0	78.0	0.0	22.0	74.0	0.0	26.0	100.0	50
柯尔克孜族	99.3	0.4	0.4	95.9	1.1	3.0	95.5	1.1	3.3	89.6	2.2	8.2	100.0	269
农村	92.5	0.6	6.9	91.3	1.3	7.5	92.5	0.6	6.9	90.6	0.6	8.8	100.0	161
城镇	100.0	0.0	0.0	95.9	0.6	3.5	93.5	1.2	5.3	84.1	2.9	12.9	100.0	170
总计	96.4	0.3	3.3	93.7	0.9	5.4	93.1	0.9	6.0	87.3	1.8	10.9	100.0	331

（三）民族文化保护

在对待历史建筑拆迁改造的看法上，48.5%的受访居民主张保持原貌不动，29.3%的受访居民主张保留外形但内部可以改造，主张异地重建和直接拆迁的比例较小，没有形成明确看法的受访居民占 16.8%。总体来看，受访居民保护历史建筑的意识相对较强。从民族维度看，维吾尔族、柯尔克孜族受访者主张保持原貌不动的分别占 41.7%、49.8%。主张保留外形但内部可以改造的维吾尔族受访居民相关比例为 45.8%，柯尔克孜族受访居民相关比例为 26.4%。从城乡维度看，城镇受访居民对历史建筑的保护意识与农村受访居民不相上下，城乡受访居民中认为历史建筑应保持原貌不动的比例分别为 49.1% 和 48.2%，认为保留外形但内部可以改造的比例分别为 30.4% 和 27.7%。

表 2-49　　　　受访居民对历史建筑（以旧的传统民居和祖屋为主）
改造拆迁的看法　　　　单位:%，个

	保持原貌不动	保留外形但内部可改造	直接拆迁	异地重建	不清楚	合计	样本量
维吾尔族	41.7	45.8	4.2	2.1	6.3	100.0	48
柯尔克孜族	49.8	26.4	3.3	2.2	18.2	100.0	269
农村	49.1	30.4	6.2	0.6	13.7	100.0	162
城镇	48.2	27.7	0.6	3.6	19.9	100.0	166
总计	48.5	29.3	3.4	2.1	16.8	100.0	328

　　关于在城建过程中自家房屋被拆迁的看法，40.1%的受访居民认为应该服从国家需要，40.1%的受访居民认为只要价钱合理就行，12.5%的受访居民看周围邻居态度。从民族维度看，汉族居民对自家房屋被拆迁的看法主要有两种，只要价钱合理和服从国家需要，分别占75%和25%。维吾尔族受访居民主要看法包括：服从国家需要、价钱合理就行、看周围邻居态度，相关比例分别为52.1%、31.3%、10.4%。柯尔克孜族受访居民的主要看法是只要价钱合理就行、服从国家需要、看周围邻居态度，比例分别为40.7%、38.1%和13.3%。从城乡维度看，城乡受访居民在城建过程中自家房屋被拆迁的态度上大都服从国家需要和考虑价钱是否合理，差异不明显。

表2-50　　　　　受访者关于城建过程中自家房屋被拆迁的态度　　　单位：%，个

	只要价钱合理就行	价钱再高也不愿意拆迁	服从国家需要	看周围邻居态度	看拆迁工作的方式方法	合计	样本量
维吾尔族	31.3	4.2	52.1	10.4	2.1	100.0	48
柯尔克孜族	40.7	5.6	38.1	13.3	2.2	100.0	270
农村	33.1	6.3	49.4	9.4	1.9	100.0	161
城镇	46.4	4.2	31.5	15.5	2.4	100.0	168
总计	40.1	5.2	40.1	12.5	2.1	100.0	329

　　当开发旅游资源和保护本民族文化遗产发生冲突时，51.7%的受访居民主张以保护本民族传统文化为主，不赞同过度商业化，主张以发展经济和提高现代生活水平为主的受访居民占37.2%。从民族维度看，主张以发展经济和提高现代生活水平为主的维吾尔族受访居民比例为34%，柯尔克孜族受访居民的相关比例为37.2%。维吾尔族、柯尔克孜族主张以保护本民族传统文化为主，不赞同过度商业化的比例分别为60%、50.9%。从城乡维度看，农村受访居民主张以保护本民族传统文化为主的比例占63.8%，城镇相关比例为40.6%，可以说农村受访居民的本民族文化保护意识强于城镇居民。

表 2-51　　　　　当开发旅游资源和保护本民族文化
　　　　　　　遗产发生冲突时受访者的态度　　　单位:%，个

	以发展经济和提高现代生活水平为主	保护本民族传统文化为主，不赞同过度商业化	不好说	合计	样本量
维吾尔族	34.0	60.0	6.0	100.0	50
柯尔克孜族	37.2	50.9	11.9	100.0	269
农村	34.4	63.8	1.9	100.0	161
城镇	39.4	40.6	20.0	100.0	170
总计	37.2	51.7	11.2	100.0	331

　　乌恰县受访居民对政府保护民族文化工作的评价较高，93.3%的受访居民对政府的民族文化保护工作持满意态度。从民族维度看，维吾尔族居民相关比例为97.5%，柯尔克孜族居民相关比例为92.6%。

表 2-52　　　　受访者对政府保护民族文化工作的评价　　　单位:%，个

	满意	不满意	不好说	合计	样本量
维吾尔族	97.5	0.0	2.5	100.0	40
柯尔克孜族	92.6	3.4	3.9	100.0	203
总计	93.3	2.8	4.0	100.0	252

九　社会和谐与安定

　　社会安定与和谐是民族地区经济社会发展的归宿，本部分将从社会压力感、社会冲突评价、政府处理突发事件的能力三个方面对乌恰县社会和谐与安定程度进行测量分析。

　　乌恰县受访居民的压力感，认为经济压力很大的占54.5%，认为个人发展压力很大的占15.5%，认为人情来往压力很大的占10.1%，认为孩子教育压力很大的占23.5%，认为医疗健康压力很大的占24.0%，认为赡养父母压力很大的占17.1%，认为住房压力很大的占24.4%，认为婚姻生活压力很大的占3.6%，认为总体的社会生活压力很大的占15.5%。从民族维度看，在经济方面认为压力很大的，汉族受访居民比例为41.0%，维吾尔族受访居民占68.0%，柯尔克孜族受访居民占53.7%。在孩子教育方面认为压力很大的，汉族受访居民比例为16.4%，维吾尔

族受访居民占32.0%，柯尔克孜族受访居民占23.4%。在赡养父母方面认为压力很大的，汉族受访居民比例为6.6%，维吾尔族受访居民占26.0%，柯尔克孜族受访居民占17.9%。从城乡维度看，在经济方面认为压力很大的农村受访居民比例为53.9%，城镇受访居民为54.8%；认为人情往来压力很大的，农村受访居民比例为16.4%，城镇受访居民为4.1%；认为医疗健康压力很大的，农村受访居民比例为27.2%，城镇受访居民为20.9%。

表2-53　　　　　　　　　　　受访者的社会压力情况　　　　　　　单位：%，个

	经济压力				个人发展				人情往来压力				样本量
	压力很大	有压力	压力很小	没有这方面压力	压力很大	有压力	压力很小	没有这方面压力	压力很大	有压力	压力很小	没有这方面压力	
汉族	41.0	50.8	6.6	1.6	26.2	55.7	11.5	6.6	6.6	57.4	27.9	8.2	61
维吾尔族	68.0	28.0	4.0	0.0	26.0	18.0	12.0	44.0	30.0	24.0	20.0	26.0	50
柯尔克孜族	53.7	31.1	7.0	8.1	10.5	26.6	14.2	48.7	7.1	21.8	24.8	46.2	270
农村	53.9	43.5	2.1	0.5	8.9	38.9	9.5	42.6	16.4	30.2	20.1	33.3	194
城镇	54.8	23.4	10.7	11.2	21.5	21.5	16.9	40.0	4.1	24.6	29.2	42.1	195
总计	54.5	33.2	6.4	5.9	15.5	30.1	13.2	41.2	10.1	27.5	24.7	37.7	389

	孩子教育压力				医疗/健康压力				赡养父母的压力				样本量
	压力很大	有压力	压力很小	没有这方面压力	压力很大	有压力	压力很小	没有这方面压力	压力很大	有压力	压力很小	没有这方面压力	
汉族	16.4	36.1	13.1	34.4	11.5	31.1	26.2	31.1	6.6	23.0	32.8	37.7	61
维吾尔族	32.0	30.0	12.0	26.0	36.0	12.0	16.0	36.0	26.0	12.0	18.0	44.0	50
柯尔克孜族	23.4	26.0	11.9	38.7	24.4	14.1	17.0	44.4	17.9	7.1	16.4	58.6	270
农村	27.9	32.1	6.3	33.7	27.2	16.8	13.1	42.9	20.0	10.0	12.6	57.4	194
城镇	19.3	23.9	17.3	39.6	20.9	15.3	23.0	40.8	14.3	10.2	25.0	50.5	195
总计	23.5	28.1	11.9	36.6	24.0	16.2	18.0	41.8	17.1	10.1	19.1	53.7	389

	住房压力				婚姻生活压力				总体的社会生活压力				样本量
	压力很大	有压力	压力很小	没有这方面压力	压力很大	有压力	压力很小	没有这方面压力	压力很大	有压力	压力很小	没有这方面压力	
汉族	4.9	34.4	26.2	34.4	3.3	3.3	21.3	72.1	10.0	66.7	18.3	5.0	61
维吾尔族	34.0	24.0	10.0	32.0	14.3	12.2	8.2	65.3	20.4	59.2	12.2	8.2	50
柯尔克孜族	26.7	14.8	11.5	47.0	1.9	11.5	9.7	77.0	15.5	51.5	12.5	20.5	270
农村	23.0	23.6	6.8	46.6	5.8	6.3	10.0	77.9	18.1	66.5	5.3	10.1	194
城镇	25.9	14.7	19.8	39.6	1.5	14.3	11.7	72.4	13.0	43.8	20.8	22.4	195
总计	24.4	19.0	13.6	42.9	3.6	10.3	11.1	74.9	15.5	54.9	13.4	16.3	389

在社会冲突方面，乌恰县受访居民认为干群冲突非常严重、完全不严重的比例分别为 21.7%、40.2%。对医患冲突认为非常严重的受访居民中，农村受访居民的比例是 0.5%，城镇受访居民比例是 1.0%。认为城乡冲突非常严重的农村受访居民占比 0.0%，城镇受访居民占比 2.0%。从民族维度看，认为干群冲突非常严重的汉族受访居民占 3.3%，维吾尔族受访居民占 36.0%，柯尔克孜族受访居民占 23.5%。认为医患冲突非常严重的，汉族受访居民占 3.3%，维吾尔族受访居民占 0.0%，柯尔克孜族受访居民占 0.4%。从城乡维度看，农村受访居民认为干群冲突非常严重的占 22.0%，认为城乡受访居民间冲突非常严重的占 0.0%，认为医患冲突非常严重的占 0.5%，认为不同收入水平者间的冲突非常严重的占 0.0%。城镇受访居民认为干群冲突非常严重的占 21.6%，认为城乡受访居民间冲突非常严重的占 2.0%，认为医患冲突非常严重的占 1.0%，认为不同收入水平者间的冲突非常严重的占 2.0%。

表 2-54　　　　　　受访者对社会冲突状况的评价　　　　单位:%，个

	干群冲突					城乡居民间冲突					样本量
	非常严重	有点严重	不算严重	完全不严重	不清楚	非常严重	有点严重	不算严重	完全不严重	不清楚	
汉族	3.3	3.3	42.6	41.0	9.8	3.3	11.5	42.6	19.7	23.0	61
维吾尔族	36.0	0.0	22.0	32.0	10.0	0.0	0.0	56.0	30.0	14.0	50
柯尔克孜族	23.5	0.0	28.3	41.2	7.0	0.7	2.2	48.2	36.8	12.1	272
农村	22.0	1.0	40.3	34.6	2.1	0.0	0.0	55.5	31.9	12.0	192
城镇	21.6	0.0	19.1	45.7	13.6	2.0	6.0	40.7	35.2	16.1	199
总计	21.7	0.5	29.7	40.2	7.9	1.0	3.3	48.1	33.5	14.1	391

	医患冲突				不同收入水平者间冲突					样本量
	非常严重	不算严重	完全不严重	不清楚	非常严重	有点严重	不算严重	完全不严重	不清楚	
汉族	3.3	39.3	21.3	36.1	3.3	16.4	36.1	19.7	24.6	61
维吾尔族	0.0	52.0	30.0	18.0	0.0	0.0	52.0	26.0	22.0	50
柯尔克孜族	0.4	49.8	31.7	18.1	0.7	1.8	48.0	31.7	17.7	272
农村	0.5	54.2	32.1	13.2	0.0	1.1	53.7	31.1	14.2	192
城镇	1.0	41.7	28.6	28.6	2.0	7.0	38.7	28.1	24.1	199
总计	0.8	47.9	30.3	21.0	1.0	4.1	46.2	29.5	19.2	391

在对政府应对突发事件能力评价方面，乌恰县受访居民的整体满意度

较高。受访居民对政府应对自然灾害事件持满意态度的比例为 75.0%，一般社会治安事件持满意态度的比例均为 70.3%，对生产安全事件持满意态度的比例为 70.6%，对政府应对传染病及公共卫生事故持满意态度的比例为 73.2%，群体性事件的能力满意的比例均为 69.3%，对政府应对暴力恐怖事件能力评价为满意的受访居民占 70.4%。从民族维度看，在对政府处理群体性事件能力的认可度上，汉族居民相关比例为 78.7%、维吾尔族居民所占比例为 62.0%、柯尔克孜族受访居民所占比例为 68.4%。在对政府处理自然灾害事件能力满意度上，汉族受访居民、维吾尔族受访居民、柯尔克孜族受访居民的相关比例分别为 80.3%、68.0%、74.7%。对政府处理暴力恐怖事件能力的满意度上，汉族受访居民、维吾尔族受访居民、柯尔克孜族受访居民的相关比例分别为 80.3%、62.0%、69.5%。从城乡维度看，在对政府处理自然灾害事件能力表示满意的受访居民中，农村受访居民所占比例为 78.4%，城镇受访居民所占比例为 71.6%。在对政府处理生产安全事件表示满意的居民中，农村受访居民与城镇居民所占比例分别为 68.9%、72.1%。在对政府处理一般社会治安事件表示满意的受访居民中，农村受访居民与城镇受访居民所占比例分别为 72.5%、68.0%。在对政府处理暴力恐怖事件表示满意的受访居民中，农村居民与城镇受访居民所占比例分别为 73.0%、67.7%。

表 2-55　　　　　受访者关于政府应对突发事件能力的评价　　　　　单位:%，个

	自然灾害事件			生产安全事件			传染病及公共卫生事故			合计	样本量
	满意	不满意	不清楚	满意	不满意	不清楚	满意	不满意	不清楚		
汉族	80.3	3.3	16.4	75.4	3.3	21.3	78.7	3.3	18.0	100.0	61
维吾尔族	68.0	0.0	32.0	64.0	0.0	36.0	64.0	0.0	36.0	100.0	50
柯尔克孜族	74.7	1.1	24.2	70.3	1.9	27.9	73.2	1.1	25.7	100.0	269
农村	78.4	0.0	21.6	68.9	1.1	30.0	74.7	0.5	24.7	100.0	191
城镇	71.6	2.5	25.9	72.1	2.5	25.4	71.6	2.0	26.4	100.0	197
总计	75.0	1.3	23.7	70.6	1.8	27.6	73.2	1.3	25.5	100.0	388
	一般社会治安事件			群体性事件			暴力恐怖事件			合计	样本量
	满意	不满意	不清楚	满意	不满意	不清楚	满意	不满意	不清楚		
汉族	77.0	3.3	19.7	78.7	3.3	18.0	80.3	3.3	16.4	100.0	61
维吾尔族	66.0	0.0	34.0	62.0	2.0	36.0	62.0	2.0	36.0	100.0	50
柯尔克孜族	69.4	1.5	29.1	68.4	2.2	29.4	69.5	1.5	28.9	100.0	269

	一般社会治安事件			群体性事件			暴力恐怖事件			合计	样本量
	满意	不满意	不清楚	满意	不满意	不清楚	满意	不满意	不清楚		
其他民族	75.0	0.0	25.0	75.0	0.0	25.0	75.0	0.0	25.0	100.0	8
农村	72.5	0.5	27.0	71.6	2.1	26.3	73.0	1.6	25.4	100.0	191
城镇	68.0	2.5	29.4	67.0	2.5	30.5	67.7	2.1	30.3	100.0	197
总计	70.3	1.6	28.2	69.3	2.3	28.4	70.4	1.8	27.8	100.0	388

十　简要结论

本章的分析采用了中国社会科学院民族学与人类学研究所主持的国家社科基金重大项目及中国社会科学院创新工程重大专项"21世纪初中国少数民族地区经济社会发展综合调查"（2013—2017年）2014年在新疆乌恰县的400份家庭问卷抽样调查数据。围绕乌恰经济生活、社会事业、生态保护移民、民族关系、民族文化、民族政策、社会安全与和谐等方面进行了数据描述。简要结论如下：

第一，在就业方面，农村受访居民以农业生产为主（61.3%），从事非农务工工作的比例只有11.8%。汉族受访者的非农就业比例略高于柯尔克孜族受访者，维吾尔族农村受访者的非农就业比例仅为3.3%。从事非农劳动的受访者也主要在县内。城镇就业者主要集中在国家机关党群组织、事业单位，获得工作的主要渠道是通过政府或社区安排介绍。

第二，当地居民环保意识较强，政府重视保护生态工作。调查数据显示，从时间维度看，受访居民对地区生态环境的评价逐渐升高。从民族维度看，汉族、维吾尔族对近20年来当地生态环境评价为逐渐变好、生态环境日趋好转。

第三，受访居民对各项公共基础设施持满意态度的比例均超过半数。农村受访者对公共基础设施的满意度低于城镇受访居民。乌恰县农村受访居民参加新农合的比例为99.4%。在城镇社会保险参与率方面，72.4%的城镇受访居民参加了城镇职工基本医疗保险，参加城镇居民医疗保险的比例占55.1%，参加城镇居民养老保险的比例为25.0%。乌恰县受访居民对当地社会保障整体评价很高，对各社会保障项目评分均在2—2.9分。

第四，在日常沟通中，农村受访居民的普通话使用水平低于城镇受访居民。但维吾尔族和柯尔克孜族受访者的总体普通话使用率超过了半数。乌恰县各族受访居民的族际交往意愿相对较强，但深度交往意愿相对较弱。

第五，乌恰县民族关系和谐稳定，和改革开发前相比，改革开发之后的民族关系的好评比例更高，尤其是改革开发初期至2000年阶段，是好评比例最高的时期。此外，民族政策的好评比例也较高。

第六，乌恰县各民族受访者均认为传承本民族文化的主要途径是家庭、邻里、亲朋耳濡目染。受访居民保护历史建筑的意识相对较强。当开发旅游资源和保护本民族文化遗产发生冲突时，51.7%的受访居民主张以保护本民族传统文化为主，不赞同过度商业化，主张以发展经济和提高现代生活水平为主的受访居民占37.2%。

第七，经济压力是城乡受访居民感受比例最高的，达到了54.5%；其次是住房、教育、医疗健康。在压力感的评价上，城乡和民族差异存在但不很明显。对政府应对突发事件能力评价方面，乌恰县受访居民的整体满意度较高。

第三章

新疆富蕴县经济社会发展综合调查报告

富蕴县地处新疆维吾尔自治区北部偏东，阿勒泰山南麓，准噶尔盆地北缘，与蒙古国接壤，境南北长 413 公里，东西宽 180 公里，行政面积 3.24 万平方公里，边境线长 205 公里。富蕴县因"天富蕴藏"而得名，自然资源丰富，尤其以畜牧、矿产、水能、旅游等资源最为显著。全县被额尔齐斯河和乌伦古河两大河流分为三大区域：额尔齐斯河以北的山区、山前丘陵区，两河之间的山前丘陵和戈壁区，以及乌伦古河以北的丘陵、戈壁和荒漠区。富蕴县境内地势复杂，地貌兼有山区、盆地、河谷、戈壁、沙漠五大类，海拔在 430—3863 米，呈北高南低带状分布。在总面积中山区约占 28%、丘陵约占 24.3%、平原约占 34.4%、沙漠约占 12.5%。富蕴县辖六乡三镇 73 个行政村，居住着哈萨克、汉、维吾尔、回等 20 个民族，是一个以牧为主的少数民族边境县。

2014 年，富蕴县总人口 9.77 万人，由汉族、哈萨克族等 26 个民族组成，其中：哈萨克族人口 7.15 万人，占总人口的 73.18%；汉族人口 2.12 万人，占总人口的 21.7%。非农业人口 3.99 万人，占总人口的 40.84%。地区生产总值 54.12 亿元，同比增长 5.2%（可比价速度下同）。第一产业增加值为 5.98 亿元，同比下降 8.6%；第二产业增加值 38.97 亿元，同比增长 8.4%；其中工业增加值 34.07 亿元，同比增长 14.6%；建筑业增加值 4.9 亿元，同比下降 19.8%；第三产业增加值为 9.17 亿元，同比增长 2.5%。三次产业结构比由上年 13.32：68.73：17.95，调整为 11.04：72.01：16.95。[1]

本报告的内容是基于国家社会科学基金特别委托项目、中国社会科学

---

[1] 富蕴县政府：《富蕴县 2014 年国民经济和社会发展统计公报》，http://www.xjfy.gov.cn/NR.jsp？urltype＝news.NewsContentUrl&wbtreeid＝1775&wbnewsid＝94585。

院创新工程重大专项《21世纪初中国少数民族地区经济社会发展综合调查》之子项目"新疆维吾尔自治区富蕴县经济社会发展综合调查"的家庭问卷调查,由中国社会科学院民族学与人类学研究所委托新疆师范大学民族学与社会学院于2014年暑期完成数据搜集。本报告主要从经济生活、民族交往、民族文化、民族政策等方面,对富蕴县的调查情况作出描述和说明。

一　调查对象基本情况

本次调查完成家庭问卷400份,调查问卷回收后经过录入和整理,使用统计软件SPSS加以统计分析。调查对象的基本情况如表3-1所示。

表3-1　　　　　　　　调查对象的基本特征　　　　　　单位:%

性别	男性	43.6	户口	农业	46.0
	女性	56.4		非农业	54.0
宗教信仰	伊斯兰教	55.6	年龄	16—30岁	19.8
	基督教	0.5		31—45岁	42.0
	没有宗教信仰	39.6		46—60岁	26.0
	不知道或不想说	4.3		61岁以上	12.0
民族	汉族	41.2	政治面貌	中共党员	9.3
	回族	2.3		团员	10.8
	维吾尔族	1.3		无(群众)	80.0
	彝族	0.3			
	哈萨克族	55.0			

职业			
国家机关党群组织、事业单位负责人	2.4	商业、服务业人员	16.0
国家机关党群组织、事业单位工作人员	12.6	农林牧渔水利生产人员	13.6
专业技术人员	2.1	军人	0.3
各类企业办事人员	1.1	生产、运输设备操作人员及有关人员	0.8
不便分类的其他从业人员	51.1		
样本量	400		

在性别方面，男性比例为 43.6%，女性比例为 56.4%；在政治面貌方面，"中共党员"比例为 9.3%，"团员"比例为 10.8%，"群众"比例最高达到 80.0%；在宗教信仰方面，信仰伊斯兰教的受访者比例最高为 55.6%，其次是没有宗教信仰的受访者比例占 39.6%，信仰基督教的受访者比例最少占 0.5%，此外还有 4.3% 的受访者选择了"不知道"或"不想说"；在民族成分上，哈萨克族受访者比例最高占 55.0%，其次是汉族，占 41.2%，此外还有极少数其他民族的受访者，分别是回族（2.3%）、维吾尔族（1.3%）和彝族（0.3%）；[①] 在职业类型分布方面，灵活就业人员比例最大占 51.1%，其次是"商业、服务业人员"占 16.0%，再次是"农林牧渔水利生产人员"占 13.6%，"国家机关党群、事业单位工作人员"占 12.6%，"国家机关党群、事业单位工作负责人"占 2.4%，二者合计占 15%；在户口方面，非农业户口受访者的比重稍多，占 54.0%，农业户口受访者占 46.0%；在年龄分布方面，"31—45岁"受访者比例最高占 42.0%，其次是"46—60 岁"受访者占 26.0%，"16—30 岁"受访者比例为 19.8%，"61 岁以上"受访者比例为 12.3%。

二　经济生活

新疆富蕴县不同受访民族的经济生活将主要从就业、住房、收入和生活质量四个方面来进行描述分析。

（一）受访者的就业情况

调查问卷中对受访者就业状况的了解主要包括了主观和客观两个方面的问题。

在客观方面，从户口角度看，"非农业"户口受访者中，"国家机关党群组织、事业单位负责人"（4.4%）和"国家机关党群组织、事业单位工作人员"（20.4%）远高于"农业"户口；而"农业"户口从事"农林牧渔水利生产"的受访者比例（27.4%）最高。从表 3-2 中可以明显看出，城市户口的受访者从事政府管理工作的比例远高于农业户口受访者。

不同民族的受访者就业情况略有差异。城镇哈萨克族受访者担任

---

① 富蕴县是哈萨克族聚居县，民族以哈萨克族为主。本报告在下面的分析中，将主要对汉族和哈萨克族进行比较。

"国家机关党群组织、事业单位负责人"（4.8%）和"国家机关党群组织、事业单位工作人员"（28.2%）的比例最高，农村哈萨克族受访者从事"农林牧渔水利生产"（32.7%）的比例最高。"专业技术人员"中，汉族受访者比例最高，而城市汉族受访者（6.8%）的比例要高于农村汉族受访者（1.6%）。

从受教育程度的角度看，城镇"大学本科"和"大学专科"受访者在"国家机关党群组织、事业单位"工作的比例相对较高，其中担任"负责人"的比例分别是 8.3% 和 12.2%，从事普通工作比例分别为58.3% 和 29.3%；农村大学以下的受访者从事"商业、服务业"和"农林牧渔水利生产"的受访者比例较高，其中农村"高中、中专或职高技校"受访者从事"商业、服务业"的比例最高（40.7%）；"小学"受访者从事"农林牧渔水利生产"的比例最高（34.5%）。

表 3-2　　　　　　　　　　　　　　职业分布　　　　　　　　单位:%，个

			国家机关党群组织、事业单位负责人	国家机关党群组织、事业单位工作人员	专业技术人员	各类企业办事人员	商业、服务业人员	农林牧渔水利生产人员	生产、运输设备操作人员及有关人员	军人	不便分类的其他从业人员	样本量
民族	农村	汉族	0.0	4.8	1.6	1.6	22.6	19.4	3.2	0.0	46.8	62
		哈萨克族	0.0	1.9	0.0	0.0	11.5	32.7	0.0	0.0	53.8	104
		总计	0.0	3.0	0.6	0.6	16.1	27.4	1.2	0.0	51.2	168
	城镇	汉族	0.0	13.6	6.8	0.0	25.0	1.1	0.0	1.1	52.3	88
		哈萨克族	7.8	28.2	1.0	2.9	8.7	2.9	1.0	0.0	47.6	103
		总计	4.4	20.6	3.4	1.5	16.2	2.5	0.5	0.5	50.5	204
教育	农村	未上学	0.0	0.0	0.0	0.0	15.4	23.1	0.0	0.0	61.5	13
		小学	0.0	0.0	1.7	0.0	6.9	34.5	1.7	0.0	55.2	58
		初中	0.0	1.7	0.0	0.0	13.3	33.3	1.7	0.0	50.0	60
		高中、中专或职高技校	0.0	11.1	0.0	0.0	40.7	11.1	0.0	0.0	37.0	27
		大学专科	0.0	0.0	0.0	20.0	20.0	0.0	0.0	0.0	60.0	5
		大学本科	0.0	25.0	0.0	0.0	25.0	0.0	0.0	0.0	50.0	4
		研究生	0.0	0.0	0.0	0.0	0.0	0.0	0.0	0.0	100.0	1
		总计	0.0	3.0	0.6	0.6	16.1	27.4	1.2	0.0	51.2	168

续表

		国家机关党群组织、事业单位负责人	国家机关党群组织、事业单位工作人员	专业技术人员	各类企业办事人员	商业、服务业人员	农林牧渔水利生产人员	生产、运输设备操作人员及有关人员	军人	不便分类的其他从业人员	样本量
教育	城镇										
	未上学	0.0	0.0	0.0	0.0	0.0	0.0	0.0	0.0	100.0	8
	小学	4.5	4.5	0.0	0.0	4.5	4.5	0.0	0.0	81.8	22
	初中	1.8	7.0	3.5	0.0	22.8	5.3	1.8	0.0	57.9	57
	高中、中专或职高技校	0.0	19.2	5.8	1.9	19.2	0.0	0.0	0.0	53.8	52
	大学专科	12.2	29.3	4.9	4.9	22.0	2.4	0.0	0.0	24.4	41
	大学本科	8.3	58.3	0.0	0.0	0.0	0.0	0.0	4.2	29.2	24
	研究生	0.0	50.0	0.0	0.0	0.0	0.0	0.0	0.0	50.0	2
	总计	4.4	20.4	3.4	1.5	16.0	2.4	0.5	0.5	51.0	206

对于找到目前这份工作的途径，在农村受访者中，近二分之一（50.1%）是通过"介绍"的方式获得，包括"朋友/熟人介绍"（31.3%）、"家人/亲戚介绍"（14.1%）和"同民族介绍"（4.7%），自己"直接申请（含考试）"的受访者只有十分之一（10.9%），"政府/社区安排介绍"的比例为7.8%；在城市受访者中，超过四成（41.8%）是通过"直接申请（含考试）"的方式获得，通过"介绍"方式获得比例约四分之一（26.9%），包括"朋友/熟人介绍"（18.4%）、"家人/亲戚介绍"（6.4%）、"通过本乡人介绍"（1.4%）和"通过同民族介绍"（0.7%），还有11.3%的受访者是通过"政府/社区安排介绍"（见表3-3）。

表 3-3　　　　　　　　获得目前工作的途径　　　　　　单位:%，个

	政府/社区安排介绍	商业职介（包括人才交流会）	招聘广告	直接申请（含考试）	家人/亲戚介绍	朋友/熟人介绍	通过本乡人介绍	通过同民族介绍	其他	样本量
农村	7.8	1.6	3.1	10.9	14.1	31.3	0.0	4.7	0.0	64
城镇	11.3	1.4	9.2	41.8	6.4	18.4	1.4	0.7	9.2	141

在主观方面，绝大多数（84.5%）受访者表示最愿意在"县城之内"工作，12.1%的受访者表示愿意在稍远一点的"县外省区内，但必须是家

附近的市/县"工作，还有个别受访者表示愿意在"东部一线大城市"
（0.9%）工作或"矿区"工作（"其他"[2.6%]）。详见表3-4。

　　农村受访者和城镇受访者之间的差异不大。在农村受访者中，83.3%
表示最愿意在"县城之内"工作，12.5%的受访者表示愿意在"县外省
区内，但必须是家附近的市/县"工作，还有个别受访者表示愿意在"东
部一线大城市"（0.9%）工作或"矿区"工作（"其他"[2.6%]）。在
城镇受访者中，84.8%表示最愿意在"县城之内"工作，12.1%的受访者
表示愿意在"县外省区内，但必须是家附近的市/县"工作。

　　然而，汉族和哈萨克族受访者之间的差异略大。在农村受访者中，哈
萨克族（87.9%）受访者比汉族（71.4%）受访者更愿意在"县城之内"
工作；而城镇受访者正好相反，汉族（100.0%）受访者比哈萨克族
（78.6%）受访者更愿意在"县城之内"工作。此外，农村的汉族受访者
更愿意到"东部一线大城市"工作（7.1%）。这可能是由于县城之内的
工作机会更多流向了城镇汉族受访者；但是对于"东部一线大城市"，哈
萨克族农村外出就业可能会遇到一些语言或者文化方面的障碍。

表3-4　　　　　　　　　　找到工作机会后最愿意去的地区　　　　　　单位:%，个

		县城之内	县外省区内，但必须是家附近的市/县	县外省区内无所谓远近	本省区相邻的外省区	本省区外非相邻省区	东部一线大城市	其他	样本量
	总计	84.5	12.1	0.0	0.0	0.0	0.9	2.6	116
农村	汉族	71.4	14.3	0.0	0.0	0.0	7.1	7.1	14
	哈萨克族	87.9	12.1	0.0	0.0	0.0	0.0	0.0	33
	总计	83.3	12.5	0.0	0.0	0.0	2.1	2.1	48
城镇	汉族	100.0	0.0	0.0	0.0	0.0	0.0	0.0	20
	哈萨克族	78.6	16.7	0.0	0.0	0.0	0.0	4.8	42
	总计	84.8	12.1	0.0	0.0	0.0	0.0	3.0	66

　　关于外出就业的障碍，受访者认为最大的障碍是"工作辛苦收入低"
（21.6%），其次是"得不到相关就业信息"（16.2%），再次是"想留在
就业地但生活成本太高"和"家里需要照顾必须返乡"（均为14.9%）；
接下来依次是"生活习俗不能适应"（8.1%）、"气候自然环境不能适应"
和"孩子就学困难"（均为5.4%）、"被当地人看不起"和"社保缴费高

关系难转移"（均为 4.1%）等。

城乡受访者之间差异显著。对于农村受访者来说，最大的障碍是"工作辛苦收入低"和"得不到相关就业信息"（均为 21.4%），其次是"想留在就业地但生活成本太高"（17.9%），接下来是"家里需要照顾必须返乡"（14.3%）；对于城市受访者来说，最大的障碍同样是"工作辛苦收入低"（21.7%），其次是"家里需要照顾必须返乡"（15.2%），最后是"得不到相关就业信息"和"想留在就业地但生活成本太高"，比例都是 13.0%。

在城乡汉族受访者之间也存在一定的差异。农村汉族受访者选择"得不到相关就业信息"（16.7%）的比例略高于城镇汉族受访者（10.0%），"家里需要照顾必须返乡"的受访者比例（25.0%）大大高于城镇汉族受访者（15.0%）。

城乡哈萨克族受访者之间的差异显著。其中，农村哈萨克族受访者选择"得不到相关就业信息"（23.1%）、"工作辛苦收入低"（23.1%）和"想留在就业地但生活成本太高"（23.1%）的比例都普遍高于城市哈萨克族受访者。

比较来看，城乡受访者外出就业都面临收入低、信息匮乏等共同问题，但农村受访者更担心外出就业受到歧视，他们只是把外出就业当作一种异地就业的方式，工作目的本身是获得收入照顾家庭，而城市受访者则更关注通过外出打工改变自身与家庭的境遇，他们外出就业更关注留在就业地和下一代的教育问题。

表 3-5　　　　　　　　　　外出就业的障碍　　　　　　　　单位:%，个

		得不到相关就业信息	被当地人看不起	工作辛苦收入低	想留在就业地但生活成本太高	生活习俗不能适应	气候自然环境不能适应	孩子就学困难	家里需要照顾必须返乡	当地政府的政策限制	社保缴费高关系难转移	语言障碍	其他	样本量
总计		16.2	4.1	21.6	14.9	8.1	5.4	5.4	14.9	1.4	4.1	1.4	2.7	74
农村	汉族	16.7	8.3	25.0	16.7	8.3	0.0	0.0	25.0	0.0	0.0	0.0	0.0	12
	哈萨克族	23.1	7.7	23.1	23.1	0.0	7.7	0.0	7.7	0.0	7.7	0.0	0.0	13
	总计	21.4	10.7	21.4	17.9	3.6	3.6	0.0	14.3	3.6	0.0	3.6	0.0	28
城镇	汉族	10.0	0.0	25.0	20.0	0.0	10.0	0.0	0.0	0.0	10.0	0.0	0.0	20
	哈萨克族	11.8	0.0	17.6	5.9	11.8	5.9	11.8	23.5	0.0	5.9	0.0	5.9	17
	总计	13.0	0.0	21.7	13.0	10.9	6.5	8.7	15.2	0.0	6.5	0.0	4.3	46

（二）住房情况

2014 年，富蕴县城乡受访者中，绝大多数（82.0%）只有一套住房，超过一成（11.8%）的受访者没有住房，还有个别受访者拥有的住房数量超过一套（见表 3-6）。

比较来看，城乡受访者之间拥有住房情况有一定差别。在农村受访者中，拥有一套住房的受访者比例略高于整体水平（86.0%），拥有一套以上住房的比例显著低于整体水平（3.4%），约一成受访者（10.6%）没有住房；在城市受访者中，拥有一套住房的受访者比例低于整体水平（78.6%），拥有一套以上住房的比例显著低于整体水平（8.6%），超过一成受访者（12.9%）没有住房。

表 3-6　　　　　　　　　　受访者拥有住房情况　　　　　　　　单位:%，个

	无住房	1 套住房	1 套以上	样本量
总计	11.8	82.0	6.2	389
农村	10.6	86.0	3.4	179
城镇	12.9	78.6	8.6	210

从住房性质来看，绝大多数（85.7%）的受访者住房为"自有住房"，9.8%的受访者居住或租住"廉租房"，其余还有个别受访者居住在亲戚朋友家中。

城乡受访者之间的住房性质略有差异。在农村受访者中，88.5%的受访者拥有"自有住房"，"租/住廉租房"、"租/住亲友房"和"租/住私人房"的比例分别是 5.5%、2.7%和 3.3%；在城镇受访者中，83.7%的受访者拥有"自有住房"，"租/住廉租房"、"租/住亲友房"和"租/住私人房"的比例分别是 13.5%、0.5%和 1.4%。比较来看，农村受访者拥有自有住房的比例略高于城镇受访者。

表 3-7　　　　　　　　　　受访者的住房性质　　　　　　　　单位:%，个

	自有住房	租/住廉租房	租/住亲友房	租/住私人房	其他	样本量
总计	85.7	9.8	1.5	2.3	0.5	399
城镇	88.5	5.5	2.7	3.3	0.0	183
农村	83.7	13.5	0.5	1.4	0.9	215

富蕴县受访者对改善住房有要求的比例不高，一半以上的受访者表示"不想改善"（31.1%）或者"不迫切"（22.8%），只有四分之一（26.1%）的受访者表示"迫切"想要改善住房，另外还有五分之一（19.8%）的受访者表示"一般"。

城乡受访者之间差别不明显。在农村受访者中，表示"不想改善"（31.3%）或者"不迫切"（25.3%）的受访者比例合计为56.6%，28.6%的受访者表示"迫切"想要改善住房，14.8%的受访者表示"一般"；在城市受访者中，表示"不想改善"（31.3%）或者"不迫切"（21.0%）的受访者比例合计为52.3%，23.4%的受访者表示"迫切"想要改善住房，23.8%的受访者表示"一般"。比较来看，农村受访者对于改善住房的需求比城市受访者更迫切。

表 3-8　　　　　　　　受访者改善住房的要求　　　　单位:%，个

		迫切	一般	不迫切	不想改善	不清楚	样本量
	总计	26.1	19.8	22.8	31.1	0.3	399
农村	汉族	26.5	16.2	29.4	27.9	0.0	68
	哈萨克族	29.5	14.3	22.3	33.9	0.0	112
	总计	28.6	14.8	25.3	31.3	0.0	182
城镇	汉族	18.9	27.4	28.4	25.3	0.0	95
	哈萨克族	26.4	20.8	15.1	36.8	0.9	106
	总计	23.4	23.8	21.0	31.3	0.5	214

（三）生活质量

生活质量用于评价生活水平优劣，它回答的是为满足物质、文化生活需要而消费的产品和劳务的多与少，生活质量的相关问题回答可了解受访者的生活过得"好不好"。生活质量须以生活水平为基础，但其内涵具有更大的复杂性和广泛性，它更侧重于对人的精神文化等高级需求满足程度和环境状况的评价。本部分主要从受访者家庭收入和支出状况、对过去和未来生活状况的主观评价、对全面建成小康社会的预期等方面描述受访者的生活质量。

2013年，富蕴县农村家庭总收入在"10000元以下"的比例占20.1%，"10001—20000元"的占17.6%，"20001—30000元"的占16.4%，

"30001—50000 元"的占 22.6%，"50000 元以上"的占 23.3%；城市家庭总收入在"10000 元以下"的比例占 5.7%，"10001—20000 元"的占 12.0%，"20001—30000 元"的占 9.9%，"30001—50000 元"的占 28.1%，"50000 元以上"的占 44.3%。比较来看，城市家庭收入高于农村家庭收入。

不同民族的受访者家庭收入也有较大差别。在农村受访者中，汉族家庭总收入在"10000 元以下"的比例占 12.5%，"10001—20000 元"的占 8.9%，"20001—30000 元"的占 7.1%，"30001—50000 元"的占 32.1%，"50000 元以上"的占 39.3%；哈萨克族家庭总收入在"10000 元以下"的比例占 24.8%，"10001—20000 元"的占 22.8%，"20001—30000 元"的占 10.9%，"30001—50000 元"的占 26.7%，"50000 元以上"的占 14.9%。比较来看，汉族农村家庭收入高于哈萨克族农村家庭收入。

在城市受访者中，汉族家庭总收入在"10000 元以下"的比例占 3.2%，"10001—20000 元"的占 9.7%，"20001—30000 元"的占 8.6%，"30001—50000 元"的占 30.1%，"50000 元以上"的占 48.4%；哈萨克族家庭总收入在"10000 元以下"的比例占 9.4%，"10001—20000 元"的占 11.8%，"20001—30000 元"的占 9.4%，"30001—50000 元"的占 28.2%，"50000 元以上"的占 41.2%。比较来看，汉族农村家庭收入高于哈萨克族农村家庭收入。

在农村和城市家庭中比较可以发现，汉族农村家庭与哈萨克族农村家庭之间的收入差距大于汉族城市家庭与哈萨克族城市家庭之间的收入差距。

表 3-9   家庭收入情况   单位:%，个

		10000 元以下	10001—20000 元	20001—30000 元	30001—50000 元	50000 元以上	样本量
农村	总计	20.1	17.6	16.4	22.6	23.3	159
	汉族	12.5	8.9	7.1	32.1	39.3	56
	哈萨克族	24.8	22.8	10.9	26.7	14.9	101
城镇	总计	5.7	12.0	9.9	28.1	44.3	192
	汉族	3.2	9.7	8.6	30.1	48.4	93
	哈萨克族	9.4	11.8	9.4	28.2	41.2	85

注：总计样本量包括了汉族和哈萨克族之外的其他民族样本量。

从家庭支出情况看，2013 年富蕴县农村家庭总支出在"10000 元以下"的比例占 13.5%，"10001—20000 元"的占 25.2%，"20001—30000 元"的占 16.0%，"30001—50000 元"的占 19.6%，"50000 元以上"的占 25.8%；城市家庭总收入在"10000 元以下"的比例占 11.5%，"10001—20000 元"的占 17.8%，"20001—30000 元"的占 18.8%，"30001—50000 元"的占 31.9%，"50000 元以上"的占 19.9%。

不同民族的受访者家庭总支出也有较大差别。在农村受访者中，汉族家庭总支出在"10000 元以下"的比例占 16.7%，"10001—20000 元"的占 6.7%，"20001—30000 元"的占 21.7%，"30001—50000 元"的占 23.3%，"50000 元以上"的占 31.7%；哈萨克族家庭总支出在"10000 元以下"的比例占 11.9%，"10001—20000 元"的占 35.6%，"20001—30000 元"的占 12.9%，"30001—50000 元"的占 16.8%，"50000 元以上"的占 22.8%。比较来看，汉族农村家庭支出高于哈萨克族农村家庭支出。

在城市受访者中，汉族家庭总支出在"10000 元以下"的比例占 6.5%，"10001—20000 元"的占 20.7%，"20001—30000 元"的占 20.7%，"30001—50000 元"的占 31.5%，"50000 元以上"的占 20.7%；哈萨克族家庭总支出在"10000 元以下"的比例占 16.3%，"10001—20000 元"的占 15.1%，"20001—30000 元"的占 17.4%，"30001—50000 元"的占 32.6%，"50000 元以上"的占 18.6%。

表 3-10　　　　　　　　　　　家庭支出情况　　　　　　　　单位:%，个

		10000 元以下	10001—20000 元	20001—30000 元	30001—50000 元	50000 元以上	样本量
农村	总计	13.5	25.2	16.0	19.6	25.8	163
	汉族	16.7	6.7	21.7	23.3	31.7	60
	哈萨克族	11.9	35.6	12.9	16.8	22.8	101
城镇	总计	11.5	17.8	18.8	31.9	19.9	191
	汉族	6.5	20.7	20.7	31.5	20.7	92
	哈萨克族	16.3	15.1	17.4	32.6	18.6	86

家庭收入支出状况，会带来受访者对生活质量的主观评价发生变化。

与 5 年前相比，富蕴县绝大多数（83.3%）受访者表示生活水平有上升，其中 37.3% 表示"上升很多"、46.0% 表示"略有上升"；3.8% 的受

访者表示生活水平下降，还有 12.3% 的受访者表示"没有变化"。

比较来看，在农村受访者中，32.8% 的受访者表示生活水平"上升很多"、48.6% 表示"略有上升"，二者合计占 81.4%；1.1% 的受访者表示"略有下降"、3.8% 表示"下降很多"，二者合计占 4.9%；还有 12.6% 的受访者表示"没有变化"。在城市受访者中，41.1% 的受访者表示生活水平"上升很多"、43.5% 表示"略有上升"，二者合计占 84.6%；1.9% 的受访者表示"略有下降"、0.9% 表示"下降很多"，二者合计占 2.8%；还有 12.1% 的受访者表示"没有变化"。比较而言，城市受访者的生活水平上升的幅度大于农村受访者。

在汉族受访者中，36.4% 的受访者表示生活水平"上升很多"、51.4% 表示"略有上升"，二者合计占 87.8%；1.6% 的受访者表示"略有下降"、0.6% 表示"下降很多"，二者合计占 2.2%；还有 9.4% 的受访者表示"没有变化"。在哈萨克族受访者中，36.7% 的受访者表示生活水平"上升很多"、43.8% 表示"略有上升"，二者合计占 80.5%；1.4% 的受访者表示"略有下降"、3.6% 表示"下降很多"，二者合计占 5.0%；还有 13.8% 的受访者表示"没有变化"。比较而言，汉族受访者的生活水平上升的幅度大于哈萨克族受访者。

表 3-11　　　　　　　前 5 年中的生活水平变化　　　　单位:%，个

		上升很多	略有上升	没有变化	略有下降	下降很多	不好说	样本量
	总计	37.3	46.0	12.3	1.5	2.3	0.8	400
农村	汉族	33.8	54.4	10.3	0.0	0.0	1.5	68
	哈萨克族	31.9	46.0	13.3	1.8	6.2	0.9	113
	总计	32.8	48.6	12.6	1.1	3.8	1.1	183
城镇	汉族	38.9	48.4	8.4	3.2	1.1	0.0	95
	哈萨克族	41.5	41.5	14.2	0.9	0.9	0.9	106
	总计	41.1	43.5	12.1	1.9	0.9	0.5	214

注：总计样本量大于农村+城镇，因有样本未填报户口信息。

对于未来 5 年的生活水平变化，36.3% 的受访者表示生活水平将"上升很多"、46.9% 表示"略有上升"，二者合计占 83.2%；表示生活水平将"略有下降"和"下降很多"的受访者比例都是 0.8%，合计占 1.6%；还有 5.0% 的受访者表示"没有变化"，10.3% 的受访者表示"不好说"。与前 5 年的生活相比，受访者对未来的不确定性略有增长。

比较来看，在农村受访者中，32.2%的受访者表示生活水平将"上升很多"、49.7%表示"略有上升"，二者合计占81.9%；1.6%的受访者表示"略有下降"、1.1%表示"下降很多"，二者合计占2.7%；还有5.5%的受访者表示"没有变化"，9.8%的受访者表示"不好说"。在城市受访者中，39.7%的受访者表示生活水平"上升很多"、44.4%表示"略有上升"，二者合计占84.1%；0.5%表示"下降很多"；还有4.7%的受访者表示"没有变化"，10.7%的受访者表示"不好说"。比较而言，城市受访者对未来5年生活水平的乐观程度略大于农村受访者。

城乡之间的汉族受访者和哈萨克族受访者对未来5年生活变化的态度呈现出同样的特点。农村汉族受访者表示未来生活水平会"上升很多"（26.5%）和"略有上升"（55.9%）的受访者比例合计为81.4%，城镇汉族受访者表示"上升很多"（31.6%）和"略有上升"（49.5%）的受访者比例合计为81.1%。在哈萨克族受访者中，农村受访者表示未来生活水平会"上升很多"（35.4%）和"略有上升"（46.0%）的受访者比例合计为81.4%，城镇汉族受访者表示"上升很多"（31.6%）和"略有上升"（49.5%）的受访者比例合计为81.1%。

表3-12　　　　　　　　未来的5年生活将会发生的变化　　　　　单位:%

		上升很多	略有上升	没有变化	略有下降	下降很多	不好说	样本量
	总计	36.3	46.9	5.0	0.8	0.8	10.3	399
农村	汉族	26.5	55.9	7.4	1.5	0.0	8.8	68
	哈萨克族	35.4	46.0	4.4	1.8	1.8	10.6	113
	总计	32.2	49.7	5.5	1.6	1.1	9.8	183
城镇	汉族	31.6	49.5	5.3	0.0	1.1	12.6	95
	哈萨克族	42.5	44.3	2.8	0.0	0.0	10.4	106
	总计	39.7	44.4	4.7	0.0	0.5	10.7	214

注：农村、城镇总计样本量大于汉族+哈萨克族，因有样本是其他少数民族。

对于本人的经济社会地位，选择"中"　（37.4%）或"中下"（31.9%）的受访者比例最高，二者合计占69.3%，排在第三位的是选择"下"，受访者比例为19.1%。整体来看，富蕴县受访者认为自己社会经济地位属于中等偏下。

比较来看，农村受访者选择"中上"（3.8%）、"中"（33.3%）和"中下"（36.1%）的受访者比例合计为73.2%，选择"下"的受访者比例为25.7%；其中，汉族选择"中上"（1.5%）和"中"（32.4%）的受访者比例合计为33.9%，哈萨克族选择"中上"（5.3%）和"中"（33.6%）的受访者比例为38.9%。城镇受访者选择"中上"（12.7%）、"中"（40.8%）和"中下"（28.2%）的受访者比例合计为81.7%，选择"下"的受访者比例为13.6%，其中，汉族选择"中上"（9.5%）和"中"（41.1%）的受访者比例合计为50.6%，哈萨克族选择"中上"（15.2%）和"中"（41.0%）的受访者比例合计为56.2%。相较而言，农业受访者对自己的社会经济地位的主观定位要相对低一些。在哈萨克族和汉族之间，哈萨克族受访者对自己经济社会地位的主观定位比汉族相对更高一些。

表3-13　　　　　　　　　　　本人的社会经济地位　　　　　　　　单位:%，个

		上	中上	中	中下	下	不好说	样本量
	总计	0.8	8.5	37.4	31.9	19.1	2.3	398
农村	汉族	0.0	1.5	32.4	39.7	25.0	1.5	68
	哈萨克族	0.9	5.3	33.6	34.5	25.7	0.0	113
	总计	0.5	3.8	33.3	36.1	25.7	0.5	183
城镇	汉族	0.0	9.5	41.1	31.6	13.7	4.2	95
	哈萨克族	1.9	15.2	41.0	25.7	12.4	3.8	105
	总计	0.9	12.7	40.8	28.2	13.6	3.8	213

注：农村、城镇总计样本量大于汉族+哈萨克族，因有样本是其他少数民族。

总体来看，绝大多数受访者在将自己或自己家庭的经济生活状况与别人进行比较时，最主要的还是选择跟"亲戚朋友"比较（56.1%），其次是"本乡村人"（11.9%），最后是"县里的人"（10.9%）。

比较来看，农村受访者除了"亲戚朋友"（52.7%），还会与"本乡村人"（15.4%）和"本乡村的同民族的人"（11.0%）比。其中，汉族选择与"本乡村人"（7.4%）和"本乡村的同民族的人"（2.9%）比较的受访者比例低于哈萨克族受访者（分别为19.6%和15.2%），选择与"县里的人"（14.7%）比较的比例高于哈萨克族受访者（2.7%）。城镇受访者除了与"亲戚朋友"（59.4%）比，更偏重与"县里的人"（13.2%）比较。其中，汉族选择跟"亲戚朋友"（67.4%）、"本乡村人"（8.4%）和"本乡村的同民族的人"（1.1%）比较的受访者低于哈萨克族受访者（分别为51.9%、10.6%和6.7%），选择与"县里的人"

（14.7%）比较的略高于哈萨克族（11.5%）。

表 3-14　　　　　　　　经济生活情况的比较对象　　　单位:%，个

		亲戚朋友	本乡村人	本乡村的同民族的人	县里的人	县里的同民族的人	城市人	同民族的人	全国人	说不清	样本量
	总计	56.1	11.9	7.1	10.9	3.8	1.3	2.5	1.0	5.6	396
农村	汉族	52.9	7.4	2.9	14.7	5.9	2.9	0.0	4.4	8.8	68
	哈萨克族	53.6	19.6	15.2	2.7	3.6	0.0	2.7	0.0	2.7	112
	总计	52.7	15.4	11.0	7.1	4.4	1.1	1.6	1.6	4.9	182
城镇	汉族	67.4	8.4	1.1	14.7	1.1	1.1	1.1	0.0	5.3	95
	哈萨克族	51.9	10.6	6.7	11.5	4.8	1.9	5.8	1.0	5.8	104
	总计	59.4	9.0	3.8	13.2	3.3	1.4	3.3	0.5	6.1	212

注：农村、城镇总计样本量大于汉族+哈萨克族，因有样本是其他少数民族。

对于 2020 年在全县市全面建成小康社会，四分之一的受访者表示"很有信心"、三分之二的受访者表示"有信心"，二者合计占 91.2%。

比较来看，城乡受访者的评价略有不同。在农村受访者中，18.0%的受访者对于 2020 年在全县市全面建成小康社会表示"很有信心"、67.2%的受访者表示"有信心"，二者合计占 85.2%；在城市受访者中，29.7%的受访者表示"很有信心"、66.5%的受访者表示"有信心"，二者合计占 96.2%。比较来看，城市受访者对于 2020 年在全县市全面建成小康社会更有信心，城镇哈萨克族受访者对于 2020 年在全县市全面建成小康社会比汉族更有信心。

表 3-15　　　　　对 2020 年所在县市全面建成小康社会建设的信心

单位:%，个

		很有信心	有信心	没什么信心	没听说过	样本量
	总计	24.4	66.8	5.5	3.3	397
农村	汉族	17.6	64.7	11.8	5.9	68
	哈萨克族	18.6	69.0	7.1	5.3	113
	总计	18.0	67.2	9.3	5.5	183
城镇	汉族	21.3	74.5	3.2	1.1	94
	哈萨克族	36.2	61.0	1.0	1.9	105
	总计	29.7	66.5	2.4	1.4	212

注：农村、城镇总计样本量大于汉族+哈萨克族，因有样本是其他少数民族。

三　民族关系

民族关系是民族发展过程中相关民族之间的相互交往、联系和作用、影响的关系。它不仅具有社会性，而且具有民族性。民族关系是多民族国家在民族和社会发展中必须处理好的社会问题。[1] 我国民族之间是平等、团结、互助的社会主义民族关系。[2] 富蕴县所在的新疆阿勒泰地区民族关系长期和谐，民族团结源远流长。主要原因包括：（1）历史上中央政府的特殊治理措施，强化了各民族的政治认同。（2）互惠互利的生产方式和相对充裕的生活条件，强化了各民族群众和睦相处的物质保障。（3）多元一体、相互嵌入的民族分布格局，强化了各民族相互认同。（4）各美其美、美人之美、美美与共的良好习惯，促进了各民族群众自觉交往交流交融。（5）各民族深度交融，强化了彼此间的亲近感、认同感。[3]

（一）　族际交往

总体来看，近一半（48.2%）的受访者中有 0—2 个亲密来往的其他民族的朋友，36.6%的受访者有 3—6 个亲密来往的其他朋友，还有个别受访者其他民族的亲密朋友数量超过 7 个。

比较来看，在汉族受访者中，49.8%的受访者中有 0—2 个亲密来往的其他民族的朋友，36.5%的受访者有 3—6 个亲密来往的其他朋友，还有个别受访者其他民族的亲密朋友数量超过 7 个；在哈萨克族受访者中，47.7%的受访者中有 0—2 个亲密来往的其他民族的朋友，37.7%的受访者有 3—6 个亲密来往的其他朋友，还有个别受访者其他民族的亲密朋友数量超过 7 个。相较而言，哈萨克族受访者其他民族亲密朋友的数量略多于汉族受访者。

---

[1]　金炳镐：《民族理论通论》，中央民族大学出版社 2007 年版，第 262 页。
[2]　《中华人民共和国宪法》1982 年 12 月 4 日第五届人大五次会议。
[3]　国家民委调研组，刘宝明、马文锋、赵倩：《金山银水春常在大爱之地花长开——新疆阿勒泰地区民族关系长期和谐的调研与思考》，《中国民族报》2016 年 1 月 9 日。

表 3-16			其他民族的朋友数量		单位:%，个
	2 个以下	3—6 个	7—8 个	9 个以上	样本量
总计	48.2	36.6	4.9	10.4	398
汉族	49.8	36.5	4.6	9.1	164
哈萨克族	47.7	37.7	4.5	10.1	219

但是最好的三个朋友中，一半（50.0%）受访者表示没有其他民族，39.4%的受访者表示有1—2个是其他民族。

比较来看，汉族受访者中，超过一半（54.9%）的受访者表示最好三个朋友中没有一个是其他民族，37.8%的受访者表示有1—2个是其他民族；哈萨克族受访者中，超过一半（48.9%）的受访者表示最好三个朋友中没有一个是其他民族，40.6%的受访者表示有1—2个是其他民族。相较而言，哈萨克族受访者最好三个朋友中的其他民族数量多于汉族受访者。

表 3-17		最好三个朋友的民族		单位:%，个
	0 个	1—2 个	3 个	样本量
总计	50.0	39.4	10.6	398
汉族	54.9	37.8	7.3	164
哈萨克族	48.9	40.6	10.5	219

对于汉族受访者来说，整体来看，与其他民族"聊天""成为邻居""一起工作"都表示"很愿意"，受访者比例都在一半以上，分别是57.0%、53.3%、50.9%，"成为亲密朋友"的比例有所下降（46.1%），"结为亲家"大多数（64.8%）的受访者则是表示"不愿意"。

对于少数民族受访者来说，整体来看，与汉族"聊天""成为邻居""一起工作""成为亲密朋友"都表示"很愿意"，受访者比例都在一半以上，分别是67.9%、68.9%、67.2%和60.1%，"结为亲家"大多数（67.6%）的受访者则是表示"不愿意"。

比较来看，相比汉族，少数民族更愿意与汉族交往，包括"聊天""成为邻居""一起工作""成为亲密朋友"，但涉及通婚或者"结为亲家"，双方都表示出了不愿意，少数民族的不愿意程度更高于汉族。

表 3-18　　　　　　　　　　　　与其他民族交往情况　　　　　　　　　　单位:%

		很愿意	比较愿意	不太愿意	不愿意	不好说
汉族	聊天	57.0	29.7	4.8	4.2	4.2
	成为邻居	53.3	31.5	9.1	3.0	3.0
	一起工作	50.9	31.5	6.1	3.6	7.9
	成为亲密朋友	46.1	25.5	15.8	7.9	4.8
	结为亲家	3.6	5.5	16.4	64.8	9.7
少数民族	聊天	67.9	29.5	1.3	0.4	0.8
	成为邻居	68.9	28.6	0.8	0.4	1.3
	一起工作	67.2	29.8	1.7	0.4	0.8
	成为亲密朋友	60.1	26.9	6.7	3.8	2.5
	结为亲家	3.8	3.8	14.7	67.6	10.1

不同民族间的相互评价随着时间发展有所变化。

受访者认为全国范围的民族关系一直在改善。认为"改革开放前"民族关系是"好"的(52.5%)和"一般"(19.8%)的受访者比例合计为 72.3%,认为"改革开放以来—2000 年"间民族关系是"好"的(52.8%)和"一般"(36.8%)的受访者比例合计为 89.6%,认为"2001 年以来"民族关系是"好"的(58.8%)和"一般"(29.5%)的受访者比例合计为 88.3%。此外,对于"改革开放前"的民族关系"说不清"的受访者比例为 21.5%,远高于其他两个时期,这可能是由于受访者的年龄大多是 30—60 岁,对于改革开放之前的情况不够了解。

不同民族受访者对于全国范围民族关系变化的评价有所不同。对于汉族受访者来说,认为"改革开放前"民族关系是"好"的(37.8%)和"一般"(26.8%)的受访者比例合计为 64.6%,认为"改革开放以来—2000 年"间民族关系是"好"的(39.6%)和"一般"(43.3%)的受访者比例合计为 82.9%,认为"2001 年以来"民族关系是"好"的(45.7%)和"一般"(32.3%)的受访者比例合计为 78.0%,此外,13.4%的受访者认为"2001 年以来"的民族关系"不好";对于哈萨克族受访者来说,认为"改革开放前"民族关系是"好"的(62.1%)和"一般"(14.6%)的受访者比例合计为 76.7%,认为"改革开放以来—2000 年"间民族关系是"好"的(62.1%)和"一般"(32.0%)的受访者比例合计为 94.1%,认为"2001 年以来"民族关系是"好"的

（66.7%）和"一般"（29.2%）的受访者比例合计为95.9%。比较而言，哈萨克族受访者对全国民族关系的正面评价高于汉族受访者。

表 3-19　　　　　　　　对全国民族关系变化的判断　　　　单位：%，个

		好	一般	不好	说不清	样本量
总计	改革开放前	52.5	19.8	6.3	21.5	398
	改革开放以来—2000 年	52.8	36.8	2.0	8.5	
	2001 年以来	58.8	29.5	7.0	4.8	
汉族	改革开放前	37.8	26.8	10.4	25.0	164
	改革开放以来—2000 年	39.6	43.3	4.9	12.2	
	2001 年以来	45.7	32.3	13.4	8.5	
哈萨克族	改革开放前	62.1	14.6	3.7	19.6	219
	改革开放以来—2000 年	62.1	32.0	0.0	5.9	
	2001 年以来	66.7	29.2	1.8	2.3	

对于本地民族关系来说，认为"改革开放前"民族关系是"好"的（58.5%）和"一般"（18.3%）的受访者比例合计为76.8%，认为"改革开放以来—2000 年"间民族关系是"好"的（64.0%）和"一般"（29.3%）的受访者比例合计为93.3%，认为"2001 年以来"民族关系是"好"的（70.8%）和"一般"（23.3%）的受访者比例合计为94.1%。与全国民族关系比较，富蕴县受访者对于同一时期本地民族关系的正面评价更高，这也在一定程度上反映出富蕴县民族关系的和谐与融洽。

不同民族受访者对于本地民族关系的评价有所不同。对于汉族受访者来说，认为"改革开放前"民族关系是"好"的（47.6%）和"一般"（22.6%）的受访者比例合计为70.2%，认为"改革开放以来—2000 年"间民族关系是"好"的（55.5%）和"一般"（33.5%）的受访者比例合计为89.0%，认为"2001 年以来"民族关系是"好"的（61.0%）和"一般"（27.4%）的受访者比例合计为88.4%；对于哈萨克族受访者来说，认为"改革开放前"民族关系是"好"的（65.8%）和"一般"（15.1%）的受访者比例合计为80.9%，认为"改革开放以来—2000 年"间民族关系是"好"的（70.3%）和"一般"（26.0%）的受访者比例合计为96.3%，认为"2001 年以来"民族关系是"好"的（76.7%）和"一般"（21.5%）的受访者比例合计为98.2%。比较而言，哈萨克族受

访者对全国民族关系的正面评价高于汉族受访者。

表3-20　　　　　　　　　　对本地民族关系变化的判断　　　　　　单位:%，个

		好	一般	不好	说不清	样本量
总计	改革开放前	58.5	18.3	7.3	16.0	398
	改革开放以来—2000年	64.0	29.3	1.8	5.0	
	2001年以来	70.8	23.3	4.8	1.3	
汉族	改革开放前	47.6	22.6	12.8	17.1	164
	改革开放以来—2000年	55.5	33.5	4.3	6.7	
	2001年以来	61.0	27.4	9.1	2.4	
哈萨克族	改革开放前	65.8	15.1	3.7	15.5	219
	改革开放以来—2000年	70.3	26.0	0.0	3.7	
	2001年以来	76.7	21.5	1.4	0.5	

(二) 民族认同、地方认同与国家认同

在涉及民族认同问题方面，受访者主要是哈萨克族。

面对本地人时，一半以上（58.0%）的哈萨克族受访者表示"民族身份和本地人身份一样重要"，24.7%的哈萨克受访者表示"民族身份"更重要，17.4%的受访者表示"本地人身份"更重要。

如果到外地生活、工作或旅游，超过三分之一（36.3%）的哈萨克受访者表示"本民族的人和同乡同等交往、信任"，超过四分之一（27.9%）的哈萨克受访者优先选择与"本民族的人（不管是否同乡）"交往，23.3%的哈萨克族受访者表示"不存在民族、地域差别"，还有12.3%的哈萨克受访者优先选择"同乡（不管是否本民族的人）"交往。

族际交往的增多和我国国际交流的频繁，在一定程度上增强了少数民族的民族意识和国家意识。调查显示，26.6%的受访者表示"民族意识增强，国家意识也随之逐步增强"，25.6%的受访者表示"国家意识增强"，24.6%的受访者表示"国家意识增强，民族意识也随之逐步增强"。总体来看，国家意识和民族意识的重要程度相当。

比较来看，不同民族受访者之间的差异较大。在汉族受访者中，36.8%的受访者表示"国家意识增强"，排在第一位；23.3%的受访者表

示"国家意识增强，民族意识也随之逐步增强"，排在第二位；19.0%的受访者表示"民族意识增强，国家意识也随之逐步增强"，排在第三位；只有4.3%的受访者表示"民族自我意识增强"。在哈萨克受访者中，排在第一位的是"民族意识增强，国家意识也随之逐步增强"，受访者比例为31.5%；第二位是"国家意识增强，民族意识也随之逐步增强"，受访者比例为26.5%；第三位是"国家意识增强"（16.9%）；第四位是"民族自我意识增强"（13.7%）。比较来看，哈萨克族受访者对本民族的认同高于对国家的认同，也高于汉族受访者对国家的认同。

表 3-21　　　　　　　　　　民族意识的发展趋势　　　　　　单位:%，个

	民族自我意识增强	国家意识增强	民族意识增强，国家意识也随之逐步增强	国家意识增强，民族意识也随之逐步增强	不清楚	样本量
总计	9.8	25.6	26.6	24.6	13.5	397
汉族	4.3	36.8	19.0	23.3	16.6	163
哈萨克族	13.7	16.9	31.5	26.5	11.4	219

面对外国人时，哈萨克族受访者对于民族身份[①]认同顺序是：大多数（68.9%）哈萨克族受访者会表示自己是"中国人、本民族"，其次是"中国人和本民族不分先后"（21.5%），只有少数（7.8%）受访者表示"本民族、中国人"，还有1.8%的受访者表示"不好回答"。由此可见，哈萨克族对于国家的认同高于民族认同。在公民身份和民族身份方面，65.8%的哈萨克族受访者表示"民族身份和公民身份一样重要"，19.2%的受访者表示"公民身份"更重要，15.1%的受访者表示"民族身份"更重要。

民族身份对于哈萨克族受访者在本地社会交往、工作就业和日常生活中，并没有太多不便，绝大多数（82.1%）受访者表示"没有"带来不便，只有极个别表示"经常有"（0.5%）或者"偶尔有"（5.0%）不便。这些不便包括以下几个方面：一是语言交流存在障碍；二是风俗习惯差异，比如"不让带头巾"、"饮食"；三是有人指出存在歧视，比如"去汉族经营的商店时会受歧视"、"银行业务经常受到不平等待遇"。

---

① 这里的"民族"实际指代的是两种不同层次的概念：一是代表中华民族的国家，二是代表少数民族族群的哈萨克族。

外出或者出国以后，一半以上（57.1%）受访者表示民族身份"没有"给社会交往、工作就业和日常生活带来不便，只有极个别受访者表示"经常有"（0.9%）和少数（6.4%）受访者表示"偶尔有"不便。这些不便包括以下几个方面：一是地域歧视，主要表现在"内地人歧视新疆人""去阿勒泰、乌鲁木齐进货时，住宿什么经常遇到重点调查""公民身份多有不便"；二是语言交流存在障碍；三是风俗习惯差异。此外还有三分之一（31.1%）的受访者表示"不清楚"。

比较来看，民族身份给哈萨克受访者在本地的工作生活能够带来更多的便利。

表3-22　　　　　　民族身份带来不便的情况　　　　单位:%，个

	经常有	偶尔有	很少	没有	不清楚	样本量
本地社会交往、工作就业、日常生活中	0.5	5.0	6.0	82.1	6.4	218
外出旅行、出国时	0.9	6.4	5.5	57.1	30.1	219

四　民族文化

富蕴县是一个以哈萨克族为主的县，在餐饮、宗教、生计等方面具有浓郁的哈萨克民族特色。这一部分主要从哈萨克的语言使用、文字使用、双语教育、民族文化现状、民族文化传承和保护等方面进行分析。

（一）礼俗文化

哈萨克族受访者表示，本民族最具特色的文化类型，排在首位的是"传统节日"（28.0%），其次是"传统服饰"（18.3%），再次是"传统文娱活动"（14.0%），排在最后的是"人生礼仪"（13.0%）。此外，还有个别受访者选择了其他选项。最需要政府保护的民族文化，依次分别是"传统节日"（27.7%），"传统文娱活动"（17.1%），"传统服饰"（14.9%）和"人生礼仪"（12.1%）。此外，还有个别受访者选择了其他选项。

表 3-23　　　　　　哈萨克受访者认为最具特色和最需要保护的

少数民族文化类型　　　　　单位:%，个①

	传统民居	传统服饰	传统节日	人生礼仪	传统文娱活动	传统饮食	道德规范	人际交往习俗	传统生产方式	宗教活动习俗	其他	样本量
最具特色	6.4	18.3	28.0	13.0	14.0	6.6	3.3	5.1	1.6	3.5	0.2	607
最需要政府保护	6.9	14.9	27.7	12.1	17.1	4.7	2.9	5.5	2.6	4.5	1.0	578

对于对本县/市政府保护本地文化和少数民族文化的评价，绝大多数哈萨克族受访者（83.9%）表示"满意"，只有 6.3%的受访者表示"不满意"，还有 9.9%的受访者表示"不好说"。

关于民族文化的传承与子女意愿关系紧密。在农村哈萨克族受访者中，100.0%的受访者表示自己的子女"愿意"接受本民族"语言文字"和"风俗习惯"，97.4%的受访者表示"愿意"接受本民族"宗教信仰"，93.9%的受访者表示"愿意"接受本民族"特色手工艺"。在城镇哈萨克族受访者中，95.8%的受访者表示自己的子女"愿意"接受本民族"语言文字"，95.0%表示"愿意"接受本民族"风俗习惯"，84.9%的受访者表示"愿意"接受本民族"宗教信仰"，88.2%的受访者表示"愿意"接受本民族"特色手工艺"。总体来看，哈萨克族受访者对于本民族的语言文字和风俗习惯接受程度较高，对于手工艺品的接受程度相对较低。比较来看，城镇受访者对本民族文化的接受态度略低于农村受访者。

表 3-24　　　　　哈萨克受访者评价子女与自己和上一代相比

传承民族文化的态度　　　　单位:%，个

		愿意	不愿意	无所谓	样本量
农村	语言文字	100.0	0.0	0.0	115
	风俗习惯	100.0	0.0	0.0	
	宗教信仰	97.4	0.0	2.6	
	特色手工艺	93.9	0.9	5.2	

---

① 本表统计的样本都是哈萨克族的受访者，下同。

续表

		愿意	不愿意	无所谓	样本量
城镇	语言文字	95.8	4.2	0.0	119
	风俗习惯	95.0	4.2	0.8	
	宗教信仰	84.9	3.4	11.8	
	特色手工艺	88.2	5.0	6.7	

哈萨克族受访者了解民族文化最主要的渠道有两种，分别是："家庭、邻里、亲朋耳濡目染"（38.8%）、"广播、电视、互联网等"（34.0%）。除此之外，还有部分受访者通过"村庄或社区的公共文化等活动"（11.3%）和"学校教育"（8.7%）了解本民族文化。

城乡受访者之间了解民族文化的渠道略有差异。在农村哈萨克受访者中，选择"家庭、邻里、亲朋耳濡目染"的比例为39.5%，选择"广播、电视、互联网等"的比例为37.6%，选择"村庄或社区的公共文化等活动"的比例为9.7%，选择"学校教育"的比例为7.8%。而在城市哈萨克受访者中，选择"家庭、邻里、亲朋耳濡目染"的比例为37.8%，选择"广播、电视、互联网等"的比例为30.6%，选择"村庄或社区的公共文化等活动"的比例为12.2%，选择"学校教育"的比例为9.4%。

表3-25　　　　哈萨克族受访者了解民族文化的渠道　　　单位:%，个

	家庭、邻里、亲朋耳濡目染	学校教育	村庄或社区的公共文化等活动	旅游展示	广播、电视、互联网等	图书报刊	样本量（频次）
总计	38.8	8.7	11.3	2.2	34.0	5.0	546
农村	39.5	7.8	9.7	1.9	37.6	3.5	258
城镇	37.8	9.4	12.2	2.1	30.6	8.0	288

当开发旅游资源和保护本民族文化遗产发生冲突时，60.8%的受访者表示"保护本民族传统文化为主，不赞同过度商业化"，20.7%的受访者表示"以发展经济为主，提高现代生活水平为主"。

（二）语言文字

城乡之间的哈萨克族受访者使用语言的情况有所不同。在农村哈萨克族受访者中，小时候使用"本民族语言"的比例为 48.7%，使用"其他"的比例为 49.6%，使用"普通话"的比例仅为 0.9%；而现在使用"本民族语言"的比例为 64.9%，使用"其他"的比例为 0.6%，使用"普通话"的比例为 28.1%。在城市哈萨克受访者中，小时候使用"本民族语言"的比例为 47.9%，使用"其他"的比例为 48.4%，使用"普通话"的比例为 3.2%；而现在使用"本民族语言"的比例为 54.9%，使用"其他"的比例为 0，使用"普通话"的比例为 38.9%。

表 3-26　　　　　　　　　哈萨克受访者的语言使用情况　　　　单位：%，个

		普通话	汉语方言	本民族语言	其他少数民族语言	其他	样本量
农村	小时候	0.9	0.9	48.7	0.0	49.6	228
	现在	28.1	1.8	64.9	4.7	0.6	171
城镇	小时候	3.2	0.0	47.9	0.5	48.4	219
	现在	38.9	1.0	54.9	5.2	0.0	193

在语言熟练程度方面，城乡之间的哈萨克族受访者有所不同。在农村哈萨克族受访者中，100% 都"能流利准确地使用本民族语言"，而"能流利准确地使用普通话"和"能熟练使用普通话但有些音不准"的受访者比例都只有 9.4%，"能流利准确地使用汉族方言"的受访者更少（5.6%），此外还有 91.7% 的受访者"听不懂也不会说汉族方言"。在城市哈萨克受访者中，97.1%"能流利准确地使用本民族语言"，"能流利准确地使用普通话"、"能熟练使用普通话但有些音不准""能熟练使用普通话但口音较重"的比例分别为 28.0%、28.0% 和 5.3%，都高于农村哈萨克族受访者；"基本能用普通话交谈但不太熟练"的比例为 22.7%，还有 90.0% 的受访者"听不懂也不会说汉族方言"。比较来看，农村哈萨克族受访者对本民族语言的掌握程度更高，城市哈萨克族受访者对汉语的掌握程度更高。

表 3-27　　　　　　　　　哈萨克受访者语言熟练程度　　　　　单位:%，个

		能流利准确地使用	能熟练使用但有些音不准	能熟练使用但口音较重	基本能交谈但不太熟练	能听懂但不太熟练	能听懂一些但不会说	听不懂也不会说	样本量
农村	普通话	9.4	9.4	3.1	23.4	20.3	10.9	23.4	64
	汉语方言	5.6	0.0	2.8	0.0	0.0	0.0	91.7	36
	本民族语言	100.0	0.0	0.0	0.0	0.0	0.0	0.0	109
	其他少数民族语言	0.0	5.4	0.0	2.7	8.1	8.1	75.7	37
	其他	0.0	0.0	0.0	0.0	50.0	0.0	50.0	2
城镇	普通话	28.0	28.0	5.3	22.7	10.7	4.0	1.3	75
	汉语方言	0.0	10.0	0.0	0.0	0.0	0.0	90.0	20
	本民族语言	97.1	2.9	0.0	0.0	0.0	0.0	0.0	105
	其他少数民族语言	11.1	7.4	0.0	18.5	3.7	11.1	48.1	27
	其他	0.0	0.0	0.0	0.0	50.0	0.0	50.0	2

在文字使用情况方面，在农村哈萨克族受访者中，97.3%"会"使用本民族文字、2.7%"会一些"本民族文字；13.5%"会"使用汉字、21.6%"会一些"汉字；还有75.0%的受访者"会一些"其他文字，主要是俄语。在城市哈萨克族受访者中，"会"和"会一些"使用本民族文字的比例分别为97.2%和1.9%，"会"使用和"会一些"汉字的比例分别为36.5%和35.3%，"不会使用汉字"的比例为28.2%。总体来看，哈萨克族受访者掌握本民族文字的程度高于汉字；比较来看，城镇哈萨克族受访者会使用汉字的比例高于农村受访者。

表 3-28　　　　　　　哈萨克受访者是否会使用本民族文字　　　　　单位:%

		会	会一些	不会	没有文字	不知道有没有文字	总计
农村	汉字	13.5	21.6	64.9	0.0	0.0	74
	本民族文字	97.3	2.7	0.0	0.0	0.0	113
	其他	0.0	75.0	25.0	0.0	0.0	4
城镇	汉字	36.5	35.3	28.2	0.0	0.0	85
	本民族文字	97.2	1.9	0.0	0.9	0.9	106
	其他	0.0	28.6	71.4	0.0	0.0	7

　　城乡之间的哈萨克族受访者对于不同文字的掌握程度有所不同。在农村哈萨克族受访者中，"掌握足够本民族文字，能流利书写"的比例为87.6%，"掌握较多本民族文字，能书写书信"的比例为7.1%，二者合计占94.7%；还有部分受访者表示"掌握本民族文字数量不够，书写不流利"（4.4%）；"掌握足够汉字，能流利书写"和"掌握较多汉字，能书写书信"的比例分别是10.8%和4.1%，"掌握汉字数量不够，书写不流利"和"掌握汉字数量太少，只能写点简单字句"的比例分别为8.1%和10.8%，"完全不能用汉字书写"的比例为66.2%。在城市哈萨克族受访者中，"掌握足够本民族文字，能流利书写"的比例为95.3%，"掌握较多本民族文字，能书写书信"的比例为3.8%；"掌握足够汉字，能流利书写"和"掌握较多汉字，能书写书信"的比例分别是27.1%和17.6%，"掌握汉字数量不够，书写不流利"和"掌握汉字数量太少，只能写点简单字句"的比例分别为11.8%和12.9%，"完全不能用汉字书写"的比例为30.6%。

表 3-29　　　　　　　　　　　　　文字水平　　　　　　　　　单位:%，个

		掌握足够文字，能流利书写	掌握较多文字，能书写书信	掌握文字数量不够，书写不流利	掌握文字数量太少，只能写点简单字句	完全不能用文字书写	样本量
农村	汉字	10.8%	4.1%	8.1%	10.8%	66.2%	74
	本民族文字	87.6%	7.1%	4.4%	0.9%	0.0%	113
	其他	0.0%	0.0%	25.0%	50.0%	25.0%	4
城镇	汉字	27.1%	17.6%	11.8%	12.9%	30.6%	85
	本民族文字	95.3%	3.8%	0.0%	0.0%	0.9%	106
	其他	14.3%	0.0%	0.0%	14.3%	71.4%	7

　　对于自己子女学习双语的态度，绝大多数（83.1%）哈萨克族受访者都表示"愿意"，主要原因包括：一是出于对子女未来发展的考虑，比如有人表示"对孩子的学习有益""方便工作生活""方便就业""方便生活"等；二是为了加强交流，比如有人表示是为了"便于沟通""便于交流"；三是受别人影响，比如有人表示"本地的趋势是如此"；四是为了保护本民族文化，比如有人表示"不会忘母语，同时用汉语和别人交流""不能失去本民族文化"。

　　城乡受访者对送子女学习双语的意愿稍有不同。城镇哈萨克受访者选

择"愿意"（81.1%）的比例略低于农村受访者（85.0%），选择"无所谓"的受访者比例（12.3%）略高于农村受访者（10.6%）。

表 3-30　　　　　哈萨克受访者送子女学习双语的意愿　　单位:%，个

	愿意	不愿意	无所谓	样本量
总计	83.1	5.5	11.4	219
农村	85.0	4.4	10.6	113
城镇	81.1	6.6	12.3	106

关于哈萨克族受访者对于说普通话的好处的认识，一半以上（50.2%）的受访者表示"对工作生活各方面都有好处"，其次是"有好处，方便与其他民族交往"（40.6%）。其中，城镇受访者选择"有好处，方便与其他民族交往"的比例（42.9%）略高于农村受访者（38.4%），而选择"有好处，方便做买卖"的比例（1.0%）低于农村受访者（4.5%）。

表 3-31　　　　　哈萨克受访者认为说普通话的好处　　单位:%，个

	有好处，方便与其他民族交往	有好处，方便做买卖	对工作生活各方面都有好处	不好说	没太大好处	样本量
总计	40.6%	2.8%	50.2%	5.5%	0.9%	217
农村	38.4%	4.5%	50.9%	5.4%	0.9%	112
城镇	42.9%	1.0%	49.5%	5.7%	1.0%	105

在哈萨克族受访者对当地双语教育的评价方面，表示"好"（72.1%）和"一般"（13.2%）的受访者合计占85.3%。其中，农村受访者表示"好"（77.9%）和"一般"（8.0%）的比例合计为85.9%，城镇受访者认为"好"（66.0%）和"一般"（18.9%）的比例合计为84.9%。比较来看，城镇受访者对双语教育的评价略低于农村受访者。

表 3-32　　　　　哈萨克受访者对当地双语教育的评价　　单位:%，个

	好	一般	不好	不清楚	样本量
总计	72.1%	13.2%	5.5%	9.1%	219
农村	77.9%	8.0%	4.4%	9.7%	113
城镇	66.0%	18.9%	6.6%	8.5%	106

关于民族地区工作的干部是否有必要学习和掌握当地少数民族语言，绝大多数（90.9%）哈萨克族受访者表示"有必要"。其中，在哈萨克族受访者中，农村受访者认为"有必要"的比例略高于城镇受访者。

表 3-33　　　　　　　　民族地区工作的干部是否有必要

学习和掌握当地少数民族语言　　　单位:%，个

	有必要	一般	没必要	不清楚	样本量
总计	90.9%	6.8%	0.0%	2.3%	219
农村	92.0%	4.4%	0.0%	3.5%	113
城镇	89.6%	9.4%	0.0%	0.9%	106

五　总结与讨论

党的十八大、十八届三中四中和五中全会以来，随着全面深化改革不断向纵深推进，新疆富蕴县的经济结构不断调整、资源配置不断优化，社会建设不断完善。本报告主要从经济状况、民族交往和民族文化三个方面对富蕴县的情况进行了描述分析。

（一）主要结论

（1）在经济方面，富蕴县是一个矿产丰富的地区，因此经济结构也呈现出了工业独大的特点，这为富蕴县居民的收入提供了保障。调查显示，富蕴县绝大多数受访者都拥有自己的住房，而且近年来生活状况改善。这一点从受访者对过去五年的生活状况变化和对未来五年的期待可以看出。同时，对于到 2020 年全面建成小康社会的信心较高。

（2）在民族关系方面，富蕴县总体保持和谐稳定的局面，这与国家民委最近一次调研所得出的结论保持一致。主要表现在：一是受访者愿意与其他民族交往，特别是哈萨克族受访者表示出更愿意与汉族交往；二是对于近几十年，特别是改革开放以来的民族关系，一直在改善；三是民族意识和国家意识都有所提高。

（3）在民族文化方面，受访者的下一代对各种类型和形式的民族文化都表现出极高的传承意愿，而亲朋邻里以及民族聚居社区是民族文化传承最为常见的主要渠道，同时随着现代科技的进步，广播、互联网也逐渐成为传承的主要渠道之一，使当地特色民族文化的传承不仅仅局限于口口

相传,传播的范围更为广泛。

(二) 存在的问题

(1) 富蕴县的经济结构是一个以工业为主的结构,但在文化和社会结构方面仍是以农牧文化为主的结构。绝大多数受访者并不考虑外出就业,除了农业文化的原因,在一定程度上也是外出就业存在种种障碍所致。这些受访者在当地没有其他多元的就业方式,使单一地从事农牧业生产成为其主要收入来源。这种单一的工作状态,缺少其他收入来源,很容易造成受访者及其家庭的经济抗风险能力较低,并在很大程度上影响收入水平、经济条件等的改善,而且受访者也在社会生活中感受到极大的经济压力,生活质量降低。

(2) 在族际交往方面,虽然不同民族之间的交往意愿较高,但是比较而言,汉族与其他民族交往的意愿相对较低。如果这一趋势进一步发展,不利于民族地区的团结稳定和发展。

(3) 在民族文化方面,哈萨克族受访者认为本民族最具特色的文化主要是传统服饰、传统节日、人生礼仪、传统文娱活动等,同时最需要受到保护的也是这些方面。而对于更深层次的宗教、生产方式、交往方式等,受访者认为其代表性或者特色程度不高。其中的原因可能是这些表层的文化符号更具特色,变化更大,而深层文化的变化相对不大,因此没有意识到它们的改变。也有可能是随着市场化的发展,哈萨克族受访者的观念发生了改变,认为这些深层文化需要作出改变。

第四章

青海达日县经济社会发展综合调查报告

青海省达日县位于青海省东南部，果洛藏族自治州南部，南与四川省为邻。东与久治县接壤，东南连接班玛县，南与四川省色达县，西南与四川省石渠县接界，西北连玛多县，北与玛沁、甘德县隔黄河相望。达日县辖1个镇、9个乡：吉迈镇、上红科乡、下红科乡、桑日麻乡、特合土乡、建设乡、满掌乡、窝赛乡、德昂乡、莫坝乡。

达日县是"三江源"自然生态保护区之一，巴颜喀拉山脉从西北向东南横贯全境，将达日分为长江、黄河两大水系。黄河从西向东依北流境340公里。达日县土地以草场为主，可利用草场退化严重。全县平均海拔4200米以上，县府所在地吉迈镇海拔3970米。属高寒半湿润气候，分冷暖两季，无绝对无霜期。冷季风大雪多，气候寒冷，持续时间7—8个月，多有风雪灾害；暖季气候湿润，持续时间4—5个月。最高气温23.2℃，最低气温-34℃，年平均温度为-0.5℃，昼夜温差为15—25℃，年均降水量595毫米，年均蒸发量1205.9毫米。

达日县人口以藏族为主，占总人口的95.4%，还有汉、回、土等民族。达日县是藏族聚居地区，共有藏传佛教寺院10座，包括宁玛派（红教）8座，格鲁派（黄教）2座；定员僧侣1645人，实有僧人1724人；政府批准认定的活佛26个，自行认定活佛82个，民管会成员70个，宗教活动场所7个。

达日县是州内仅次于州府所在地（大武）的重要商品、中藏药材集散地和青川交界处的重要交通枢纽。西久公路横穿达日境内直通成都，县与每个乡镇都实现了通路。达日县于1992年被确定为省定贫困县，1994年被确定为国定贫困县，2002年被确定为国家重点扶持县。

一 城乡受访者基本情况

本报告关于"达日县经济社会发展综合调查"的分析数据来源于由中国社会科学院民族学与人类学研究所实施的中国社会科学院创新工程重大专项"21世纪初中国少数民族地区经济社会发展综合调查",于2014年在达日县所做的家庭问卷抽样调查数据。达日县的样本回收数为393份,调查对象包括达日县各民族成员。问卷经回收整理和录入后,主要使用社会统计软件SPSS加以统计分析。调研对象的基本情况见表4-1。

表4-1　　　　　　　　　　城乡受访者基本情况　　　　　　　单位:%

指标		比例	指标		比例	指标		比例
性别	男性	66.9	民族	汉族	9.7	城市个人年总收入	1500元及以下	22.2
	女性	33.1		藏族	87.2		5000—59200元	44.5
年龄	30岁及以下	34.5		其他	3.1		60000—150000元	33.3
						农村人均收入	0—3334元	17.3
	31—45岁	40.0	宗教信仰	佛教	86.6		3335—6000元	16.0
	46—60岁	19.1		没有宗教信仰	6.4		6000元以上	31.7
	61岁及以上	6.4		伊斯兰教	2.3	职业	国家机关事业单位负责人	4.5
受教育程度	未上学	46.5		道教	1.0		国家机关事业单位工作人员	27.3
	小学	10.5		基督教	0.3		专业技术人员	2.4
	初中	11.0		民间宗教	1.3		各类企业办事人员	3.0
	高中	4.6		不清楚	1.0		商业人员	15.0
	大学及以上	27.4		不想说	1.0		农林牧渔水利生产人员	16.8
户籍	农业	48.1					生产、运输设备操作人员及有关人员	0.3
	非农业	51.9					不便分类的其他从业人员	30.6

说明:(1)由于城镇家庭总收入样本量缺失大,有效样本量仅为39,所以此表中城镇居民收入选择了样本量稍多的个人年总收入。

(2)职业类型是按照人力资源与社会保障部职业能力建设司公布的国家职业分类目录编制而成,详情可参见网站:http://ms.nvq.net.cn/nvqdbApp/htm/fenlei/index.html。

(3)由于汉族有效样本量为37,其他民族有效样本量仅为12,分别仅占有效百分比的9.7%、3.1%,所以,在一些表格中,样本量低于30的汉族和其他民族不纳入表格。民族维度中"其他民族"是由样本量低于30的民族共同构成,达日的抽样数据中"其他民族"包含土族、回族、维吾尔族、侗族、土家族。

从达日县被访群体的人类学特征来看，在性别方面，男性比例明显高于女性，分别为66.9%，33.1%。在年龄分布方面，31—60岁占59.1%，30岁以下的年轻人和达到退休年龄的人分别占34.5%、6.4%。在民族成分上，藏族最多，占87.2%，其次是汉族，占9.7%，土族占1%，回族、维吾尔族、侗族、土家族等4个民族人口比例较小，共占2.1%。在户籍类型方面，农业户口占48.1%，非农业户口占51.9%，农业户口转居民户口的占15.1%，非农业户口转居民户口的占9.1%，农村人口占了近一半。在受教育程度上，呈现两头多的布局，接受了大学专科及以上教育的占27.4%，但未上学的几乎占到受访者的一半，为46.5%。在职业类型分布方面，国家机关事业单位负责人、工作人员占比最大，31.8%，灵活就业人员其次，占30.6%，农林牧渔水利生产人员占16.8%，从事牧业的人口比例较大。商业人员占15%。在宗教信仰方面，信仰佛教的占86.6%，与藏族人口所占的比例相当；无宗教信仰的占6.4%，信仰伊斯兰教的占2.3%，高于回族和维吾尔族人口所占比例之和。民间宗教、道教和基督教的各占1.3%、1.0%、0.3%。

二　经济生活

青海达日县基于特殊的自然生态环境，属于"三江源"自然生态保护区之一，其发展定位是以保护生态环境为主，经济发展位居其次。其经济发展水平在青海省各县当中，排名靠后。[①]

（一）受访者就业情况

1. 受访的达日县城乡居民职业类型和目前工作状况

如表4-2，受访的达日县居民在职业类型分布方面，集中在四个职业类型：国家机关事业单位负责人、工作人员占比最大，32.5%；灵活就业人员其次，占30.4%；因达日县是传统牧业县，从事牧业的人口比例较大，农林牧渔水利生产人员占16.6%；商业服务业次之，占15.3%。专业技术人员、企业办事人员和生产、运输设备操作人员比例非常小。从民

---

① 衡量地区经济发展水平采用的指标分别是人均国内生产总值，第三产业比重。刘晓平：《青海省小康社会进程的县域比较分析》，《青海师范大学学报》（哲学社会科学版）2007年第5期。

族维度看，受访的藏族居民职业类型集中在国家机关、党群组织、事业单位，占 29.2%，农林牧业占 19.3%，商业服务业 12.2%；从藏族的城乡维度看，40.2% 的农村居民是灵活就业人员，其次是从事农林牧渔生产类，占五分之一略多，23.2%，在国家机关内工作（包括负责人和一般工作人员）的居民占 19.5%，从事商业、服务业占 14.6%。藏族城镇居民以国家机关企事业单位工作人员为主，相关比例为 44.3%，近一半的人数，其次为灵活就业，占 24.5%，然后是农林牧业类，占 13.2%，从事商业、服务业占 8.5%，专业技术人员、企业办事人员和生产、运输设备操作人员比例非常小。

表 4-2　　　　　　　　　　城乡受访居民职业分布类型　　　　　　　单位:%，个

	国家机关党群组织、事业单位负责人	国家机关党群组织、事业单位工作人员	专业技术人员	各类企业办事人员	商业、服务业人员	农林牧渔水利生产人员	生产、运输设备操作人员及有关人员	不便分类的其他从业人员	总计	样本量
农村藏族	3.0	16.5	1.2	0.6	14.6	23.2	0.6	40.2	100.0	164
城镇藏族	6.6	37.7	3.8	5.7	8.5	13.2	0.0	24.5	100.0	106
藏族合计	4.4	24.8	2.2	2.6	12.2	19.3	0.4	34.1	100.0	270
农业户口	3.0	18.6	1.5	1.5	18.6	20.1	0.5	36.2	100.0	199
城镇户口	7.1	42.5	3.1	4.7	10.2	11.0	0.0	21.3	100.0	127
总计	4.6	27.9	2.1	2.8	15.3	16.6	0.3	30.4	100.0	326

　　说明：因汉族和其他民族样本量很小（本表中汉族仅有 36 个，其他民族有 11 个），所以仅采用城乡分类和藏族的城乡分类数据。以下同。

　　如表 4-3 所示，城乡受访居民工作状况。达日是一个牧业县。城乡居民从事牧业的比例最大，受访的居民中，全职从事牧业的比例占到 34.8%，全职加上务农为主的比例为 40.7%。全职和主要从事非农工作的占 31.7%。农村非就业、城市失业待业比例约为 7%。藏族全职和主要从事农牧业的占 40.9%，全职和主要从事非农工作的占 29.3%。从藏族城乡维度看，农村藏族全职和主要从事非农工作的占 56%，占一半多，全职和主要从事非农工作的占 27.1%，农村转移劳动力就业率有待提高。

表 4-3　　　　　　　　　　城乡受访居民工作状况　　　　单位:%，个

	只是务农	以务农为主，同时也从事非农工作	以非农工作为主，同时也务农	只从事非农工作	农村非就业或城镇失业或待业人员	家务劳动者	退休人员	全日制学生	非全日制学生	其他不工作也不上学的成员	合计	样本量
农村藏族	50.6	5.4	4.8	22.3	4.2	8.4	0.0	2.4	0.0	1.8	100.0	166
城镇藏族	7.5	6.5	3.2	30.1	11.8	26.9	4.3	1.1	4.3	4.3	100.0	93
藏族合计	35.1	5.8	4.2	25.1	6.9	15.1	1.5	1.9	1.5	2.7	100.0	259
农业户口	50.6	5.6	5.0	22.8	4.4	7.8	0.0	2.2	0.0	1.7	100.0	180
城镇户口	8.4	6.5	3.7	34.6	11.2	23.4	3.7	0.9	3.7	3.7	100.0	107
总计	34.8	5.9	4.5	27.2	7.0	13.6	1.4	1.7	1.4	2.4	100.0	287

说明：达日是一个牧业县。此处的农户指的是牧户，务农指的是从事牧业。

2. 农村劳动力结构处于转型初期，从事农牧业的时间比例仍占较大比例

在农村劳动力工作结构方面，在受访的达日县农村居民中，对"本市农业户口近三年是否从事过本地非农自营（如做生意、跑运输），外出工作年头"这两个问题的回答，有效样本量为 74 个，样本量缺失较多，只能通过现有的有效样本做出一个参考性的分析：有外出从业经验的受访农村居民占 48.6%，没有外出打工经历的占 51.4%，略微多于一半。外出打工一年以内的，占 17.6%；一至三年以内的，占近 30%；四年以上的，占近 20%。总体来看，调查点农村劳动力仍然以从事农牧业为主，非农工作为辅。

3. 劳动力配置：其顺序从高到低依次为自谋生计、通过社会关系实现就业、政府社区安排、招聘、直接申请

根据农村劳动力寻找非农工作的途径看，通过"其他"途径找工作的比例为 25.5%，"其他"主要包括"跑运输、开店、自己做"等方式，对应灵活就业方向。通过朋友/熟人介绍和政府/社区安排各占 19.6%，直接申请考试的占 17.6%。29.6%的藏族农村劳动力获得第一份工作的途径为"其他"；18.2%和 4.5%的藏族农村劳动力主要通过朋友/熟人和本乡人介绍获得非农工作，合计占 22.7%，说明超过五分之一的藏民通过社会关系网络找到非农工作；其次是政府或社区安排介绍，占 18.2%，商业职介、招聘各占 6.8%。说明农村藏民通过传统社会关系网络和权力授予相结合的方式实现非农就业。总体来看，农村劳动力利用市场途径实

现非农就业的能力较弱，这与传统牧业人口职业转型阶段有关，需要长期的培训获得技能，增加对市场的适应能力。

城镇藏族居民通过人脉即社会关系资源获取工作的占53%，其次的渠道从大到小分别是政府社区安排、灵活就业、通过招考就业。从市场化程度看，通过商业招聘获得工作的比例很小，说明市场还处于初级阶段。

4. 劳动力流动区域和限制因素

根据表4-4，限制农村劳动力流动，从未外出打工的最主要原因是"担心找不到工作"和"语言能力不强"，相关比例分别为24.4%，15.6%。其余依次是其他（15.6%）、不适应外地生活（11.1%）、疾病（8.9%）、收入不如在家稳定（8.9%），其他原因，如受歧视、回家结婚生育、当地能找到工作、不适应纪律和管理各占2.2%。从民族维度看，藏族在语言能力限制、不适应外地生活、疾病或伤残三个方面的比例显著高于汉族和其他民族，分别为18.4%、13.2%、10.5%。说明通用语言能力对外出就业的重要性，需要增加通用语言培训。藏族的宗教信仰、本地神山崇拜等习俗，也使他们不能适应外地的生活。因病返贫的情况是农牧地区贫困的重要原因，健康教育、医疗保障和救助的工作任务艰巨。这些原因说明传统牧民转型为城市劳动力差距还很明显，需要适应的时间、技能培训、语言培训和就业指导服务。

表4-4　　限制农村劳动力流动的因素（单位：%，有效样本量45，缺失样本量198，占总样本量81.5%，总样本量243）

民族	找不到工作（担心找不到工作）	不适应外地生活环境	收入没有在家稳定	受歧视	疾病或伤残	家中农业缺乏劳动力	回家结婚生育	当地能找到满意的工作	语言能力不强	不适应工作纪律、管理约束等	其他（请注明）	总计	样本量
藏族	23.7	13.2	5.3	2.6	10.5	5.3	2.6	2.6	18.4	0.0	15.8	100.0	38
总计	24.4	11.1	8.9	2.2	8.9	6.7	2.2	2.2	15.6	2.2	15.6	100.0	45

73.5%的受访农村劳动力主要从业区域为乡镇区域内（总样本量243，有效样本量51，缺失样本量194，占总样本量79.8%）。以后随地区扩大而依次递减，乡外县内、县外省内分别占16.3%、10.2%。省外几乎没有。从民族维度看，藏族劳动力以县内为主要流动范围，比例为73.2%。

69.1%的受访城镇劳动力主要流动区域为乡镇区域内，如表4-5所示。以后随地区扩大而依次递减，乡外县内、省外、国外或港澳台地区分别占20.0%、7.3%、1.8%、1.8%。从民族维度看，藏族劳动力以县内为主要流动范围，比例高达94.1%。

表4-5　　　　城镇劳动力流动区域（单位：%，有效样本量55，
缺失样本量51，占总样本量48.1%，总样本量106）

	乡镇内	乡外县内	县外省内	省外国内	国外和港澳台	样本量
藏族	74.5	19.6	5.9	0.0	0.0	51
总计	69.1	20.0	7.3	1.8	1.8	55

如表4-6所示，从城镇劳动力合同性质方面看，受访达日县城镇劳动力合同以短期合同为主，比例为39.6%，其后依次是长期合同工，占29.2%，固定职工占22.9%，其他占4.2%，私营和个体经营人员、无合同的情况各占2.1%。从民族维度看，藏族的情况与整体比例类似。

表4-6　　　　城镇劳动力工作性质（单位：%，有效样本量48，
缺失样本量58，占总样本量54.7%，总样本量106）

	固定职工（包括国家干部、公务员）	长期合同工	短期或临时合同工	没有合同的员工	从事私营或个体经营人员	其他（请注明）	样本量
藏族	20.5	27.3	43.2	2.3	2.3	4.5	44
总计	22.9	29.2	39.6	2.1	2.1	4.2	48

根据表4-7所示，在受访的藏族城乡居民工作流动的主观愿望方面，69.3%愿意在县城内找工作，或在离家近的省内县市找工作，占12.0%，两者总计81.3%。这一部分原因跟藏族宗教信仰有关。藏族人认为神山护佑他们，如果离开家乡的神山，其他地方的山神不会保佑他们，所以愿意在离家近的地方工作。不考虑离家距离、愿到省外包括东部一线城市工作的占8.2%。从城乡对比看，城镇藏族居民更愿意到不相邻的外省和东部一线大城市，比例分别高于农村藏族居民10个百分点、5.5个百分点，在县城之内的比例比农村藏族居民少12.1个百分点。

表 4-7　　　　　　受访城乡居民劳动关于工作区域的主观愿望　　　单位:%，个

	县城之内	县外省区内，但必须是家附近的市/县	县外省区内无所谓远近	本省区相邻的外省区	本省区外非相邻省区	东部一线大城市	其他（请注明地区名称）	总计	样本量
农村藏族	73.7	13.7	4.6	1.1	1.1	0.6	5.1	100.0	175
城镇藏族	61.6	9.1	10.1	1.0	11.1	6.1	1.0	100.0	99
藏族合计	69.3	12.0	6.6	1.1	4.7	2.6	3.6	100.0	274

　　如表 4-8 所示，关于阻碍城乡劳动力流动的第一位原因的主观看法，按照从高到低的顺序，分别是工作辛苦收入低（21.9%）、被当地人看不起（17.9%）、语言障碍（11.5%）、不适应生活习俗（9.8%）、信息不畅（8.7%）、想留在当地但生活成本太高与家里需要照顾必须返乡（各占 7.1%）、孩子就学困难（3.8%）等。藏族前五位的障碍来自被当地人看不起（20.3%）、工作辛苦收入低（19.6%）、语言障碍（13.5%）、生活习俗（9.5%）和得不到相关信息（8.8%）。城乡对比来看，语言障碍是影响受访藏族农村劳动力流动的很大障碍，比例比城镇藏族高 11.4 个百分点。因为得不到就业信息而阻碍了外出就业的农村藏族比例高于城镇 10.9%。因家里需要照顾不能外出打工的受访农村藏族的比例较城镇藏族的比例高 8.5%。因为担心被当地人看不起而阻碍外出打工的受访城镇居民高于农村 14.1 个百分点。因生活习俗不能外出打工的城镇藏族高出农村藏族 12.4 个百分点。

表 4-8　　　　　受访城乡居民关于阻碍劳动力流动的主观看法　　　单位:%，个

	得不到相关就业信息	被当地人看不起	工作辛苦收入低	想留在就业地但生活成本太高	生活习俗不能适应	气候自然环境不能适应	孩子就学困难	家里需要照顾必须返乡	当地政府的政策限制	社保缴费高关系难转移	语言障碍	其他（请注明）	样本量
农村藏族	13.8	13.8	20.0	6.3	3.8	5.0	5.0	10.0	0.0	1.3	18.8	2.5	80
城镇藏族	2.9	27.9	19.1	8.8	16.2	4.4	4.4	1.5	4.4	1.5	7.4	1.5	68
藏族合计	8.8	20.3	19.6	7.4	9.5	4.7	4.7	6.1	2.0	1.4	13.5	2.0	148
农 村	12.5	11.5	24.0	6.7	4.8	6.7	3.8	10.6		1.0	15.4	2.9	104
城 镇	3.8	25.3	19.0	7.6	16.5	7.6	3.8	2.5	3.8	1.3	6.3	2.5	79
总 计	8.7	17.5	21.9	7.1	9.8	7.1	3.8	7.1	1.6	1.1	11.5	2.7	183

（二）生活质量

根据表 4-9 所示，三分之二的受访达日县居民对过去 5 年生活水平变化持肯定态度。67.4% 的居民认为过去 5 年生活水平上升很多或略有上升，认为上升很多的占 26.0%。从城乡维度看，71.4% 的农村居民认为过去 5 年生活水平上升很多或略有上升，城镇相关比例为 60.4%，低于农村，说明农村居民对生活质量的评价更乐观。从民族维度看，藏族认为过去 5 年生活水平上升很多或略有上升的比例分别为 28.1%，其中农村藏族居民认为上升很多的比城镇藏族居民高 12.5 个百分点。城镇藏族居民认为没有变化的比农村藏族居民多 6.2 个百分点。藏族农村居民对生活水平的评价更为肯定。

表 4-9　　　　受访居民对现在与过去 5 年相比生活水平变化的评价

单位:%，个

	上升很多	略有上升	没有变化	略有下降	下降很多	不好说	样本量
农村藏族	32.5	37.9	17.7	5.4	3.0	3.4	203
城镇藏族	20.5	38.5	23.9	4.3	5.1	7.7	117
藏族合计	28.1	38.1	20.0	5.0	3.8	5.0	320
农村户口	29.4	42.0	17.2	4.6	2.5	4.2	238
非农户口	20.1	40.3	23.0	5.8	4.3	6.5	139
总　　计	26.0	41.4	19.4	5.0	3.2	5.0	377

根据表 4-10 所示，62.6% 的受访达日县居民认为自己的经济地位属于本地的中等水平，其中中等占 31.4%，中下占 23.5%，中上仅占 7.7%。认为自己经济地位在下等水平的占 16.9%，上等的仅占 3.2%。从户籍看，农村居民认为自己的经济地位属于下等水平的高于城镇居民 7.4 个百分点。从民族维度看，藏族认为自己经济地位是中等水平的，占 61.7%，从城乡比较来看，其中农村藏族认为属于中等水平的，占 57%，城镇藏族占 70.1%，农村低 13.2 个百分点。农村藏族居民认为自己属于下等水平的，比城镇藏族居民高 6.9 个百分点。

表 4-10　　　受访居民对本人经济地位层次与本地水平相比的评价

单位:%，个

	上	中上	中	中下	下	不好说	样本量
农村藏族	2.9	7.4	27.5	22.1	20.6	19.6	204
城镇藏族	3.4	7.7	33.3	29.1	13.7	12.8	117
藏族合计	3.1	7.5	29.6	24.6	18.1	17.1	321
农村户口	3.3	6.7	30.0	20.4	19.6	20.0	240
非农户口	2.9	9.4	33.8	28.8	12.2	12.9	139
总　　计	3.2	7.7	31.4	23.5	16.9	17.4	379

　　根据表 4-11 所示，28.1% 的达日县受访居民把自己的经济生活水平与同村人相比，11.2% 的与本乡村的同民族的人相比。与亲戚朋友比的占 11.4%，接下来比较对象比例由高到低分别是：县里人 6.5%、城市人 6.0%、全国人 5.2%、县里同民族人 4.1%、同民族人 0.8%。非农户与县里的人县里同民族的人相比的比例较农户分别高 2.5%、6.4%。从藏族城乡比较来看，农村户口的藏族更多地同本村的同乡相比，比较对象为亲戚朋友、本乡村人、本乡村的同民族的人三者较藏族城镇居民分别高 8.5、13.1 和 3.2 个百分点。而藏族城镇居民更多地跟县里及之外的人相比，把县里人、县里同民族的人、城市人、同民族的人、全国人作为比较对象的分别比藏族农村居民高 2.7、8.1、3.9、1.3、2.5 个百分点。

表 4-11　　　达日县受访居民本人经济、生活水平的比较对象

单位:%，个

	亲戚朋友	本乡村人	本乡村的同民族的人	县里的人	县里的同民族的人	城市人	同民族的人	全国人	说不清	样本量
农村藏族	13.8	34.2	12.8	6.1	1.5	3.1	0.5	3.6	24.5	196
城镇藏族	5.3	21.1	9.6	8.8	9.6	7.0	1.8	6.1	30.7	114
合计	10.6	29.4	11.6	7.1	4.5	4.5	1.0	4.5	26.8	310
农村户口	13.4	32.3	12.5	5.6	1.7	4.3	0.4	3.9	25.9	232
非农户口	8.1	20.7	8.9	8.1	8.1	8.9	1.5	7.4	28.1	135
总计	11.4	28.1	11.2	6.5	4.1	6.0	0.8	5.2	26.7	367

三　生态环境保护

世界"第三极"青藏高原是我国五个游牧文化类型区域之一。[1] 近几十年来，青藏高原高寒草地退化严重。2005 年国家启动了"21 世纪中国生态一号工程"——三江源生态保护和建设工程，投入 75 亿元，用于退牧还草、移民搬迁、发展替代产业等。2011 年底，国务院批准了建立青海三江源国家生态保护综合试验区，标志着三江源生态保护和经济社会发展上升为国家战略。

黄河源地区是青藏高原地区具有典型性和代表性的高寒草地之一。达日县位于黄河源地区南部，属于三江源自然保护区的治理范围。气候变暖、过牧、人口增长等因素共同作用，给资源带来的压力，共同导致达日县的高寒草地退化较为严重。仅从人口压力来说，青海省历年人口出生率均高于全国平均水平；2014 年青海人口出生率为 1.46%；比全国高出 0.23 个百分点；自然增长率 8.49‰，比全国高出 3.2 个千分点。达日县2014 年的人口出生率控制目标为 1.69%，高于青海省平均水平。

草场的退化情况如下：达日县土地总面积 2226 万亩，其中草场面积2102 万亩，占总面积的 94%；可利用草场 1676 万亩，占草场面积的80%；退化草场 1173 万亩，占可利用草场面积的 70%；中度以上鼠害面积 850 万亩，占可利用草场的 51%；黑土滩面积 960 万亩，寸草未生、不宜居住和生产，占可利用草场面积的 57%；草场年平均退化速度为 14%。[2]

从 2003 年开始，达日县实施退牧还草的生态移民工程。通过实施三江源生态保护和建设项目的实施，至 2012 年，已在吉迈镇、桑日麻乡等7 个乡镇实施了退牧还草围栏建设项目，共投资 13439 万元，围栏禁牧3447 户，移民搬迁牧户 508 户，占总牧户的 56%；围栏草场 463 万亩，搬迁禁牧草场 346 万亩，完成退化草地治理 35 万亩（包括黑土滩治理 16万亩），共核减牲畜 302584 个羊单位。从 2005 年起，总投资 1326 万元，进行了连续大面积鼠害防治工程，鼠害严重危害面积由过去的 850 万亩锐

---

①　贺卫光：《中国古代游牧文化的几种类型及其特征》，《内蒙古社会科学》2001 年第5 期。

②　达日县宣传部：《2013 年达日县基本情况》，达日新闻网，2013 年 4 月 25 日。

减至338万亩。①

本报告从退牧还草、移民、生态环境保护三方面分析达日县的生态环境现状。

(一) 退牧还草

达日县实施退牧还草的起始年份,最早开始于2000年,主要集中在2010—2012年,最晚开始于2014年。

如表4-12所示,达日县处在三江源生态保护区核心区,46.2%的受访者家庭所在地实施了退牧还草工程,接近一半。受访的藏族城乡居民家庭所在地实施了退牧还草工程的比例相差不大,为46.6%和44.6%。

表4-12　　　　达日县居民家庭所在地是否实施退牧还草工程　　单位:%,个

	是	否	样本量
农业户口	44.8	55.2	223
非农户口	48.7	51.3	119
总　　计	46.2	53.8	342
农村藏族	44.6	55.4	193
城镇藏族	46.6	53.4	103
藏族合计	45.3	54.7	296

如表4-13所示,受访达日县退牧还草家庭累计退牧还草的土地面积与当地其他退牧户相比,较多中等和较少的比例分别为:15.4%、17.9%、17.1%,另外49.6%表示不清楚。藏族的比例相差不大。

表4-13　　从起始年份至今,退耕还林家庭累计退耕还林 (退牧还草)

土地面积与本县/市其他退耕 (牧) 户的比较　　单位:%,个

	退耕 (牧) 面积较多的	退耕 (牧) 面积中等	退耕 (牧) 面积较少的	没比过 不清楚	样本量
藏族	15.0	16.8	16.8	51.4	107
合计	15.4	17.9	17.1	49.6	123

根据表4-14所示,65.5%的达日县退牧还草牧户认为,退牧还草的

---

① 达日县宣传部:《2013年达日县基本情况》,达日新闻网,2013年4月25日。

时间太短没有明显改观，但时间长了肯定有好的效果，19.2%认为无论时间长短，退牧还草对环境都不会有改变，15.1%的退牧还草牧户认为已经遏制了草场的退化。有效样本量集中在藏族。藏族退牧还草牧户大部分都肯定退牧还草对环境保护的作用，表示今后会有效果和目前已经遏制了草场退化的总和达到 79.2%。

表 4-14　　达日县受访居民对退牧还草是否有保护环境作用的看法

单位:%，个

	已经遏制了土地或草场退化	时间太短没有明显改观，但时间长了肯定有好的效果	无论时间长短，环境都不会有改变	样本量
藏族	15.2	64.0	20.8	125
合计	15.1	65.8	19.2	146

根据表 4-15 所示，达日县受访牧户对退牧还草经济效益的看法，不清楚自家收入是否增减的占 60.7%，认为收入下降的占 15.2%，认为自家收入没有变化的占 12.4%，认为收入提高的占 11.7%。藏族的情况相差甚微。

表 4-15　　达日县受访退牧还草牧户对退牧还草经济效益的看法

单位:%，个

	退耕（牧）后自家收入没变化	退耕（牧）后自家收入下降	退耕（牧）后自家收入提高	不清楚	样本量
藏族	12.4	16.3	11.6	59.7	129
合计	12.4	15.2	11.7	60.7	145

如表 4-16 所示，为了让实施退牧还草的牧民适应变化，找到新的生计方式，国家出资进行了职业培训。以下是受访者对职业培训项目类型的回答结果。培训项目占比由高到低的排序分别是：畜牧业/养殖业，31.9%，劳务培训 9.7%，种草 7.1%，种植业 2.7%。藏族的数据在种植业培训、造林种草、畜牧业、劳务培训方面，较整体数据分别低 1.7、0.8、1.4、0.3 个百分点。

表 4-16　　　　　　受访退耕（退牧）户的职业培训分布　　单位:%，个

	种植业	造林种草	畜牧业、养殖业	劳务（外出务工）培训	其他	样本量
藏族	1.0	6.3	33.3	9.4	50.0	96
合计	2.7	7.1	31.9	9.7	48.7	113

如表 4-17 所示，达日县退牧户对退牧还草政策未来的建议，表示不清楚的占 40.8%，认为应该扩大面积和提高补助标准的占 28.2%，认为应该保持现状的占 23.9%，认为应该停止执行的，仅占 7.0%。从户籍角度看，非农户在扩大面积和提高补助标准的建议比例高于农户 8.7 个百分点。藏族受访者的建议在扩大面积和提高补助标准方面，低 3.8 个百分点，在保持现状、停止执行方面，分别高 2.1、0.3 个百分点。有效样本里集中在藏族。

表 4-17　　达日县退牧户对退耕还林（退牧还草）政策在未来的建议

单位:%，个

	扩大面积和提高补助标准	保持现状	停止执行	不清楚	样本量
藏族	24.4	26.0	7.3	42.3	123
合计	28.2	23.9	7.0	40.8	142

（二）移民和生态移民

达日县藏族居民中，移民约占三分之一，生态移民占移民的一成左右。

根据表 4-18 所示，约三分之一（32.9%）的达日县藏族居民是移民。其中农村户口移民占 26.0%，城镇户口移民占 41.3%。

表 4-18　　　　　　达日县藏族受访对象移民情况　　　　单位:%，个

分类	是	否	样本量
农村藏族	26.0	74.0	177
城镇藏族	41.3	58.7	109
合　计	32.9	67.1	286

根据表 4-19 所示，受访的达日县移民类型从高到低排序分别为：其他 52.4%、外地迁入 22.2%、非工程移民 15.9%、生态保护等大型公共工程移民 9.5%。这里的"其他"主要是指打工。从藏族的情况看，其他占 57.4%、外地迁入和非工程移民比例均为 16.7%、生态保护等大型公共工程移民占 9.3%。从藏族移民的城乡特点看，农村藏族由外地迁入的比例高于城镇 11.1 个百分点、大型公共工程移民高于城镇移民 3.7 个百分点；而藏族城镇移民中非工程移民高于农村 3.7 个百分点。

表 4-19 <center>达日县受访对象移民类型</center> 单位:%,个

	生态保护等大型公共工程项目移民	非工程移民	外地迁入	其他	样本量
农村藏族	11.1	14.8	22.2	51.9	27
城镇藏族	7.4	18.5	11.1	63.0	27
合　计	9.3	16.7	16.7	57.4	54
农业户口	11.8	11.8	32.4	44.1	34
非农户口	6.9	20.7	10.3	62.1	29
总　计	9.5	15.9	22.2	52.4	63

达日县受访居民中的移民对户籍所在地生态环境的评价总体是肯定的。

如表 4-20 所示,对户籍所在地生态环境的评价方面,24.0% 的移民认为趋于好转,26.9% 的移民认为没有变化,认为趋于恶化的占 21.2%,不清楚的占 27.9%。农村户口的移民认为户籍所在地的生态环境趋于好转的比例显著高于非农户口,二者比例分别为占 37% 和 10%,农村户口的移民认为生态环境趋于恶化的比例显著低于非农户口的移民,二者的比例分别为 14.8% 和 28%。从藏族的情况看,城乡移民的评价在区域好转和趋于恶化两个方向的评价相差较大,农村藏族移民认为趋于恶化的比例较城镇藏族移民低 13.9 个百分点;认为趋于好转的比例较城镇移民高 30.2 个百分点。由此可见,受访的农村移民对户籍所在地的生态环境评价更为乐观。

表 4-20 <center>受访移民对户籍所在地生态环境的评价</center> 单位:%,个

	趋于恶化	没有变化	趋于好转	不清楚	样本量
农村藏族	14.0	30.2	37.2	18.6	43
城镇藏族	27.9	25.6	7.0	39.5	43
合　计	20.9	27.9	22.1	29.1	86
农业户口	14.8	29.6	37.0	18.5	54
非农户口	28.0	24.0	10.0	38.0	50
总　计	21.2	26.9	24.0	27.9	104

如表 4-21 所示,达日县受访移民群众认为户籍所在地生态环境趋于恶化的第一位原因,按照比例高低依次是:自然气候变化 25.6%、环保

投入不足 24.4%、开发资源部注意保护 21.8%、不清楚 9%、工业工程项目过多 6.4%、草场超载过度放牧 5.1%、环保部门不作为 2.6%、人口过多 2.6%、其他 2.6%。值得注意的是，认为"开发资源不注意保护是造成生态环境趋于恶化的主要原因"的，占比较高，达到 21.8%，超过五分之一；认为人口过多、草场超载、过牧的是造成生态环境恶化的主要原因的，仅占 5.1%和 2.5%。从藏族移民的回答看，城乡有显著差异的集中在"自然气候变化"和"开发资源不注意保护"两个原因上。农村藏族移民认为自然气候变化原因为主因的较城镇藏族移民低 14.2 个百分点；认为开发资源为主因的较城镇藏族移民高 7.6 个百分点。另外，受访的农村藏族移民没有人将"环保部门不作为"、"人口过多"当作主因。

表 4-21　　　　移民认为户籍所在地生态环境趋于恶化的主要原因

单位:%，个

	自然气候变化	开发资源不注意保护	草场超载、过度放牧	工业与工程项目过多	环保投入不足	环保部门不作为	人口过多	不清楚	其他（请注明）	样本量
农村藏族	16.1	25.8	6.5	3.2	22.6	0.0	0.0	19.4	6.5	31
城镇藏族	30.3	18.2	3.0	9.1	27.3	3.0	6.1	3.0	0.0	33
合　计	23.4	21.9	4.7	6.3	25.0	1.6	3.1	10.9	3.1	64
农业户口	16.2	24.3	8.1	2.7	24.3	2.7	0.0	16.2	5.4	37
非农户口	34.1	19.5	2.4	9.8	24.4	2.4	4.9	2.4	0.0	41
总　计	25.6	21.8	5.1	6.4	24.4	2.6	2.6	9.0	2.6	78

如表 4-22 所示，达日县移民对政府要求的搬迁，表示愿意的占 42.3%，无所谓的占 23.7%，表示不愿意的占 34.0%。从民族维度看，仅有藏族样本量超过 30，藏族表示愿意搬迁和不愿意搬迁的比例相差不大，分别为 39.2%和 35.4%，25.3%的移民表示无所谓。从城乡差别看，农村移民表示愿意搬迁的高于城镇移民 20.1 个百分点。从藏族城乡差别看，藏族农村移民表示愿意搬迁的也高于城镇移民 16.7 个百分点。

表 4-22　　　　如果是政府要求的搬迁，受访者的搬迁态度　　单位:%，个

	愿意	不愿意	无所谓	样本量
农村藏族	47.5	37.5	15.0	40
城镇藏族	30.8	33.3	35.9	39
合　计	39.2	35.4	25.3	79

续表

	愿意	不愿意	无所谓	样本量
农业户口	52.0	34.0	14.0	50
非农户口	31.9	34.0	34.0	47
总　计	42.3	34.0	23.7	97

达日县移民是否了解搬迁移民政策？搬迁到本地后有没有回迁想法？表4-23可以给我们答案。表示了解搬迁移民政策的仅占21.2%，一般了解的占25.3%，表示不了解的占53.5%，超过一半。说明移民搬迁政策还需要花更多的时间、做更多的工作，让移民知晓。从藏族来看，可以看到藏族移民也有近一半的比例不了解搬迁移民政策，比例为48.1%。受访的农村移民不了解移民政策的比例高达63.5%；受访的农村藏族移民有57.5%不了解搬迁移民有关政策。67.4%的移民没有搬回原地的想法，超过三分之二，即32.6%的移民有搬回原住地的想法，接近三分之一。藏族移民中，71.4%没有迁回原住地的想法，藏族农村移民较城镇移民有更大的比例有迁回原住地的想法，高13.4个百分点。

表4-23　　　　搬迁时移民是否了解搬迁移民政策的有关规定　　单位:%，个

您当时对搬迁移民政策的有关规定是否了解				您搬迁到本地后有没有迁回原住地的想法？			
	了解	一般	不了解	样本量		没有	有	样本量
农业户口	13.5	23.1	63.5	52	农业户口	60.0	40.0	50
非农户口	29.8	27.7	42.6	47	非农户口	75.6	24.4	45
总　计	21.2	25.3	53.5	99	总　计	67.4	32.6	95
农村藏族	15.0	27.5	57.5	40	农村藏族	65.0	35.0	40
城镇藏族	35.9	25.6	38.5	39	城镇藏族	78.4	21.6	37
合　计	25.3	26.6	48.1	79	合　计	71.4	28.6	77

让达日移民产生回迁想法的最大原因是生活习惯问题，然后是经济原因等。如表4-24所示，比例由高到低依次是：生活习惯不适应38.7%，生活条件太差35.5%，就业困难收入不稳定/与居住地居民关系不融洽/其他三个原因各占6.5%，生产条件太差/生产方式不熟悉两个原因各占3.2%。

表 4-24　　　　　　　达日受访移民产生回迁想法的原因　　　　单位:%，个

	生活习惯不适应	生活条件太差	生产条件太差	生产方式不熟悉	就业困难、收入不稳定	与居住地居民关系不融洽	其他(请注明)	样本量
农业户口	35.0	30.0	0.0	5.0	10.0	10.0	0.1	20
非农户口	45.5	45.5	9.1	0.0	0.0	0.0	0.0	11
总　计	38.7	35.5	3.2	3.2	6.5	6.5	6.5	31

　　如表 4-25 所示，达日移民搬迁前，生产生活方面有了困难或麻烦时，求助的对象比例由高到低分别是：亲戚 26.3%、父母 20.2%、兄弟姐妹 15.2%、自己解决 12.1%、好朋友 10.1%、政府部门 9.1%、村干部 4.0%，最后是邻里、子女、单位同事，三者各占 1.0%。搬迁后，求助对象比例发生了变化，由高到低分别是：好朋友 27.1%、亲戚 14.6%、自己解决 12.5%、兄弟姐妹 11.5%、政府部门 10.4%、父母 10.4%、邻里 6.3%、村干部 4.2%、子女 2.1%、单位同事 1.0%。搬迁后找亲戚帮助、父母解决的比例有显著下降，分别下降了 11.7%、9.8%。而求助于好朋友的比例显著提高，提高了 17%，求助于邻里的比例上升了 5.3%。

表 4-25　　　　　　达日受访移民搬迁前后有困难求助的对象　　　　单位:%，个

问题	户籍	父母	兄弟姐妹	亲戚	邻里	好朋友	村干部或街道干部	子女	单位同事	政府部门	自己解决	样本量
搬迁到本地前，生产、生活上遇到困难或麻烦时，您最先找谁帮忙?	农业户口	25.0	15.4	19.2	1.9	15.4	3.8	1.9	0.0	11.5	5.8	52
	非农户口	14.9	14.9	34.0	0.0	4.3	4.3	0.0	2.1	6.4	19.1	47
	合计	20.2	15.2	26.3	1.0	10.1	4.0	1.0	1.0	9.1	12.1	99
搬迁到本地后，生产、生活上遇到困难或麻烦时，您最先找谁帮忙?	农业户口	11.8	15.7	19.6	5.9	19.6	2.0	3.9	0.0	15.7	5.9	51
	非农户口	8.9	6.7	8.9	6.7	35.6	6.7	0.0	2.2	4.4	20.0	45
	合计	10.4	11.5	14.6	6.3	27.1	4.2	2.1	1.0	10.4	12.5	96

　　根据表 4-26 所示，如果户籍所在地环境和生态趋于恶化，达日县受访移民认为对生态环境建设的主要责任主体依次为：当地政府 54.3%，不清楚 10.6%，当地老百姓、生态破坏责任主体、所有相关主体各占 9.6%，中央政府 6.4%。从当地主体民族藏族的回答看，农村藏族移民认为责任主体为当地政府的，较城镇藏族移民低 23.1 个百分点；认为是当地老百姓的，较城镇藏族移民高 15.3 个百分点；认为责任主体为中央政府的，较城镇藏族移民高 10.3 个百分点；认为责任主体为所有相关主体

的，较城镇藏族移民低 13.2 个百分点，

表 4-26　　受访移民对进行生态环境建设的主要责任主体的看法

单位：%，个

	当地政府	当地老百姓	生态破坏责任主体	中央政府	所有相关主体	不清楚	样本量
农村藏族	43.6	17.9	7.7	10.3	2.6	17.9	39
城镇藏族	66.7	2.6	7.7	0.0	15.4	7.7	39
合　计	55.1	10.3	7.7	5.1	9.0	12.8	78
农业户口	43.8	16.7	8.3	10.4	6.3	14.6	48
非农户口	65.2	2.2	10.9	2.2	13.0	6.5	46
总　计	54.3	9.6	9.6	6.4	9.6	10.6	94

　　根据表 4-27 所示，达日移民对上级政府移民搬迁政策的满意度评价，一般和不清楚占最多，分别为 38.4%、35.4%；其次为满意，占 18.2%。总体上半数以上认可上级政府的移民搬迁政策。对上级政府的移民搬迁政策实际效果评价，依次为不清楚占 40.4%，一般占 27.3%，不满意占 20.2%，满意 12.1%。居民对上级政府移民搬迁政策实施的实际效果评价，仅 39.4% 的表示认同，超过 20% 表示不满意。

　　对当地县/市政府的移民搬迁政策措施的满意度评价，依次为不清楚占 46.4%，一般占 32.0%，满意占 9.3%，不满意占 12.4%。对当地县/市政府的搬迁政策实际效果的满意度评价，表示满意的比上级政府政策效果少了 4.8 个百分点，比当地搬迁政策的满意度下降 2 个百分点。表示不满意的比上级政策效果减少了 2.5%，比当地政策不满意百分比增加了 5.3%。表示不清楚的仍然占最多，42.7%。这或许跟搬迁后后续产业跟不上，转型需要一定时间有关系，也跟搬迁过程中地方操作的信息透明度和公正情况有关。

表 4-27　　　　达日受访移民对上级政府、当地政府移民
搬迁政策满意度及实施效果评价　　　　单位：%，个

	对上级政府的移民搬迁政策						对上级政府的移民搬迁政策实际效果				
	满意	一般	不满意	不清楚	样本量		满意	一般	不满意	不清楚	样本量
农业户口	27.5	25.5	9.8	37.3	51	农业户口	19.6	25.5	11.8	43.1	51
非农户口	8.3	52.1	6.3	33.3	48	非农户口	4.2	29.2	29.2	37.5	48
总　计	18.2	38.4	8.1	35.4	99	总　计	12.1	27.3	20.2	40.4	99

续表

	对接受移民搬迁的地方县/市政府的相关政策措施					对当地县/市政府的移民搬迁政策实际效果				
	满意	一般	不满意	不清楚	样本量	满意	一般	不满意	不清楚	样本量
农业户口	10.2	28.6	10.2	51.0	49	农业户口	11.8	29.4	13.7	45.1	51
非农户口	8.3	35.4	14.6	41.7	48	非农户口	2.2	35.6	22.2	40.0	45
总　计	9.3	32.0	12.4	46.4	97	总　计	7.3	32.3	17.7	42.7	96

（三）生态环境保护评价

表 4-28 反映了达日居民对生态环境和资源保护的态度，他们的环保意识较强。94.6% 的居民认为，"为了子孙后代的生产和发展必须大力保护环境"，91.6% 认为"万物与人类都一样有生命"，91.1% 的居民认为"大自然很容易被破坏，需要人类在开发使用中加强保护"，83.7% 的居民认为"必须平衡好开发利用与保护环境的关系"，61.2% 的居民认为国家和发达地区需要加强生态补偿机制建设，55.4% 的居民认为不能为了致富而忽略环境，47.6% 居民认为不能因为经济发展和就业就大规模开发自然资源。

表 4-28　　　受访居民关于生态环境和资源保护方面的看法　　单位:%，个

	同意大自然很容易被破坏，需要人类开发使用中加强保护	同意万物与人类一样都有生命	同意为了子孙后代的生存和发展必须大力保护环境	同意为了继承先人和本民族传统，必须平衡好开发利用与保护资源环境的关系	同意国家和发达地区需要加强生态补偿机制建设	反对为了加快致富发展，人类没必要考虑环境约束问题	反对为了当地经济发展和解决就业，需要大规模开发自然资源
农业户口	95.8	91.2	95.0	85.1	61.6	60.2	47.3
非农户口	82.8	92.4	93.9	81.2	60.6	47.0	48.1
总　计	91.1	91.6	94.6	83.7	61.2	55.4	47.6
样本量	371	369	369	368	369	368	370

对目前居住地的生态环境评价方面，如表 4-29 所示，45.7% 的居民认为一般，39.3% 认为好，不好的仅占 15.0%，总体是肯定的。对周边环境状况的评价也大同小异。认为 20 年前当地生态环境好和不好的比例均

高于认为目前所处地区的生态环境的评价。评价为好、一般和不好的比例分别为49.9%、27.4%和22.7%。对20年后环境的变化态度看，认为好的减少了，认为不好的比例大大增加了。从历时维度看，居民对居住地生态环境的评价逐渐降低。

表4-29　　　　　　受访居民对目前居住地的生态环境的评价　　　单位:%，个

	您对目前自己所处地区的生态环境评价			您认为20年后当地的生态环境状况			您所了解的20年前当地的生态环境状况		
	好	一般	不好	好	一般	不好	好	一般	不好
农村	47.3	42.7	10.0	29.9	42.9	27.3	46.9	32.0	21.1
城镇	25.2	51.1	23.7	15.5	39.5	45.0	54.9	19.5	25.6
总计	39.3	45.7	15.0	24.7	41.7	33.6	49.9	27.4	22.7
样本量	374			360			361		

如表4-30-1所示，达日居民对地方政府生态环境保护工作的评价方面，对生态保护措施和法规的评价，认为好的占27.7%，认为一般的占35.2%，认为不好的占14.5%。农户的评价高于非农户，表现在认为政策好的比例高15.4%，认为不好的比例比非农户低5.3%。在环境保护投入力度方面，认为一般的占34.4%，超过三分之一，认为好的占20.4%，认为不好的占18.3%。农户的评价仍然高于非农户。

表4-30-1　　　受访居民对地方政府生态环境保护工作效果的评价　　　单位:%

	您对地方政府生态环境保护工作效果的评价——生态保护措施和法规						您对地方政府生态环境保护工作效果的评价——环境保护投入力度				
	好	一般	不好	说不清	样本量		好	一般	不好	说不清	样本量
农村	33.2	29.4	12.6	24.8	238	农村	23.1	34.9	16.8	25.2	238
城镇	17.9	45.5	17.9	18.7	134	城镇	15.7	33.6	20.9	29.9	134
总计	27.7	35.2	14.5	22.6	372	总计	20.4	34.4	18.3	26.9	372

如表4-30-2所示，受访达日居民对地方政府生态环境保护工作的评价，在违法违规环境事件的处罚方面，认为好的占23.0%，一般的占26.8%，认为不好的占20.1%。农户的肯定评价高于非农户。在公众参与环境保护的宣传动员方面，认为好的占18.2%，一般的占30.9%，不好的占19.2%。农户的肯定评价高于非农户。

表4-30-2　　　受访居民对地方政府生态环境保护工作效果的评价

单位:%，个

| | 您对地方政府生态环境保护工作效果的评价——违法违规环境事件的处罚 | | | | | | 您对地方政府生态环境保护工作效果的评价——公众参与环境保护的宣传动员 | | | | |
	好	一般	不好	说不清	样本量		好	一般	不好	说不清	样本量
农村	27.5	26.3	16.5	29.7	236	农村	21.9	30.4	17.7	30.0	237
城镇	15.0	27.8	26.3	30.8	133	城镇	11.4	31.8	22.0	34.8	132
总计	23.0	26.8	20.1	30.1	369	总计	18.2	30.9	19.2	31.7	369

　　如表4-31所示，达日居民对地方政府生态环境保护工作的评价，在对公众自发制止影响环境的资源开发方面，认为好的占19.5%，一般的占25.7%，认为不好的占16.8%。农户的肯定评价高于非农户。

表4-31　　　受访居民对对公众自发制止影响环境的资源开发的评价

单位:%，个

	好	一般	不好	说不清	样本量
农业户口	21.0	26.1	15.5	37.4	238
非农户口	16.7	25.0	18.9	39.4	132
总　　计	19.5	25.7	16.8	38.1	370

四　民族语言文化

　　根据表4-32所示，国家通用语言文字在受访达日县居民中普及率不高。达日县居民日常交流语言使用情况，能用本民族语言交流的比例最大，占80.9%，能用普通话交流的次之，占29.5%，能用汉语方言的占20.7%，能用其他少数民族语言交流的占3.4%。从户籍角度看，能用普通话和汉语方言的非农户的比例分别高于农户23.1%、13.2%。非农户会用本民族语言交流的比例比农户低7.8%。日常生活交谈中，89.6%的达日县受访藏族居民使用本民族语言。使用普通话的藏族居民占25.2%，使用汉语方言的藏族居民占16.7%。从主体民族藏族受访群众日常交流语言的城乡特点看，藏族城镇居民日常交谈中较多使用普通话和汉语方言，相关比例分别较藏族农村居民高10.9、18.9个百分点。

表 4-32　　　　　　　受访居民与人交谈时语言使用情况　　　单位:%, 个

	普通话	汉语方言	本民族语言	其他少数民族语言	样本量
藏族农村	17.3	9.5	92.3	3.0	168
藏族城镇	38.2	28.4	85.3	3.9	102
藏族合计	25.2	16.7	89.6	3.3	270
农业户口	20.7	15.7	83.8	3.0	198
非农户口	43.8	28.9	76.0	4.1	121
合计	29.5	20.7	80.9	3.4	319

说明: 根据统计, 汉语方言包括四川、甘肃等地方言。本民族语言包括藏语、土语等。

　　如表 4-33 所示, 达日县居民平时获得信息和文化知识的最主要途径, 按比例高低分别为: 电视 46.8%、手机 19.1%、网络 18.1%、广播 10.9%、其他 3.2%, 从农家书屋、公共图书馆和政府办的培训班获得信息的非常少。农户从电视获得信息和文化知识的比例高于非农户 12.2%, 非农户从网络获得主要信息和文化知识的比例高于农户 11.5%。从主体民族藏族的数据看, 藏族以电视为最主要途径, 占 49.2%, 其次是手机, 占 20.1%。受访的藏族农村居民以电视为获得信息和文化知识的主要途径的, 占 55.2%, 超过一半, 其次是手机, 占 22.2%, 两个指标的比例都超过藏族城镇居民。藏族城镇居民通过上网获得信息和文化知识的, 较农村居民高 14.5 个百分点。

表 4-33　　　　达日县受访居民平时获得信息和文化知识的主要途径

单位:%, 个

	网络	广播	电视	手机	农家书屋	公共图书馆	政府办的培训班	其他	样本量
农业户口	13.9	10.1	51.3	21.0	0.8	0.8		2.1	238
非农户口	25.4	12.3	39.1	15.9		0.7	1.4	5.1	138
总　　计	18.1	10.9	46.8	19.1	0.5	0.8	0.5	3.2	376
藏族农村	7.9	10.8	55.2	22.2	0.5	1.0	0.0	2.5	203
藏族城镇	22.4	13.8	38.8	16.4	0.0	0.9	1.7	6.0	116
藏族合计	13.2	11.9	49.2	20.1	0.3	0.9	0.6	3.8	319

　　根据表 4-34 所示, 达日县居民小时候最先学会说的语言, 首先是本民族语言, 占 82.2%, 然后是汉语方言, 占 15.1%, 普通话 10%, 其他少数民族语言 1.6%。从主体民族藏族来说, 藏族首先学会说本民族语言

的比例是 90.8%，汉语方言为 7.9%，普通话为 7.6%。受访的藏族城镇居民与农村居民相比较，前者最先学会汉语方言的比例高 12.3 个百分点，最先学会普通话的比例高 3.1 个百分点，最先学会藏语的较后者低 4.8 个百分点。

表 4-34　　　　　达日县受访居民小时候最先会说哪种话（语言）　单位:%，个

	普通话		汉语方言		本民族语言		其他少数民族语言		样本量
	否	是	否	是	否	是	否	是	
藏族农村	93.5	6.5	96.5	3.5	7.5	92.5	98.0	2.0	201
藏族城镇	90.4	9.6	84.2	15.8	12.3	87.7	99.1	0.9	114
藏族合计	92.4	7.6	92.1	7.9	9.2	90.8	98.4	1.6	315
农村	91.5	8.5	88.9	11.1	16.2	83.8	97.9	2.1	235
城镇	87.4	12.6	77.8	22.2	20.7	79.3	99.3	0.7	135
总计	90.0	10.0	84.9	15.1	17.8	82.2	98.4	1.6	370

说明：根据统计，汉语方言包括安徽、四川、甘肃等地方言。本民族语言包括藏语、土语、泰语等。

根据表 4-35 所示，受访达日县居民普通话水平，总体来讲，能流利准确使用的占 52.7%，能熟练使用但发音不准、口音较重的分别占 17.6%、2.2%，达到熟练使用水平以上的合计 72.5%，听不懂也不会说的占 13.2%。分户籍看，非农户口能熟练使用普通话的比例高于农业户口，听不懂也不会说的比例比农户低 3%。从主体民族藏族的角度看，藏族的普通话水平较低，达到熟练使用水平的占 66.6%，完全不会，即听不懂也不会说的占 17.4%。受访的藏族城镇居民达到熟练使用普通话的占 75.1%，高于藏族农村居民 8.3 个百分点。

表 4-35　　　　　　达日县受访居民语言程度——普通话　单位:%，个

	能流利准确地使用	能熟练使用但有些音不准	能熟练使用但口音较重	基本能交谈但不太熟练	能听懂但不太熟练	听不懂也不会说	样本量
农业户口	43.8	25.0		10.4	6.3	14.6	48
非农户口	62.8	9.3	4.7	9.3	2.3	11.6	43
合计	52.7	17.6	2.2	9.9	4.4	13.2	91
藏族农村	35.1	24.3	0.0	13.5	8.1	18.9	37
藏族城镇	56.3	12.5	6.3	6.3	3.1	15.6	32
藏族合计	44.9	18.8	2.9	10.1	5.8	17.4	69

根据表4-36所示，达日县受访藏族居民汉语方言水平，总体来讲，能流利准确使用的占14.8%，能熟练使用单发音不准、口音较重的分别占18.5%、11.1%，达到熟练使用水平以上的合计44.4%，听不懂也不会说的占20.4%。分户籍看，城镇的藏族受访者能熟练使用汉语方言的比例比农村受访者比例高19个百分点，分别为53.6%、34.6%，听不懂也不会说的比例较后者低20.1个百分点。

表4-36　　　　　　　达日县受访居民语言程度——汉语方言　　　单位:%，个

	能流利准确地使用	能熟练使用但有些音不准	能熟练使用但口音较重	基本能交谈但不太熟练	能听懂但不太熟练	能听懂一些但不会说	听不懂也不会说	样本量
藏族农村	7.7	19.2	7.7	23.1	0.0	11.5	30.8	26
藏族城镇	21.4	17.9	14.3	25.0	7.1	3.6	10.7	28
藏族合计	14.8	18.5	11.1	24.1	3.7	7.4	20.4	54

根据表4-37所示，达日县居民本民族语言水平，总体来讲，能流利准确使用的占83.7%，能熟练使用但发音不准、口音较重的分别占7.0%、1.9%，达到熟练使用水平以上的合计92.6%，听不懂也不会说的仅占0.9%。分户籍看，非农户口达到熟练使用本民族语言以上水平的比例比农业户口低，分别为87.4%、94.7%，听不懂也不会说的比例均很低。从达日县主体民族藏族的数据看，藏族能讲藏语的比例很高，达到能熟练使用藏语水平以上的比例为94%，从藏族城乡数据看，藏族农村受访者能流利使用藏语的，高于城镇受访者15个百分点。

表4-37　　　　　　　达日县受访居民语言程度——本民族语言　　　单位:%，个

	能流利准确地使用	能熟练使用但有些音不准	能熟练使用但口音较重	基本能交谈但不太熟练	能听懂但不太熟练	听不懂也不会说	样本量
农业户口	88.1	5.3	1.3	2.6	2.0	0.7	151
非农户口	73.4	10.9	3.1	10.9		1.6	64
总　　计	83.7	7.0	1.9	5.1	1.4	0.9	215
藏族农村	90.0	5.0	1.4	2.9	0.7	0.0	140
藏族城镇	75.0	11.7	1.7	10.0	0.0	1.7	60
藏族合计	85.5	7.0	1.5	5.0	0.5	0.5	200

根据表4-38所示，达日县居民的汉字水平，总体来讲，会汉字的占44.6%，会一些的占15.6%，不会的占39.3%。分户籍看，非农户口会汉字的比例比农业户口高出35.1个百分点，分别为66.3%、31.2%。从主体民族角度看，藏族会汉字和会一些汉字的比例刚刚超过一半人数，比例为52.2%。从藏族的城乡数据比较看，农村居民会汉字的较城镇居民比例低36.6个百分点，不会汉字的较城镇居民高33.3个百分点。

表4-38　　　　　　　　达日县受访居民汉字程度　　　　　单位:%，个

	会	会一些	不会	不知道有没有文字	样本量
农业户口	31.2	17.4	50.7	0.7	138
非农户口	66.3	12.8	20.9		86
总　计	44.6	15.6	39.3	0.4	224
藏族农村	21.4	17.9	59.8	0.9	112
藏族城镇	58.8	14.7	26.5	0.0	68
藏族合计	35.6	16.7	47.2	0.6	180

根据表4-39所示，达日县受访居民的本民族文字水平，总体来讲，会本民族文字的占48.6%，会一些的占22.6%，不会的占27.4%。分户籍看，非农户口会本民族文字的比例比农业户口高出14个百分点，分别为58.2%、44.2%。从主体民族藏族的数据看，藏族会藏文字的比例近一半人数，比例为47.7%，会一些的占23.5%，不会的占28.1%。藏族在藏文程度的城乡对比方面，会藏文的城镇藏族居民高13.2个百分点。

表4-39　　　　　　　　达日县受访居民本民族文字程度　　　　单位:%，个

	会	会一些	不会	没有文字	样本量
农业户口	44.2	22.8	31.0	2.0	197
非农户口	58.2	22.0	19.8		91
总　计	48.6	22.6	27.4	1.4	288
藏族农村	43.6	23.5	31.8	1.1	179
藏族城镇	56.8	23.5	19.8	0.0	81
藏族合计	47.7	23.5	28.1	0.8	260

五　社会事业发展

"十二五"期间,国家逐步增加对西部地区投入,推动城乡一体化,发展西部少数民族地区城乡的社会事业。本报告从社会保障、扶贫项目和受访居民社会预期三个方面对当前达日县社会事业发展状况加以讨论。

(一) 社会保障

1. 城镇居民社会保险参保情况

如表4-40所示,达日县城镇居民74.2%参加了城镇职工基本医疗保险,47.6%参加了城镇居民基本医疗保险,30.6%参加了城镇居民养老保险,26.3%参加了工伤保险,24.1%参加了失业保险、生育保险,14.1%享受城镇低保。

表4-40　　　　　城镇受访居民参加社会保险的情况　　　　单位:%,个

	城镇职工基本医疗保险	城镇居民基本医疗保险制度	城镇居民养老保险制度	城镇低保制度	失业保险	工伤保险	生育保险
合计	74.2	47.6	30.6	14.1	24.1	26.3	24.1
样本量	89	84	85	78	79	80	79

2. 农村居民社会保险参保情况

在农村社会保险方面,根据表4-41的数据整理,达日县农村居民参加新农合的比例为65.4%,参加新农保的比例为30.2%。享受五保、低保、高龄津贴的比例分别为10.4%、23.4%和12.4%。本次数据调查结果只是居民主观感受,实际上根据达日县政府官网的资料,达日县的新农合、新农保已经全部覆盖,所以,这里较低的参保率,可能的原因是由集体代缴的情况普遍,部分居民对自己是否参与社会保险情况并不清楚。

表4-41　　　　　农村受访居民参与社会保险情况　　　　单位:%,个

	新型农村合作医疗制度	新型农村养老保险制度	农村五保制度	农村低保制度	高龄津贴制度
比例	65.4	30.2	10.4	23.4	12.4
样本量	205	199	183	192	185

(二) 扶贫项目

1. 受访的达日县农村居民对扶贫项目的整体评价，表示满意的较不满意的多13.3%

根据表4-42所示，受访的达日县农村居民对当前参与过的扶贫政策或扶贫活动的整体效果满意度，不清楚占最多，为47%；其次为满意，占33.2%；不满意占19.8%。藏族的数据与整体数据较为接近，表示满意的高2.9个百分点，表示不满意的低2.7个百分点，表示不清楚的高4.5个百分点。

表4-42   对当前参与过的扶贫政策或扶贫活动的整体效果满意度调查

单位:%，个

	满意	不满意	不清楚	样本量
农业户口	36.3	21.4	42.3	168
藏族农村	39.2	23.1	37.8	143

2. 当地政府实施过的扶贫项目及居民对其的满意度评价

根据表4-43当地政府实施过的扶贫项目，问卷上所列举的16个项目，都有比例不同的受访农村居民选择，比例由高到低分别有："两免一补"91.0%、道路修建和改扩工程74.4%、电力设施建设工程70.9%、人畜饮水工程68.3%、扶贫工程生产项目62.3%、教育扶贫工程60.8%、退耕还草补助工程58.8%、资助儿童入学和扫盲教育项目57.3%、卫生设施建设项目56.8%、移民搬迁工程55.3%、"村村通"工程54.3%、牧区扶贫工程52.3%、技术推广及培训工程44.2%、扶贫培训工程38.2%、种植业/林业/养殖业扶贫金33.7%、基本农田建设工程34.2%。

达日县居民对扶贫项目感到满意度（非常满意和满意之和）最高的是"两免一补"政策，达到80.4%，满意超过一半比例的扶贫项目还有教育扶贫工程55.5%、资助儿童入学和扫盲教育项目53.6%、电力设施建设工程50.4%，之后的扶贫项目满意度降序排列分别为：扶贫工程生产项目49.2%，卫生设施建设项目48.6%，"村村通"工程（广播电视/道路/通信网络）47.6%，道路修建和改扩工程47.2%，移民搬迁工程44.8%，牧区扶贫工程43.0%，退耕还林还草补助工程42.5%，人畜饮水工程41.8%，技术推广及培训工程37.2%，基本农田建设工程34.3%，扶贫培训工程28.4%，种植业/林业/养殖业扶贫金21.2%。

　　人畜饮水工程不满意合计（不满意与很不满意之和）最高，达到31.3%。其后受访居民认为不满意的扶贫项目的比例目按照降序排列依次是道路修建和改扩工程31.0%、"村村通"工程（广播电视/道路/通信网络）26.2%、牧区扶贫工程26.0%、卫生设施建设项目25.7%、电力设施建设工程24.8%、教育扶贫工程24.4%、退耕还林还草补助工程23.0%、扶贫培训工程23.0%、种植业/林业/养殖业扶贫金21.2%、资助儿童入学和扫盲教育项目20.0%、扶贫工程生产项目20.0%、基本农田建设工程19.4%、移民搬迁工程19.0%、技术推广及培训工程18.6%、"两免一补"政策8.6%。

表4-43　　　　　　　当地政府实施过的扶贫项目及受访
　　　　　　　达日县居民对这些扶贫项目的满意度　　　单位:%，个

扶贫工程项目	实施比例和样本量		满意度调查					总样本量
	实施比例	样本量	非常满意	满意	不满意	很不满意	不好说	
移民搬迁工程	55.3	105	7.6	37.1	13.3	5.7	36.2	199
"两免一补"政策	91.0	174	22.4	58.0	6.9	1.7	10.9	199
扶贫工程生产项目	62.3	120	10.8	38.3	15.8	4.2	30.8	199
退耕还草补助工程	58.8	113	8.8	33.6	17.7	5.3	34.5	199
道路修建和改扩工程	74.4	142	7.7	39.4	26.1	4.9	21.8	199
基本农田建设工程	34.2	67	7.5	26.9	13.4	6.0	46.3	199
电力设施建设工程	70.9	137	8.8	41.6	21.2	3.6	24.8	199
人畜饮水工程	68.3	134	8.2	33.6	26.9	4.5	26.9	199
技术推广及培训工程	44.2	86	4.7	32.6	17.4	1.2	44.2	199
资助儿童入学和扫盲教育项目	57.3	110	8.2	45.5	17.3	2.7	26.4	199
卫生设施建设项目	56.8	109	11.0	37.6	22.9	2.8	25.7	199
种植业/林业/养殖业扶贫金	33.7	66	3.0	18.2	18.2	3.0	57.6	199
"村村通"工程（广播电视/道路/通信网络）	54.3	103	11.7	35.9	22.3	3.9	26.2	199
教育扶贫工程	60.8	119	12.6	42.9	21.0	3.4	20.2	199
牧区扶贫工程	52.3	100	14.0	29.0	20.0	6.0	31.0	199
扶贫培训工程	38.2	74	9.5	18.9	16.2	6.8	48.6	199

（三）社会预期

1. 受访的达日县居民生活预期较高

受访的达日县居民对未来生活的信心可以从表 4-44 看到意向。总体来说，一半的比例认为生活水平会上升。农村居民的信心高于城镇居民。根据表 4-44 所示，达日县居民中，认为当地未来 5 年生活水平将会上升很多或略有上升的占 49.1%，认为没有变化的占 6.3%，略有下降的仅占 2.9%，下降很多的占 5.5%，不好说的占 36.1%，总体看达日县居民对未来生活比较有信心的占了近一半。从城乡维度看，城乡居民认为未来 5 年生活会上升的比例分别为农村居民 54.4%、非农户口 40.0%，农村居民对未来生活改善的信心稍强于城镇居民。从主体民族藏族来看，48.6% 的居民认为会有上升，6.5% 的藏族认为会下降很多。从藏族的城乡差别来看，农村居民认为会略有上升的高于城镇 10.8 个百分点，认为略有下降的低于城镇居民 1.7 个百分点，认为会下降很多的低于城镇居民 3.1 个百分点。从这一点上说，藏族农村居民对未来有信心稍微高于藏族城镇居民。

表 4-44　　　　　受访居民对未来 5 年生活水平变化的评价　　　单位:%，个

	上升很多	略有上升	没有变化	略有下降	下降很多	不好说	样本量
藏族农村	21.7	32.0	3.9	2.5	5.4	34.5	203
藏族城镇	18.6	21.2	9.3	4.2	8.5	38.1	118
藏族合计	20.6	28.0	5.9	3.1	6.5	35.8	321
农业户口	20.5	33.9	4.2	2.1	4.6	34.7	239
非农户口	17.9	22.1	10.0	4.3	7.1	38.6	140
总　　计	19.5	29.6	6.3	2.9	5.5	36.1	379

根据表 4-45 所示，56.1% 的达日县受访居民对当地 2020 年建成小康社会很有信心或有信心。总体而言，达日县受访居民对所在区 2020 年建成小康社会无信心的比例较小，回答"没信心"和"不可能"的合计占 16.3%。从受访的达日县主体民族藏族的城乡比较看，藏族农村居民很有信心和有信心的合计高于城镇居民 4.5 个百分点，而没有什么信心和不可能的比例低 8.2 个百分点。由此可以看到达日县受访的农村藏族居民对 2020 年建成小康社会的信心更强。

表 4-45　　　　受访居民对所在地区 2020 年建成小康社会的态度 单位:%，个

	很有信心	有信心	没什么信心	不可能	没听说过	样本量
农业户口	14.7	42.0	10.9	2.1	30.3	238
非农户口	12.3	42.8	15.9	5.8	23.2	138
总　计	13.8	42.3	12.8	3.5	27.7	376
藏族农村	16.3	42.6	8.4	1.5	31.2	202
藏族城镇	11.2	43.1	13.8	4.3	27.6	116
藏族合计	14.5	42.8	10.4	2.5	29.9	318

　　根据表 4-46 所示，导致对我国 2020 年建成小康社会信心不足的原因，回答频率从高到低的分别是，经济收入提高慢、自然条件差，各占 26.8%；文化教育跟不上，占 19.6%；居住条件差，占 12.5%；认为扶持政策不到位、社会秩序混乱的分别占 3.6%；认为源于中央援助不足、社会保障不完善的比例均为 2.7%；认为基础设施不足的占 1.8%。由此看来，达日县受访居民认为经济收入问题、当地自然条件、文化教育是小康社会建设过程中的主要障碍。从达日县主体民族藏族的问卷结果看，藏族居民认为文化教育跟不上的比例，占了 26.2%，排在所有原因之首；其次是自然条件差，占 22.6%；经济收入提高慢，占 21.4%。第一说明藏族重视教育的作用，第二说明教育差距的确实存在。从城乡维度看，藏族城市居民认为文化教育跟不上是所在地区 2020 年建成小康社会的最主要障碍，持这个看法的比例高达 35.6%。农村居民认为是经济收入提高慢和自然条件差、居住条件差是最主要障碍。说明受访的城市居民对教育文化在经济社会综合发展过程中赋予较大权重。

表 4-46　　受访居民对所在地区 2020 年建成小康社会信心不足的原因
（本表按照原因总计的降序排列）　　　　单位:%，个

	经济收入提高慢	自然条件差	文化、教育跟不上	居住条件差	社会秩序混乱、人们不安定	扶持政策不到位	中央援助不足	社会保障不完善	基础设施不足	样本量
农业户口	29.1	27.3	10.9	20.0	1.8	1.8	5.5	1.8	1.8	55
非农户口	24.6	26.3	28.1	5.3	5.3	5.3	0.0	3.5	1.8	57
总　计	26.8	26.8	19.6	12.5	3.6	3.6	2.7	2.7	1.8	112

续表

	经济收入提高慢	自然条件差	文化、教育跟不上	居住条件差	社会秩序混乱、人们不安定	扶持政策不到位	中央援助不足	社会保障不完善	基础设施不足	样本量
藏族农村	28.2	20.5	15.4	20.5	2.6	2.6	5.1	2.6	2.6	39
藏族城镇	15.6	24.4	35.6	4.4	6.7	6.7	0.0	4.4	2.2	45
藏族合计	21.4	22.6	26.2	11.9	4.8	4.8	2.4	3.6	2.4	84

　　根据表4-47所示，达日县受访居民对为加快建成小康社会应该采取的最重要措施，回答主要集中在加快发展当地经济，占43.6%；然后是提高教育水平，占19.4%；之后频率从高到低分别是，中央政策应落实到位11.6%，加快当地的基础设施建设7.8%等。从户籍看，农业户认为应提高教育水平的比例高于非农户5.9个百分点。从藏族的城乡对比看，藏族农村居民认为需要提高教育水平的比例较城镇居民高3.9个百分点，而藏族城镇居民认为应加快发展当地经济和中央政策应落实到位的，较藏族农村居民分别高12.4、8.1个百分点。

表4-47　为加快本地建成小康社会，您认为应本地应采取的最重要的
　　　　　有效措施（本表按照措施总计的降序排列）　　单位:%，个

	加快发展当地经济	提高教育水平	中央政策应落实到位	加快当地的基础设施建设	政府应当更廉洁	提高就业工资	扩大当地就业	提高医疗水平	调控房价	其他	提高养老金水平	样本量
农业户口	39.7	21.6	9.3	8.3	6.4	2.9	2.5	3.4	2.5	2.0	1.5	204
非农户口	50.4	15.7	15.7	7.0	3.5	4.3	3.5	0.0	0.0	0.0	0.0	115
总　　计	43.6	19.4	11.6	7.8	5.3	3.4	2.8	2.2	1.6	1.3	0.9	319
藏族农村	38.7	22.0	8.9	8.3	6.5	3.0	2.4	3.6	2.4	2.4	1.8	168
藏族城镇	51.1	18.1	17.0	6.4	4.3	1.1	2.1	0.0	0.0	0.0	0.0	94
藏族合计	43.1	20.6	11.8	7.6	5.7	2.3	2.3	2.3	1.5	1.5	1.1	262

六　民族政策和民族关系

　　本报告从民族政策、民族意识与国家意识、民族关系三个方面，对达日县现状加以论述。

（一）少数民族政策

我国少数民族地区实行双语教育。根据表4-48所示，愿意送子女去双语学校学习的受访达日县居民比例达到72.1%，不愿意的仅占6.6%，表示无所谓的占21.2%。藏族愿把子女送到双语学校的比例高，不愿意的仅占4.0%。从藏族城乡对比看，不愿意将子女送到双语学校学习的城镇居民高于农村居民4.3个百分点，总体上表示愿意的比例很接近。

表4-48　　　　　　达日县受访居民送子女到双语学校学习的意愿　　单位:%，个

	愿意	不愿意	无所谓	样本量
农业户口	71.7	5.0	23.3	240
非农户口	73.0	9.5	17.5	137
总　　计	72.1	6.6	21.2	377
藏族农村	75.5	2.0	22.5	204
藏族城镇	73.5	7.7	18.8	117
藏族合计	74.8	4.0	21.2	321

根据表4-49所示，达日县居民认为学习普通话有好处的占88.9%，原因包括交往方便、做买卖方便、工作生活各方面都有好处。认为没有好处的仅占4.5%。各民族差异不大。

表4-49　　　　　　　达日县受访居民对学普通话的认识　　　单位:%，个

	有好处，方便与其他民族交往	有好处，方便做买卖	对工作生活各方面都有好处	不好说	没太大好处	样本量
藏族	34.2	13.6	40.3	7.0	4.8	330
汉族	37.8	10.8	45.9	5.4		37
其他民族	66.7	8.3	16.7		8.3	12
总　　计	35.6	13.2	40.1	6.6	4.5	379

根据表4-50所示，达日县居民认为双语教育效果好的占49.2%，28.5%的居民认为效果一般，仅有3.9%的居民认为不好，18.3%的居民不清楚效果是否好。从户籍看，农业户较非农户更加肯定双语教育的效果。从主体民族藏族的数据看，藏族对双语教育效果的肯定评价稍高于总体数据，高3个百分点；从藏族的城乡对比来看，藏族农村居民认为双语

教育效果好的比例高于城镇居民 12.1 个百分点。

表 4-50　　　　　　达日县居民对评价双语教育效果的评价　　　　单位:%，个

	好	一般	不好	不清楚	样本量
农业户口	52.3	28.2	3.7	15.8	241
非农户口	44.0	29.1	4.3	22.7	141
总　　计	49.2	28.5	3.9	18.3	382
藏族农村	56.6	27.3	3.9	12.2	205
藏族城镇	44.5	28.6	3.4	23.5	119
藏族合计	52.2	27.8	3.7	16.4	324

根据表 4-51 所示，绝大多数达日县居民认为在少数民族地区工作的干部有必要学习和掌握当地的民族语言，占 83.3%，4.9% 的居民认为一般，仅有 1.4% 的居民认为没有必要，10.4% 的居民表示不清楚。84.7% 的藏族居民认为有必要。城乡差别很微小。

表 4-51　　　　　达日县受访居民对在少数民族地区工作的干部
　　　　　　　是否有必要学习和掌握当地的民族语言的看法　　单位:%，个

	有必要	一般	没必要	不清楚	样本量
农业户口	83.3	3.4	1.7	11.6	233
非农户口	83.3	7.6	0.8	8.3	132
总　　计	83.3	4.9	1.4	10.4	365
藏族农村	84.3	3.6	1.5	10.7	197
藏族城镇	85.5	6.4	0.0	8.2	110
藏族合计	84.7	4.6	1.0	9.8	307

根据表 4-52 所示，22.7% 的达日县居民认为少数民族地区实行的计划生育政策好，18.5% 认为一般，18.2% 认为不好，40.6% 表示不清楚。从户籍看，非农户和农户肯定计划生育政策即认为好和一般的总和大体相当，在 40% 左右，农户认为不好的比例高于非农户 4.9 个百分点。从主体民族藏族的城乡数据看，藏族农村居民肯定少数民族地区计划生育政策的，较城镇居民比例高 4.8 个百分点，认为不好的比例高于城镇居民 5.2 个百分点。

表4-52　　　　　　　达日县受访居民对目前针对少数民族地区
及少数民族实行计划生育政策的评价　　单位:%，个

	好	一般	不好	不清楚	样本量
农业户口	25.0	16.7	20.0	38.3	240
非农户口	18.7	21.6	15.1	44.6	139
总　　计	22.7	18.5	18.2	40.6	379
藏族农村	24.5	17.2	20.6	37.7	204
藏族城镇	19.7	18.8	15.4	46.2	117
藏族合计	22.7	17.8	18.7	40.8	321

　　根据表4-53所示，受访的达日县居民认为针对少数民族地区及少数民族实行的计划生育政策，应该全国各地区各民族一样的，占36.9%；认为应该全国城市地区生育子女数量统一的，占13.6%；认为应该废除计划生育子女数量限制政策，由家庭自主决定的，占36.2%；其他占13.2%。从藏族城乡数据的对比看，认为全国各地各民族一样的，城市居民高于农村居民9.5个百分点。

表4-53　　　　　　　针对少数民族地区及少数民族实行的
计划生育政策，该如何完善调整　　单位:%，个

	全国各地区各民族一样	全国城市地区生育子女数量统一	废除计划生育子女数量限制政策，由家庭自主决定	其他（请注明）	样本量
农业户口	32.9	15.6	38.2	13.3	173
非农户口	43.0	10.5	33.3	13.2	114
总　　计	36.9	13.6	36.2	13.2	287
藏族农村	33.8	14.6	38.4	13.2	151
藏族城镇	43.3	6.2	37.1	13.4	97
藏族合计	37.5	11.3	37.9	13.3	248

　　如表4-54所示，54.3%的达日县受访居民对少数民族高考加分政策表示满意，7.2%的居民表示不满意，38.6%的居民不清楚。农业户较非农户表示满意的略微少，低2.4个百分点；表示不满意的比例也略微高，高4.5个百分点。受访达日县藏族对高考加分政策表示满意的占58.4%。藏

族的城乡差别很细微。

表 4-54　　　　达日县受访居民对少数民族的高考加分政策的评价 单位:%，个

	满意	不满意	不清楚	样本量
农业户口	53.4	8.8	37.8	238
非农户口	55.8	4.3	39.9	138
总　　计	54.3	7.2	38.6	376
藏族农村	58.9	6.9	34.2	202
藏族城镇	57.6	7.6	34.7	118
藏族合计	58.4	7.2	34.4	320

　　如表 4-55 所示，54.6%的受访达日县居民认为，如果是少数民族且长期在城市居住，其子女高考应该加分，8.2%的居民认为不应该加分，37.2%表示不清楚。农户回答应该的高于非农户 9.8 个百分点。藏族的城乡数据类似，农村居民回答应该加分的高于城镇居民 12 个百分点。

表 4-55　　　　　　受访者对如果是少数民族且长期
　　　　　　　在城市居住，其子女高考是否应该加分的态度　单位:%，个

	应该	不应该	不清楚	样本量
农业户口	58.1	8.1	33.8	210
非农户口	48.3	8.5	43.2	118
总　　计	54.6	8.2	37.2	328
藏族农村	61.5	6.1	32.4	179
藏族城镇	49.5	6.2	44.3	97
藏族合计	57.2	6.2	36.6	276

　　如表 4-56 所示，达日县受访居民对当前国家实施的民族特殊优惠政策感到满意的占 45.5%，不满意的占 18.1%，表示不清楚的占 36.4%。农户表示不满意的高于非农户 8.5 个百分点。藏族表示满意占 47.5%，表示不满意的占 16.5%，藏族的满意度略高于总体数据。藏族的农村居民表示不满意的比例高于城镇居民 9.5 个百分点。

表4-56 达日县受访居民对当前国家实施的民族特殊优惠政策的态度

单位:%,个

	满意	不满意	不清楚	样本量
农业户口	45.4	21.1	33.5	227
非农户口	45.7	12.6	41.7	127
总　计	45.5	18.1	36.4	354
藏族农村	48.2	19.9	31.9	191
藏族城镇	46.2	10.4	43.4	106
藏族合计	47.5	16.5	36.0	297

（二）民族意识与国家意识

根据表4-57所示，受访的达日县藏族居民在回答民族身份的问题时，30.8%把中国人放到本民族前；41.3%把本民族放到中国人前；16.7%中国人和本民族不分先后，把中国人放在前面和不分先后的共计47.5%；11.2%认为不好回答。从城乡比较看，藏族城镇居民将中国人放到本民族前面和不分先后共计54.5%，占一半多，该两项藏族农村居民共计33.6%，城镇居民高10.9个百分点。

表4-57 如果外国人问您的民族身份，您回答的排序 单位:%,个

	中国人、本民族	本民族、中国人	中国人和本民族不分先后	不好回答	样本量
藏族农村	29.2	42.6	14.4	13.9	202
藏族城镇	33.6	39.1	20.9	6.4	110
藏族合计	30.8	41.3	16.7	11.2	312

根据表4-58所示，受访的达日县藏族居民民族意识和国家意识发展不太平衡。从回答"不清楚"的藏族占43.4%的较高比例看，可能这道题目对受访者来说较抽象，不好理解。29.7%的藏族居民认为未来民族自我意识将增强，仅4.0%的藏族居民认为未来国家意识将增强；18.5%的居民认为未来民族意识增强，国家意识也随之增强；4.4%的藏族居民认为未来国家意识将增强，民族意识也随之逐步增强。从城乡对比来看，藏族农村居民认为民族自我意识增强的比例高于城镇居民10.6个百分点，认为国家意识增强的比例高于城镇居民4.7个百分点。

表 4-58　　　　　　民族意识与国家意识未来变化趋势　　　　单位:%，个

	民族自我意识增强	国家意识增强	民族意识增强，国家意识也随之逐步增强	国家意识增强，民族意识也随之逐步增强	不清楚	样本量
藏族农村	33.8	5.8	16.2	4.5	39.6	154
藏族城镇	23.2	1.1	22.1	4.2	49.5	95
藏族合计	29.7	4.0	18.5	4.4	43.4	249

（三）民族交往和民族关系

1. 当地居民对外来人口的态度

根据表 4-59 所示，本县户籍住户对于县外省内外来人员的态度，依次为欢迎，占 54.3%；视情况而定，占 21.6%；不欢迎，占 15.9%；不清楚，占 8.2%。居民对省内外来人员，总体上表示欢迎，持保留态度的占五分之一，表示不欢迎的占 15.9% 多。

表 4-59　　　本市县户籍住户，对于县外省内的外来流入人员是否欢迎

单位:%，个

	欢迎	不欢迎	视情况而定	不清楚	样本量
农业户口	61.2	8.2	20.9	9.7	134
非农户口	41.9	29.7	23.0	5.4	74
合计	54.3	15.9	21.6	8.2	208

根据表 4-60 所示，本县市户籍住户对于来自国内外省外来人员的态度，依次为欢迎，占 47.8%；视情况而定，占 22.5%；不欢迎，占 18.7%；不清楚，11.0%。居民对省外的外来人员，总体上表示欢迎，持保留态度的超过五分之一，表示不欢迎的占到近五分之一。

表 4-60　　　本市县户籍住户，对于省外国内的外来流入人员是否欢迎

单位:%，个

	欢迎	不欢迎	视情况而定	不清楚	样本量
农业户口	51.5	11.9	21.6	14.9	134
非农户口	41.3	30.7	24.0	4.0	75
合计	47.8	18.7	22.5	11.0	209

根据表4-61所示，本县市户籍住户对于外国人的态度，依次为欢迎，占44.5%；视情况而定，占20.1%；不欢迎，占16.3%；不清楚，19.1%。

表4-61　　　　　　　本市县户籍住户，对于外国人是否欢迎　　　　单位:%，个

	欢迎	不欢迎	视情况而定	不清楚	样本量
农业户口	51.5	7.5	17.9	23.1	134
非农户口	32.0	32.0	24.0	12.0	75
合计	44.5	16.3	20.1	19.1	209

根据表4-62所示，达日县户籍的居民对外来移民不欢迎的第一位原因，表示不知道的比例最高，占33.3%，然后比例由高到低依次是：他们到来后就业机会减少，占21.7%；他们赚走了当地人的钱，但对当地没有贡献，占16.7%；看不惯他们的行为举止，占11.7%；他们破坏了当地的生活环境（环境变得脏乱、治安不好等），占8.3%；他们破坏了当地的资源等自然环境，占5.0%；价值观冲突，占3.3%。居民对外来移民不欢迎的原因，除了不知道这个选项以外，集中在就业机会的竞争增加上面，藏族、汉族和其他少数民族都把这个原因作为第一位的原因。说明当地就业机会还需要扩大。

表4-62　　　　　　受访居民对外来移民不欢迎的第一位原因　　　　单位:%，个

	不知道	他们到来后本地人的就业机会减少	他们赚走了当地人的钱，但对当地没有贡献	看不惯他们的行为举止	他们破坏了当地的生活环境（环境变得脏乱、治安不好等）	他们破坏了当地的资源等自然环境	价值观冲突	样本量
农业户口	16.0	24.0	20.0	20.0	8.0	4.0	8.0	25
非农户口	45.7	20.0	14.3	5.7	8.6	5.7	0.0	35
合计	33.3	21.7	16.7	11.7	8.3	5.0	3.3	60

2. 民族关系的评价

根据表4-63所示，受访的达日县居民认为民族关系不和谐方面存在一些隐患。32.0%的受访居民认为当前民族冲突不算严重，16.8%认为完全不严重，两者共计48.8%；认为有点严重占17.9%，非常严重的仅占7.4%，两者共计25.3%；回答"不清楚"的占25.9%。从主体民族藏族看，认为非常严重的占7.5%，认为有点严重的占17.6%，两者共计

25.1%；有1/4的藏族居民认为冲突有点严重或非常严重。藏族农村居民
认为完全不严重的比例最高，占24.5%，认为不算严重的占32%，两者
合计56.5%，藏族城镇居民二者合计35.9%，藏族农村居民认为不算严
重和完全不严重的比例高18.6个百分点。

表4-63　　　　　　　民族关系局部不和谐的评价　　　　单位:%，个

	非常严重	有点严重	不算严重	完全不严重	不清楚	样本量
农业户口	6.8	18.6	32.6	21.6	20.3	236
非农户口	8.7	16.5	30.7	7.9	36.2	127
总　　计	7.4	17.9	32.0	16.8	25.9	363
藏族农村	7.0	17.5	32.0	24.5	19.0	200
藏族城镇	8.5	17.9	27.4	8.5	37.7	106
藏族合计	7.5	17.6	30.4	19.0	25.5	306

　　根据表4-64所示，在宗教信仰冲突方面，达日县50.4%的居民认为不
算严重或完全不严重，不清楚是否严重的比例为29.0%，认为非常严重的
仅占6.4%，有点严重的占14.2%。从民族维度看，藏族对宗教信仰冲突的
看法最乐观，认为完全不严重的占32.3%，不算严重的占21.5%，两者共
计53.8%；另有26.1%表示不清楚，认为非常严重的占5.9%，有点严重的
占14.2%。从城乡维度看，农村居民认为宗教冲突不严重、完全不严重的
占62.8%，不清楚的占29.0%，认为严重和有点严重的比例分别为5.0%和
10.1%，共计15.1%；城镇居民认为有点严重或非常严重的比例大于农村居
民，分别高10.4个百分点和3.8个百分点。城镇居民认为不严重、完全不
严重的比例较农村居民低22.8个百分点，占36.5%，而农村居民二者合计
为62.8%，在这一点上，藏族的城乡差异类似。

表4-64　　　　　　　不同宗教信仰者之间的冲突　　　　单位:%，个

	非常严重	有点严重	不算严重	完全不严重	不清楚	样本量
农业户口	5.1	10.6	20.4	37.9	26.0	235
非农户口	8.9	21.0	21.8	13.7	34.7	124
总　　计	6.4	14.2	20.9	29.5	29.0	359
藏族农村	5.0	10.1	21.1	41.7	22.1	199
藏族城镇	7.7	22.1	22.1	14.4	33.7	104
藏族合计	5.9	14.2	21.5	32.3	26.1	303

七 社会和谐与安定

社会安定与和谐是民族地区经济社会发展的归宿，本节将从社会压力感、社会安全感、社会公平感、社会冲突感等四个方面对达日县社会和谐与安定程度进行数据描述分析。

（一）社会压力

根据表4-65所示，达日县居民觉得压力很大的事项，按照降序排列，分别为住房压力38.8%、经济压力31.5%、个人发展压力31.5%、医疗/健康压力29.1%、总体的社会生活压力26.9%、孩子教育压力26.7%、人情往来压力20.7%、赡养父母的压力18.6%、婚姻生活压力16.0%。达日居民感觉有压力（有压力小计）的事项，按照降序排列，从高到低依次为：经济压力70.1%、个人发展压力70.1%、总体的社会生活压力68.3%、住房压力64.5%、医疗/健康压力62.3%、孩子教育压力61.7%、赡养父母的压力49.2%、人情往来压力43.9%、婚姻生活压力37.0%。超过一半以上的人觉得有经济压力、个人发展压力、总体社会生活压力、住房压力、医疗健康压力、孩子教育压力。

表 4-65　　　　　　　　　　社会压力情况　　　　　　单位:%，个

	压力很大	有压力	有压力小计	压力很小	没有这方面压力	压力小小计	样本量
经济压力	31.5	38.6	70.1	17.0	12.9	29.9	370
个人发展	31.5	38.6	70.1	17.0	12.9	29.9	365
总体的社会生活压力	26.9	41.4	68.3	20.1	11.6	31.7	353
住房压力	38.8	25.7	64.5	16.8	18.7	35.5	369
医疗/健康压力	29.1	33.2	62.3	18.6	19.1	37.7	361
孩子教育压力	26.7	35.0	61.7	15.2	23.1	38.3	363
赡养父母的压力	18.6	30.6	49.1	18.0	32.9	50.9	350
人情往来压力	20.7	23.2	43.9	28.2	27.9	56.1	362
婚姻生活压力	16.0	21.0	37.0	17.6	45.4	63.0	357

说明：本表的"压力小计"由"压力很大"加上"有压力"之和得出；"压力小小计"由"压力很小"加上"没有这方面压力"之和得出。

（二）社会安全感

根据表 4-66 所示，在社会安全感方面，达日县受访居民对总体安全状况的感受，感到很安全和比较安全的，分别占 20.2%、40.3%，合计 60.5%，即六成居民对总体安全状况是肯定的。安全感最强的依次是，人身安全 67.6%、个人和家庭财产安全 67.3%，人身自由 61.5%、总体上的社会安全状况 60.5%，这些都有超过六成的人表示肯定；其次是劳动安全 54.8%，个人信息安全、隐私安全 54.1%，生态环境安全 53.7%，医疗安全 52.8%，这些都有超过半数的达日居民表示肯定；安全感最低的是交通安全，占 47.2%，其次是食品安全，占 47.9%。

表 4-66　　　　　　　　　　受访者对社会安全感状况的评价

	人身安全	个人和家庭财产安全	人身自由	总体上的社会安全状况	劳动安全	个人信息、隐私安全	生态环境安全	医疗安全	食品安全	交通安全
不确定	12.0	11.2	18.3	18.3	20.6	24.0	21.7	17.1	20.0	16.2
很安全	29.2	27.4	29.8	20.2	23.0	24.5	20.9	18.4	20.5	13.8
比较安全	38.4	39.9	31.7	40.3	31.8	29.6	32.8	34.4	27.4	33.4
安全小计	67.6	67.3	61.5	60.5	54.8	54.1	53.7	52.8	47.9	47.2
不太安全	14.6	17.0	13.6	15.8	20.3	16.1	18.8	21.8	22.1	23.0
很不安全	5.7	4.4	6.5	5.4	4.3	5.8	5.8	8.4	10.0	13.6
不安全小计	20.3	21.4	20.1	21.2	24.6	21.9	24.6	30.2	32.1	36.6
Total	100.0	100.0	100.0	100.0	100.0	100.0	100.0	100.0	100.0	100.0
样本量	383	383	382	367	374	379	378	381	380	383

说明：本表的"安全小计"由"很安全"加上"比较安全"之和得出；"不安全小计"由"不太安全"加上"很不安全"之和得出。

（三）社会公平

根据表 4-67 所示，达日县居民的总体社会公平感较强，公平感（很公平与比较公平之和）被超过一半的居民认可的包括医疗卫生 55.7%、语言文字 55.2%、教育 53.4%；公平感被三分之一居民认可的，包括住房 46.2%、社会保障 44.8%、总体上的社会公平状况 44.7%、司法 39.2%、政府办事 38.9%、信息 38.6%、就业 36%、干部选拔任用

35.9%；公平感最低的是投资经营，占 30.0%。超过三分之一的达日居民认为不公平（见"不公平小计"）的事项，分别是干部选拔任用、就业、教育、住房、政府办事、语言文字，百分比分别为：41.6%、39.1%、38.5%、37.3%、36.9%、35.5%。

表 4-67　　　　达日县受访居民对社会公平状况的感受　　　　单位：%，个

	医疗卫生公平	语言文字公平	教育公平	住房公平	社会保障公平	总体上的社会公平状况公平	司法公平	政府办事公平	信息公平	就业公平	干部选拔任用公平	投资经营公平
不确定	13.1	9.3	8.1	16.5	22.9	26.4	28.1	24.1	37.3	24.9	22.6	41.4
很公平	16.6	15.9	15.7	14.7	13.6	9.5	11.9	11.8	10.2	10.5	13.5	9.2
比较公平	39.1	39.3	37.7	31.5	31.2	35.2	27.3	27.1	28.4	25.5	22.4	20.8
公平小计	55.7	55.2	53.4	46.2	44.8	44.7	39.2	38.9	38.6	36	35.9	30.0
不太公平	19.8	22.0	24.6	25.5	21.3	23.2	20.3	21.4	17.2	24.1	24.3	20.0
很不公平	11.3	13.5	13.9	11.8	10.9	5.7	12.4	15.5	7.0	15.0	17.3	8.6
不公平小计	31.1	35.5	38.5	37.3	32.2	28.9	32.7	36.9	24.2	39.1	41.6	28.6
样本量	373	377	382	381	375	349	370	373	373	373	371	370

说明：本表的"公平小计"为"很公平"与"比较公平"之和；"不公平小计"是"不太公平"与"很不公平"之和。

（四）社会冲突

根据表 4-68 所示，在各类社会冲突方面，达日县居民总体评价较好。认为冲突不严重（不算严重和完全不严重之和）的比例，按照降序排列，分别为不同宗教信仰者间冲突（宗教的局部不和谐、城乡居民间冲突）、城乡发展不平衡、民族间冲突（民族关系的局部不和谐）、医患冲突（医患矛盾）、不同收入水平者间冲突（社会贫富差距）、干部与群众间冲突（干群矛盾），比例分别为 50.4%、50.3%、48.8%、47.1%、37.9%、36.3%。按照严重小计降序排列，分别为：干群矛盾 39.0%、社会贫富差距 34.5%、民族间冲突 25.4%、城乡居民间冲突 22.8%、医患矛盾 20.8%、不同宗教信仰者间冲突 20.7%。从冲突非常严重的比例看，选择最多的是社会贫富差距，比例为 15.3%；其次是干群冲突，比例为12.1%；其他冲突均在 10% 以下。

表 4-68				达日县受访居民对社会冲突状况的评价		单位:%,个
严重程度	干部与群众间冲突（干群矛盾）	不同收入水平者间冲突（社会贫富差距）	民族间冲突（民族关系的局部不和谐）	城乡居民间冲突（城乡发展不平衡，或	医患冲突（医患矛盾）	不同宗教信仰者间冲突（宗教的局部不
非常严重	12.1	15.3	7.3	5.6	6.4	6.3
有点严重	26.9	19.2	18.1	17.2	14.4	14.4
严重小计	39.0	34.5	25.4	22.8	20.8	20.7
不算严重	24.5	19.5	31.3	31.2	22.6	20.4
完全不严重	11.8	18.4	17.5	19.1	24.5	30.0
不严重小计	36.3	37.9	48.8	50.3	47.1	50.4
不清楚	24.7	27.7	25.9	26.9	32.2	28.9
总计	100.0	100.0	100.0	100.0	100.0	100.0
样本量	372	365	371	372	376	367

说明:严重小计为非常严重和有点严重之和;不严重小计为不算严重与完全不严重之和。本表按照严重小计降序排列。

八　总结与讨论

达日县是青海省的一个国家级贫困县。达日县所在的果洛州,是全省生态重要性最高的地区之一,同时又是经济最落后的区域之一。果洛州贫困人口集中,人口受教育程度很低,农牧业依旧是这一区域的主体。经济社会发展受到自然条件、知识发展差异明显等造成的影响。

(一)取得的成就

调查数据显示,达日县在促进经济进步、改善居民就业和生活质量、生态环境保护、生态移民安置、开展社会事业、社会保障、扶贫、改善民族关系、建设和谐社会等各领域取得了较大的成就。具体来看,经济生活方面,达日县特色经济发展迅速,以畜牧业为基础,向产业化、生态化方向发展。充分利用区位优势和冬虫夏草、大黄等中藏药材主产区的资源优势,发展特色经济,通过以市场建设带动城镇建设,使非公有制经济得到健康快速发展。政府在劳动力配置中起着重要的作用,居民生活质量逐渐提高。生态保护建设富有成效。以三江源生态保护和建设为重点,大力推动和实施退牧还草、退耕还林,使草场可持续发展能力得到增强。社会事业均衡化程度不断提升，社会保障水平和覆盖面不断提升，扶贫工作获得受访居民好评，受访居民社会预期增强。民族关系不断改善，民族意识和国家意识增强，当地居民对外来人口欢迎程度较高，民族身份平等状况良好，民族冲突和宗教冲突不严重。社会和谐和安定，居民社会压力感不大，安全感较高，公平感较强，社会冲突感弱化。

（二）存在的问题及建议

1. 生态保护任务仍是一项艰巨的任务：居民对未来生态环境的变化趋势不乐观

达日县是"三江源"自然生态保护治理地区之一。全县土地总面积2226.37万亩，其中草场面积2102.49万亩，占总面积的94.46%；可利用草场1676.36万亩，占草场面积的79.73%；退化草场1173万亩，占可利用草场面积的69.97%；中度以上鼠害面积850万亩，占可利用草场的50.71%；黑土滩面积960万亩，寸草未生，不宜居住和生产，占可利用草场面积的57%；草场年平均退化速度为14%。[①] 草场的退化与全球气候变化、人口增长、过牧等都有关系，草场退化对达日县牧民的经济收入和生活都有不利的影响。作为三江源保护的核心区，达日县的生态保护和恢复的任务仍很艰巨。建议在生态保护中发挥牧区牧民的作用，增强牧区牧民参与式管理的能力。

2. 经济发展水平较低，经济结构转型处于初期，建成小康社会的任务很艰巨

根据青海省县域小康社会进程的评价指标体系，达日县在青海省的14个县的排名在倒数第二[②]。人均国民生产总值完成程度仅为61.92%[③]。达日县经济结构转型处于初始阶段，第一产业农牧业仍占60%，牧区剩余劳动力的非农就业主要为灵活就业。

牧业仍占超过一半的比例。然而由于全球气候变化、人口增加、过牧

---

① 资料来源：达日县人民政府网站，2012年6月25日。

② 这14个县按小康社会总体评分由高到低分别为：同仁县、共和县、德令哈、刚察县、湟中县、同德县、乌兰县、门源县、化隆县、泽库县、甘德县、玉树县、达日县、杂多县。资料来源：刘晓平：《青海省小康社会进程的县域比较分析》，《青海师范大学学报》（哲学社会科学版）2007年第5期。

③ 刘晓平：《青海省小康社会进程的县域比较分析》，《青海师范大学学报》（哲学社会科学版）2007年第5期。

等原因，发展牧业依赖的草场退化严重，需要进一步调整产业结构，发展新的生态产业，以适应三江源生态保护区的特点，改善经济和人们群众的生活。建议在目前阶段，进一步寻找合适的就业培训项目，增强剩余劳动力的技艺和劳动素养，逐渐适应生产方式的转变，增强就业竞争力。

3. 教育公平感较低

教育是改变贫困的重要手段。农牧区教育是青海民族教育的关键，难点是双语教育。青海牧区整体双语教育取得了长足的发展，但是，制约青海民族教育可持续发展的突出问题有双语师资队伍建设、教学质量、教育效益表现为"三差"——质量差、条件差、效益差，学校布局不均衡、差距大，民族教育成为制约民族经济社会发展的重要原因。[1] 要提升达日县居民对教育公平感的满意程度，需要从切实解决牧区教育问题入手。

---

① 完玛冷智：《青海牧区双语教育发展问题研究报告》，《西北民族研究》2012年第1期。

第五章

青海循化撒拉族自治县
经济社会发展综合调查报告

　　循化撒拉族自治县位于青海省东部黄河谷地，地处东经 102°—102°49′，北纬 35°25′—35°56′之间，东西长 68 公里，南北宽 57 公里，总面积 2100 平方公里。循化东与甘肃省积石山保安族东乡族撒拉族自治县和甘肃省临夏县接壤，南临甘肃省夏河县和青海省同仁县，西靠尖扎县，北同青海省化隆回族自治县和民和回族土族自治县为邻。几经变化，2007 年乡镇机构改革后，循化县于 2009 年底形成了 3 镇（积石镇、白庄镇、街子镇）、6 乡（尕楞乡、文都乡、清水乡、道帏乡、查汗都斯乡、岗察乡）、154 个村民委员会以及 674 个生产合作社的机构设置。在自然地理环境方面，循化地处青藏高原边缘地带，祁连山支脉拉鸡山东端，四面环山，山谷相间，黄河流径其中，川道平衍，森林茂密，农田肥沃，牧草丰美。因此循化以农牧业为主，主要农作物有小麦、青稞、豌豆、油菜、马铃薯、蔬菜等，经济作物有核桃、辣椒、花椒、果品、瓜类等；同时全县有天然草场 213.5 万亩，其中可利用草场面积 150 余万亩，且背靠青南、甘南两大牧区，发展畜牧业具有得天独厚的优势。循化是全国撒拉族发祥地，是全国唯一的撒拉族自治县，也是国务院确定的首批扶贫开发工作重点县和重点扶持发展的人口较少民族地区。县内居住着撒拉、藏、回、汉等多个民族，少数民族人口占总人口的 93.5%。其中，撒拉族 8.39 万人，占全县总人口的 64%，占全国撒拉族总人口的 85.6%；藏族 2.82 万人，占 22.8%；回族 9337 人，占 7.5%；汉族 7930 人，占 6.5%；其他民族300 多人，占 0.2%。[1]

---

[1]　循化撒拉族自治县人民政府网站（http://www.xunhua.gov.cn/default.html）。

一 调查对象基本情况

本报告对循化撒拉族自治县社会经济发展的实证分析数据，基于中国社会科学院民族学与人类学研究所支持的中国社会科学院创新工程重大专项《21世纪初中国少数民族地区经济社会发展综合调查》于2014年在循化完成的家庭问卷抽样调查。循化的样本回收数据为450份，问卷回收整理录入后，主要使用SPSS软件进行统计分析，回收样本数据的基本情况见表5-1。

表5-1   循化问卷调查数据统计的基本情况   单位：%

性别	男性	72.0	户籍	农业	95.1
	女性	28.0		非农业	4.9
年龄	18岁及以下	2.5	职业类型	国家机关党群组织、事业单位负责人	1.1
	19—30岁	19.5			
	31—45岁	25.5		国家机关党群组织、事业单位工作人员	3.0
	46—60岁	26.8			
	61岁及以上	25.7			
民族	汉族	2.0		专业技术人员	0.5
	回族	9.4			
	藏族	3.8		各类企业办事人员	0.5
	撒拉族	84.2			
	其他民族	0.7		商业、服务业人员	11.8
宗教信仰	伊斯兰教	95.1			
	佛教	4.7		农林牧渔水利生产人员	38.0
	没有宗教信仰	0.2			
教育程度	未上学	35.2		生产、运输设备操作人员及有关人员	1.1
	小学至初中	52.7			
	高中	5.6		不便分类的其他从业人员	44.0
	大学及以上	6.5			

说明：职业类型是按照人力资源与社会保障部职业能力建设司公布的国家职业分类目录编制而成，详情可参见网站：http://ms.nvq.net.cn/nvqdbApp/htm/fenlei/index.html。

在循化，接受问卷调查的受访者为450个，其中男性受访者占72%，女性受访者占28%；拥有农业户口的受访者占95.1%，拥有非农业户口的受访者占 4.9%。在年龄分层上，18 岁及以下的受访者占 2.5%，19—30 岁占 19.5%，31—45 岁占 25.5%，46—60 岁占 26.8%，61 岁及以上占 25.7%。循化县以撒拉族居民为主体，表现在受访者的民族身份上，撒拉族受访者占 84.2%，回族占 9.4%，藏族占 3.8%，汉族占 2.0%，其他民族占 0.7%。循化拥有宗教信仰的居民占比较大且信仰集中，受访者中信仰伊斯兰教的占 95.1%，信仰佛教的占 4.7%，没有宗教信仰的仅占 0.2%。循化受访者的受教育水平较低，但九年义务教育的普及起到了一定成效，受访者中未上小学的占 35.2%，小学至初中学历的占 52.7%，高中学历的占 5.6%，大学及以上的占 6.5%。在职业类型上，国家机关党群组织、事业单位负责人的受访者占 1.1%，国家机关党群组织、事业单位工作人员的占 3.0%，专业技术人员的占 0.5%，各类企业办事人员的占 0.5%，商业、服务业人员的占 11.8%，农林牧渔水利生产人员的占 38.0%，生产、运输设备操作人员及有关人员的占 1.1%，而不便分类的其他从业人员占 44.0%。

二　经济生活

一个地区居民的经济生活情况涉及很多方面的内容，其中的劳动力就业、住房情况和生活质量关系到居民的切实利益，也能真实反映出当地经济社会的发展情况，因此本部分从这三个方面来分析青海循化县的经济社会发展现状。循化县问卷调查回收 450 份，其中城镇受访者的人数占比为 4.9%，导致其样本量不足 30 份，分析代表性不大，农村受访者人数占比为 95.1%，具有较强的代表性，故循化县经济社会发展情况的分析集中在农村受访者。

（一）劳动力就业

如表 5-2 所示，循化农村受访者所从事的职业类型中，农林牧渔水利生产人员的人数占比为 39.6%，商业、服务业人员的人数占比为 12.0%，国家机关党群组织、事业单位工作人员的人数占比 1.7%，国家机关党群组织、事业单位负责人的人数占比为 1.2%，生产、运输设备操作人员及有关人员的人数占比为 1.2%，专业技术人员的人数占比为 0.5%，还有不便分类的其他从业人员，在受访者中的人数占比为 43.9%。

表 5-2				循化农村受访者从事的职业类型			单位:%，个
	国家机关党群组织、事业单位负责人	国家机关党群组织、事业单位工作人员	专业技术人员	商业、服务业人员	农林牧渔水利生产人员	生产、运输设备操作人员及有关人员	不便分类的其他从业人员	样本
频率	5	7	2	50	165	5	183	417
占比	1.2	1.7	0.5	12.0	39.6	1.2	43.9	100.0

　　循化农村受访者的工作状态如表 5-3 所示，只是务农的人数最多，占比为 37.5%，只从事非农工作的占比为 11.8%。以务农为主、同时也从事非农工作的人数比例为 11.6%，而以非农工作为主、同时也务农的人数比例为 9.5%。农村非就业或城镇失业或待业人员的比例为 13.4%，家务劳动者比例为 5.8%，退休人员比例为 0.9%，全日制学生比例为 4.4%，非全日制学生比例为 0.2%，其他不工作也不上学的成员比例为 4.9%。

表 5-3				循化农村受访者的工作状态				单位:%，个
	只是务农	以务农为主、同时也从事非农工作	以非农工作为主、同时也务农	只从事非农工作	农村非就业或城镇失业或待业人员	家务劳动者	退休人员	全日制学生	非全日制学生	其他不工作也不上学的成员	样本
频率	162	50	41	51	58	25	4	19	1	21	432
占比	37.5	11.6	9.5	11.8	13.4	5.8	0.9	4.4	0.2	4.9	100.0

　　通过上面就业类型和工作状态的分析来看，循化农村受访者从事人数比例最高的工作为农村生产活动，而且最为普遍的工作状态为只是务农，外出寻找就业机会的人数占比相对有限。有过外出务工经历的循化农村受访者中，面临是否会继续选择外出务工的问题时，32.3%的受访者选择继续外出就业，67.7%的受访者不再外出就业。

表 5-4	循化农村受访者外出务工的选择		单位:%，个
	继续外出就业	不外出就业	样本
频率	81	170	251
占比	32.3	67.7	100

多数有过外出务工经历的受访者不再外出就业，分析出现这种趋势的主要原因，并按照重要性顺序分别进行原因1、原因2和原因3的分析（见表5-5、5-6、5-7）。影响最大的原因1中，排在第一位的是疾病或伤残，选择该项的人数比例为32.8%；并列第二位的原因是找不到工作（担心找不到工作）和家中农业缺乏劳动力，选择比例都为24.1%；不适应外地生活环境、收入没有在家稳定和语言能力不强为并列第四位的原因，选择比例都为4.3%；并列第七位的原因为回家结婚、生育和当地能找到满意的工作，选择比例都为1.7%；居于最末位的三个原因分别为受歧视，缺乏同乡或熟人带领和不适应工作纪律、管理约束等，选择比例都为0.9%。影响力略差的原因2中，根据选择比例高低依次为家中农业缺乏劳动力、不适应外地生活环境、疾病或伤残、找不到工作（担心找不到工作）、语言能力不强、收入没有在家稳定、回家结婚生育、缺乏同乡或熟人带领、当地能找到满意的工作。而影响力最弱的原因3中，依据选择比例高低依次为不适应外地生活环境、家中农业缺乏劳动力、语言能力不强、缺乏同乡或熟人带领、找不到工作（担心找不到工作）、疾病或伤残、收入没有在家稳定、当地能找到满意的工作以及不适应工作纪律、管理约束等。

表5-5　　　　循化受访农村居民未外出务工的主要原因—原因1

单位:%，个

	找不到工作(担心找不到工作)	不适应外地生活环境	收入没有在家稳定	受歧视	疾病或伤残	家中农业缺乏劳动力	回家结婚、生育	当地能找到满意的工作	语言能力不强	缺乏同乡或熟人带领	不适应工作纪律、管理约束等	样本
频率	28	5	5	1	38	28	2	2	5	1	1	116
占比	24.1	4.3	4.3	0.9	32.8	24.1	1.7	1.7	4.3	0.9	0.9	100.0

表5-6　　　　循化农村受访居民未外出务工的主要原因—原因2

单位:%，个

	找不到工作(担心找不到工作)	不适应外地生活环境	收入没有在家稳定	疾病或伤残	家中农业缺乏劳动力	回家结婚、生育	当地能找到满意的工作	语言能力不强	缺乏同乡或熟人带领	样本
频率	9	17	4	14	25	2	1	8	2	82
占比	11.0	20.7	4.9	17.1	30.5	2.4	1.2	9.8	2.4	100.0

表 5-7　　　　　　　循化农村居民未外出务工的主要原因—原因 3　　单位:%，个

	找不到工作(担心找不到工作)	不适应外地生活环境	收入没有在家稳定	疾病或伤残	家中农业缺乏劳动力	当地能找到满意的工作	语言能力不强	缺乏同乡或熟人带领	不适应工作纪律、管理约束等	样本
频率	5	10	3	4	10	3	9	7	1	52
占比	9.6	19.2	5.8	7.7	19.2	5.8	17.3	13.5	1.9	100.0

　　对于坚持外出务工选择的农村受访者，表 5-8、5-9、5-10 揭示出一些因素成为外出务工的重要障碍，并根据影响力程度对排在前三位的外出务工障碍进行了分析。影响力排在首位的障碍因素中，选择得不到相关就业信息的人数占比为 33.7%，工作辛苦收入低的比例为 15.3%，生活习俗不能适应的比例为 12.5%，家里需要照顾必须返乡的比例为 11.8%，想留在就业地但生活成本太高的比例为 4.3%，语言障碍的比例为 3.9%，被当地人看不起、气候自然环境不能适应、孩子就学困难的比例均为 3.5%，当地政府的政策限制的比例为 0.8%。影响力排在第二位的障碍因素中，选择工作辛苦收入低的人数比例为 19.6%，生活习俗不能适应的比例为 18.3%，想留在就业地但生活成本太高的比例为 11.2%，孩子就学困难的比例为 10.3%，气候自然环境不能适应的比例为 8.9%，得不到相关就业信息的比例为 8.5%，被当地人看不起、家里需要照顾必须返乡的比例分别都为 8%，语言障碍的比例为 4%，当地政府的政策限制的比例为 1.3%，社保缴费高、关系难转移的比例为 0.9%。而影响力排在第三位的障碍因素中，选择家里需要照顾必须返乡的人数比例为 19.7%，孩子就学困难的比例为 13.8%，生活习俗不能适应、气候自然环境不能适应的比例分别都为 13.3%，语言障碍的比例为 10.1%，工作辛苦收入低的比例为 8.0%，想留在就业地但生活成本太高的比例为 6.4%，得不到相关就业信息的比例为 4.8%，被当地人看不起、社保缴费高关系难转移的比例分别都为 4.3%，当地政府的政策限制的比例为 1.6%。

表 5-8　　　　　　　循化农村受访居民外出务工障碍—第一位　　单位:%，个

	得不到相关就业信息	被当地人看不起	工作辛苦收入低	想留在就业地但生活成本太高	生活习俗不能适应	气候自然环境不能适应	孩子就学困难	家里需要照顾必须返乡	当地政府的政策限制	语言障碍	其他(请注明)	样本
频率	86	9	39	11	32	9	9	30	2	10	18	255
占比	33.7	3.5	15.3	4.3	12.5	3.5	3.5	11.8	0.8	3.9	7.1	100.0

表 5-9　　　　　　　循化农村受访居民外出务工障碍—第二位　　　单位:%，个

	得不到相关就业信息	被当地人看不起	工作辛苦收入低	想留在就业地但生活成本太高	生活习俗不能适应	气候自然环境不能适应	孩子就学困难	家里需要照顾必须返乡	当地政府的政策限制	社保缴费高关系难转移	语言障碍	其他（请注明）	样本
频率	19	18	44	25	41	20	23	18	3	2	9	2	224
占比	8.5	8.0	19.6	11.2	18.3	8.9	10.3	8.0	1.3	0.9	4.0	0.9	100.0

表 5-10　　　　　　循化农村受访居民外出务工障碍—第三位　　　单位:%，个

	得不到相关就业信息	被当地人看不起	工作辛苦收入低	想留在就业地但生活成本太高	生活习俗不能适应	气候自然环境不能适应	孩子就学困难	家里需要照顾必须返乡	当地政府的政策限制	社保缴费高关系难转移	语言障碍	其他（请注明）	样本
频率	9	8	15	12	25	25	26	37	3	8	19	1	188
占比	4.8	4.3	8.0	6.4	13.3	13.3	13.8	19.7	1.6	4.3	10.1	0.5	100.0

（二）家庭住房

循化县在切实增强农牧民的投资创业能力和增收空间上，积极推进农村金融方面，力求取得实效，其中重要的一项为已经开始推进的农村产权确权登记发证，并完善资产评估体系，建立县级产权流转交易服务中心和担保服务机制，突破贷款抵押瓶颈①。本次循化问卷调查的土地确权内容包括两个主要方面，一方面为农村受访者对土地是否已经或者准备确权的选择。总体来看，土地已经或者准备确权的农村受访者人数比例为 43.5%，土地没有确权的比例为 10.6%，同时还有 45.95 的受访者不清楚土地确权情况。分民族来看，43.4%撒拉族农村受访者表示土地已经或者准备确权，11.7%表示没有且不准备确权，还有 44.9%的受访者不清楚土地确权的情况；41.0%的回族农村受访者表示土地已经或者准备确权，5.1%表示没有且不准备确权，53.8%的受访者不清楚土地确权情况（见表 5-11）。

----

① 循化县政府工作报告，2015 年 3 月 19 日，获取时间 2015 年 12 月 12 日。

表 5-11		土地是否已经或者准备确权的选择		单位:%，个
	是	否	不知道	样本量
总体	43.5	10.6	45.9	416
撒拉族	43.4	11.7	44.9	350
回族	41.0	5.1	53.8	39

　　循化问卷调查中土地确权内容的另一方面为对土地确权工作的评价，39.0%的受访者认为土地确权工作很公平，2.9%认为不公平，2.9%认为无所谓，55.1%表示并不清楚工作情况。分民族来看，38.3%的撒拉族农村受访者认为土地确权工作很公平，2.9%认为不公平，3.5%表示无所谓，55.3%表示不清楚；38.5%的回族农村受访者认为很公平，5.1%认为不公平，还有56.4%不清楚（见表 5-12）。

表 5-12		土地确权工作的评价		单位:%，个
	很公平	不公平	无所谓	不清楚	样本量
总体	39.0	2.9	2.9	55.1	408
撒拉族	38.3	2.9	3.5	55.3	342
回族	38.5	5.1	0.0	56.4	39

　　循化农村受访者中多数都拥有自己的住房，且拥有一套住房的人数比例最高，为 94.7%，1.0%的受访者不拥有住房，3.8%拥有两套住房，0.5%拥有三套住房。不同的民族拥有类似的情况，94.4%的撒拉族农村受访者拥有一套住房，1.1%不拥有住房，4%拥有两套住房，0.6%拥有三套住房；接受调查的回族农村居民则全部拥有一套住房（见表 5-13）。

表 5-13		农村受访者拥有住房的数量		单位:%，个
	0 套	1 套	2 套	3 套	样本量
总体	1.0	94.7	3.8	0.5	417
撒拉族	1.1	94.4	4.0	0.6	354
回族	0.0	100.0	0.0	0.0	40

　　对于当前的住房，农村受访者比较满意，71.1%的受访者表示满意，19.9%评价一般，8.9%表示不满意。分民族来看，72.5%的撒拉族农村受访者对当前住房表示满意，19.4%评价一般，8.0%表示不满意；

72.5%的回族农村受访者表示满意，20%评价一般，7.5%表示不满意。

表 5-14　　　　　　　　农村受访者对当前住房的满意度　　　　单位:%，个

	满意	一般	不满意	样本量
总体	71.1	19.9	8.9	381
撒拉族	72.5	19.4	8.0	324
回族	72.5	20.0	7.5	40

（三）生活质量

与五年前相比，循化农村受访者对当前的生活质量评价较高，42.2%的受访者认为生活质量上升很多，41.9%的认为略有上升，8.5%的认为没有变化，2.8%的认为略有下降，2.1%的认为下降很多，还有2.4%的认为不好说。该评价在撒拉族和回族受访者中的差距不大，40.9%的撒拉族受访者认为生活质量上升很多，41.5%的认为略有上升，9.5%的认为没有变化，3.4%的认为略有下降，2.2%的认为下降很多，还有2.5%的受访者认为不好说；42.5%的回族受访者认为生活质量上升很多，50.0%的认为略有上升，5.0%的认为没有变化，2.5%的认为不好说。

表 5-15　　　　　与五年前相比，农村受访者对当前生活质量的评价

单位:%，个

	上升很多	略有上升	没有变化	略有下降	下降很多	不好说	样本量
总体	42.2	41.9	8.5	2.8	2.1	2.4	422
撒拉族	40.9	41.5	9.5	3.4	2.2	2.5	357
回族	42.5	50.0	5.0	0.0	0.0	2.5	40

立足当前，循化农村受访者对未来五年生活水平的预期也相对积极，但持不确定态度的人数比例上升。总体上，32.2%的受访者认为未来五年生活水平会上升很多，35.5%的认为会略有上升，2.6%的认为会没有变化，0.5%的认为略有下降，1.2%的认为会下降很多，28.1%的认为不好说。分民族来看，30.5%的撒拉族受访者认为未来五年生活水平会上升很多，35.0%的认为会略有上升，2.8%的认为会没有变化，0.3%的认为会略有下降，1.4%的认为会下降很多，30%的认为不好说；37.5%的回族受访者认为未来生活水平会上升很多，37.5%的认为会略有上升，2.5%

的认为会没有变化，2.5%的认为会略有下降，20.0%的认为不好说。

表 5-16　　　　　　　农村受访者对未来五年生活水平的预期　　　　单位:%，个

	上升很多	略有上升	没有变化	略有下降	下降很多	不好说	样本量
总体	32.2	35.5	2.6	0.5	1.2	28.1	423
撒拉族	30.5	35.0	2.8	0.3	1.4	30.0	357
回族	37.5	37.5	2.5	2.5	0.0	20.0	40

在与自己经济、社会条件的他人进行比较中，循化农村受访者对自己所处的社会经济地位给出了自己的判断，而且自我认知的水平不高。总体上，仅有1.4%的受访者认为自己处于社会经济中的"上"地位，4.3%的认为自己处于"中上"地位，34.5%的认为自己处于"中"地位，21.3%的认为自己处于"中下"地位，还有30.5%的认为自己处于"下"地位。撒拉族和回族的判断与总体情况大体相同，1.7%的撒拉族农村受访者认为自己处于社会经济中的"上"地位，5.0%的认为自己处于"中上"地位，33.6%的认为处于"中"地位，20.7%的认为处于"中下"地位，31.4%的认为处于"下"地位；同时50.0%的回族农村受访者认为自己处于社会经济中的"中"地位，15.0%的认为自己处于"中下"地位，22.5%的认为自己处于"下"地位。

表 5-17　　　　　　农村受访者对自己所处社会经济地位的判断　　　单位:%，个

	上	中上	中	中下	下	不好说	样本量
总体	1.4	4.3	34.5	21.3	30.5	8.0	423
撒拉族	1.7	5.0	33.6	20.7	31.4	7.6	357
回族	0.0	0.0	50.0	15.0	22.5	12.5	40

三　民族政策

对于青海循化县的民族政策，本报告主要从计划生育政策、高考加分政策和民族特殊优惠政策三个方向来进行分析。由于循化城镇受访者样本量的限制，所以城镇受访者的情况并不做详细分析。

（一）计划生育政策

对于少数民族地区及少数民族计划生育政策，循化受访者的评价较

高，69.8%的受访者认为好，21.1%的认为一般，还有9.1%的认为不好。具体来分析农村受访者的情况，总体上，70.0%的受访者认为计划生育政策好，20.7%的认为一般，9.2%的认为不好；69.7%的农村撒拉族受访者认为计划生育政策好，19.9%的人认为一般，10.4%的认为不好；79.5%的农村回族受访者认为计划生育政策好，17.9%的认为一般，2.6%的认为不好。

表5-18　循化受访者对少数民族地区及少数民族计划生育政策的评价

单位:%，个

	好	一般	不好	样本量
总体	69.8	21.1	9.1	374
农村总体	70.0	20.7	9.2	357
农村—撒拉族	69.7	19.9	10.4	297
农村—回族	79.5	17.9	2.6	39

（二）高考加分政策

少数民族地区高考加分政策，循化受访者的评价一致，满意率较高，97.4%的受访者满意民族地区的高考加分政策，仅有2.6%的受访者表示不满意。农村受访者中，97.8%的表示了对民族地区高考加分政策的满意，2.2%的表示不满意；97.4%的撒拉族农村受访者认为满意，2.6%的表示不满意；接受访谈的33位回族农村居民全部满意于当前民族地区的高考加分政策。

表5-19　　　循化受访者对少数民族地区高考加分政策的评价　单位:%，个

	满意	不满意	样本量
总体	97.4	2.6	341
农村总体	97.8	2.2	324
农村—撒拉族	97.4	2.6	265
农村—回族	100.0	0.0	33

（三）民族地区特殊优惠政策

循化受访者对民族地区特殊优惠政策的满意度较高，但相较于计划生育政策和民族地区的高考加分政策，满意率较低，同时有一定比例的受访

者表示并不清楚该政策。总体上，75.8%的受访者对民族特殊优惠政策表示满意，4.7%的表示不满意，19.5%的表示不清楚；农村总体情况类似，75.6%的农村受访者表示满意，4.4%的表示不满意，20%的表示不清楚；74.9%的撒拉族农村受访者表示满意，4.1%的表示不满意，21.1%的表示不清楚；76.3%的回族农村受访者表示满意，5.3%的表示不满意，18.4%的表示不清楚。

表5-20　　　　　　循化受访者对民族特殊优惠政策的评价　　　　单位:%，个

	满意	不满意	不清楚	样本量
总体	75.8	4.7	19.5	426
农村总体	75.6	4.4	20.0	405
农村—撒拉族	74.9	4.1	21.1	342
农村—回族	76.3	5.3	18.4	38

四　民族文化

　　循化撒拉族自治县以撒拉族居民为主，因此其民族文化的分析也集中在撒拉族文化上。在长期的融合与发展中，撒拉族逐渐形成了具有鲜明特点的民族文化，不仅继承了其先民的突厥—伊斯兰文化，而且在和汉、藏等民族的交往中，也积极吸收了大量的外来文化，文化内容进一步丰富。[1] 为了详细描述青海撒拉族民族文化，报告从民族文化现状、民族文化传承和民族文化保护三个方面进行分析，由于城镇受访者样本数量过少，故不作详细分析，而以农村户籍受访者的民族文化作为分析的重点。

（一）民族文化现状

　　随着时代发展，撒拉族民族文化不断丰富，也呈现出新的变化，这体现在民族受访者对最具民族特色的文化类型的排序上。对于第一位最具特色少数民族文化的类型选择上，34.9%的受访者选择了宗教活动习俗，17.9%的选择了传统节日，17.0%的选择了传统服饰，15.6%的选择了传统民居，其后依次是传统饮食、传统生产方式、道德规范、人际交往习俗、人生礼仪，同时没有受访者将传统文娱活动纳入考虑范围；第二位最具特

---

　　① 马伟：《撒拉族文化的传承与发展》，《中国穆斯林》2015年第1期。

色少数民族文化的类型选择上，排在前列的为传统节日、宗教活动习俗、传统服饰和传统饮食，人数比例分别为 32.9%、15.9%、14.1% 和 12.0%，其后依次为传统民居、传统生产方式、人际交往习俗、道德规范、传统文娱活动和认识礼仪；第三位最具特色少数民族文化的类型选择上，排在前三位的为宗教活动习俗、传统饮食、传统节日和传统服饰，人数比例分别为 31.4%、17%、16% 和 13.1%，之后的文化类型依次是传统民居、人生礼仪、人际交往习俗、传统文娱活动、道德规范、传统生产方式。总体上看，撒拉族居民倾向于更具形式感的文化，将其作为本民族特色文化的代表，例如宗教活动习俗和传统节日的选择人数比例就相对较高。

表 5-21　　　　　　　　　最具特色的少数民族文化类型　　　　　　单位:%，个

	传统民居	传统服饰	传统节日	人生礼仪	传统文娱活动	传统饮食	道德规范	人际交往习俗	传统生产方式	宗教活动习俗	其他（请注明）	样本量
第一位	15.6	17.0	17.9	1.4	0.0	3.7	2.3	2.0	3.1	34.9	2.0	352
第二位	9.6	14.1	32.9	1.5	2.1	12.0	3.6	3.9	4.2	15.9	0.3	334
第三位	7.2	13.1	16.0	4.6	3.3	17.0	2.0	4.2	1.0	31.4	0.3	306

（二）民族文化的传承

面对"您觉得您的子女和您及您上辈相比，接受本民族语言、文化和风俗习惯的意愿如何"的提问，撒拉族受访者从语言文字、风俗、宗教和特色手艺四个方面给出了回答。语言文字方面，94.3% 的受访者认为子女更愿意接受，2.3% 的认为不愿意；风俗方面，97.2% 的受访者认为愿意，1.4% 的认为不愿意；宗教方面，98.3% 的认为愿意，0.6% 的认为不愿意；特色手艺方面，69.7% 的受访者认为愿意，6.3% 的认为不愿意。总体上看，民族文化在代际传承上不存在明显障碍，撒拉族的新一代愿意接受本民族的语言文字、风俗、宗教和特色手艺。

表 5-22　　　　受访者子女接受本民族语言、文化和风俗习惯的意愿

单位:%，个

	愿意	不愿意	无所谓	样本量
语言文字	94.3	2.3	3.4	351
风俗	97.2	1.4	1.4	351
宗教	98.3	0.6	1.1	350
特色手艺	69.7	6.3	24.0	350

　　而在撒拉族如何传承本民族民俗文化上，报告就主要渠道进行了分析。问卷调查根据重要性，对了解本民族民俗文化的渠道进行了排序，排在第一位的渠道中，家庭、邻里、亲朋耳濡目染的人数比例为74.4%，广播、电视、互联网等的比例为15.9%，接下来的渠道依次为学校教育、村庄或社区的公共文化等活动、旅游展示、图书报刊；排在第二位的渠道中，村庄或社区的公共文化等活动的人数比例为47.9%，广播、电视、互联网等的比例为25.0%，家庭、邻里、亲朋耳濡目染的比例为11.6%，学校教育的比例为11.6%，其他渠道依次为图书报刊、旅游展示；排在第三位的渠道中，村庄或社区的公共文化等活动的比例为33.5%，广播、电视、互联网等的比例为28.6%，学校教育的比例为11.2%，其他渠道依次为家庭、邻里、亲朋耳濡目染，图书报刊，旅游展示。

表5-23　　　　　　　　　了解本民族民俗文化的主要渠道　　　　单位:%，个

	家庭、邻里、亲朋耳濡目染	学校教育	村庄或社区的公共文化等活动	旅游展示	广播、电视、互联网等	图书报刊	其他（请注明）	样本量
第一位	74.4	5.4	2.3	0.6	15.9	0.6	0.9	352
第二位	11.6	11.6	47.9	1.4	25.0	2.1	0.4	284
第三位	8.7	11.2	33.5	6.2	28.6	7.5	4.3	161

（三）民族文化的保护

　　根据当前民族文化传承的实际情况，撒拉族受访者提出最需要政府保护的传统文化，并根据保护的紧迫性进行了排序。位于最需要政府保护传统文化第一位的，选择宗教活动习俗的人数比例最高，为42.7%，接下来按照比例高低依次为传统节日、传统服饰、传统民居、传统饮食、道德规范、传统生产方式、人生礼仪、人际交往习俗；居于最需保护第二位的，选择传统节日的比例最高，为32.9%，接下来按照比例高低依次为宗教活动习俗、传统饮食、传统服饰、传统民居、人生礼仪、道德规范、传统生产方式、传统文娱活动、人际交往习俗；居于最需要保护第三位的，选择传统节日的比例最高，为32.9%，接下来依次为宗教活动、传统饮食、传统服饰、传统民居、人生礼仪、道德规范、传统生产方式、传统文娱活动、人际交往习俗。

表 5-24　　　　　　受访者认为最需要政府保护的传统文化　　　单位:%，个

	传统民居	传统服饰	传统节日	人生礼仪	传统文娱活动	传统饮食	道德规范	人际交往习俗	传统生产方式	宗教活动习俗	其他	样本量
第一位	10.5	14.8	17.9	1.4	0.0	3.7	2.0	1.1	2.0	42.7	3.7	351
第二位	8.5	12.5	32.9	4.1	2.2	12.9	3.8	2.2	3.4	16.9	0.6	319
第三位	8.5	12.5	32.9	4.1	2.2	12.9	3.8	2.2	3.4	16.9	0.6	319

　　我国政府一直重视民族文化传承和多样性的保护，而这种保护也越来越紧迫，撒拉族受访者比较满意政府对当地文化和民族文化的保护，但这一满意率略低于受访者的平均评价水平和回族受访者的评价。对比来看，撒拉族受访者对政府保护本地文化和少数民族文化的满意率为 69.5%，比循化农村受访者的满意率低 1.6 个百分点，比回族受访者的满意率低 19.7 个百分点。

表 5-25　　　　受访者对政府保护本地文化和少数民族文化的评价

单位:%，个

	满意	不满意	不好说	样本量
总体	71.1	8.0	20.9	388
撒拉族	69.5	9.1	21.3	328
回族	89.2	0.0	10.8	37

（四）民族宗教信仰

　　作为具有多种表现形式和丰富内涵的社会精神现象和文化现象，各种形态的宗教信仰并存于不同民族之中，并以独特的方式影响着信教群众的道德观念、价值尺度和日常行为，宗教信仰的作用渗透于民族地区社会生活的方法面面[1]。循化作为民族聚居地区，九成以上的受访者信仰伊斯兰教，少量受访者信仰佛教，宗教信仰是当地居民生活的重要组成部分。

　　循化县作为少数民族聚居地区，九成以上的受访者信仰宗教，并以伊斯兰教为主。总体来看，95.1%的受访者信仰伊斯兰教，4.7%信仰佛教，

---

　　① 王帆:《新疆少数民族宗教信仰特点及应正确区分的几种关系》，《新疆社科论坛》2013年第 1 期。

0.2%没有宗教信仰。分民族来看，99.7%的撒拉族受访者信仰伊斯兰教，0.3%没有宗教信仰；所有的回族受访者均信仰伊斯兰教。其中，藏族受访者多数信仰佛教，由于样本量偏小不具备代表性，故不作详细的分析。

表 5-26　　　　　　循化受访地区宗教信仰现状　　　　单位:%，个

	伊斯兰教	佛教	没有宗教信仰	样本量
总体	95.1	4.7	0.2	446
撒拉族	99.7	0.0	0.3	376
回族	100.0	0.0	0.0	41

对于宗教信众规模的未来发展，受访者对自己所信仰的宗教表现出了积极的态度。对自己信仰的伊斯兰教，84.4%的撒拉族受访者认为信众规模会不断扩大，2.4%认为会逐渐缩小，9.7%认为没有变化，3.5%不知道；而对于佛教（汉传或南传）和藏传佛教，由于了解不多，九成左右的受访者表示不知道信众的未来发展趋势。回族受访者也出现了类似的评价，92.9%的回族受访者认为伊斯兰教信众规模会不断扩大，2.4%认为会逐渐缩小，2.4%认为没有变化，2.4%不知道；同样地，九成以上的回族受访者也不清楚佛教（汉传或南传）和藏传佛教的未来发展趋势。

表 5-27　　　　　受访者对当地宗教信众的未来发展趋势　　　单位:%，个

		不断扩大	逐渐缩小	没有变化	不知道	样本量
撒拉族	伊斯兰教	84.4	2.4	9.7	3.5	372
	佛教（汉传或南传）	1.9	0	3.8	94.3	366
	藏传佛教	7.9	0.5	6.3	85.2	365
回族	伊斯兰教	92.9	2.4	2.4	2.4	42
	佛教（汉传或南传）	0.0	0.0	0.0	100.0	42
	藏传佛教	7.1	0.0	2.4	90.5	42

五　民族关系与族际交往

循化撒拉族自治县是重要的民族聚居区，地区民族关系和族际交往关系到地区社会稳定和居民的日常生活，本部分从交流语言、民族间交往、民族歧视、民族冲突和民族关系五个方面来描述和分析循化的民族关系和族际交往情况。

（一）交流语言情况

语言是有效交流与沟通的重要途径和手段，因此交流语言的使用可以从侧面观察循化不同民族居民间交流的顺畅程度。在回收的循化问卷调查中，由于非农业户籍的样本量过少，不足以支撑有代表性的分析，因此接下来不单独对非农业户籍样本做详细分析。总体来看，85.6%的受访者在地区交往中使用本民族语言，59%使用汉语方言，46.9%使用普通话，3.5%使用其他少数民族语言；94.9%的撒拉族受访者在地区交往中使用本民族语言，53.5%使用汉语方言，48.7%使用普通话，3.4%使用其他少数民族语言；10.0%的回族受访者在地区交往中使用本民族语言，92.5%使用汉语方言，27.5%使用普通话，5.0%使用其他少数民族语言。循化是撒拉族的聚居区，居民中以撒拉族为主，因此撒拉族语言是受访者进行交流的主要用语，而不同民族间的交流则以汉语方言和普通话为主，且人数在50%左右，当地交往中不存在突出的沟通障碍。

表 5-28　　　　　地区交往中使用不同语言的受访人数比例　　　单位:%，个

	普通话	汉语方言	本民族语言	其他少数民族语言	样本量
总体	46.9	59.0	85.6	3.5	439
农村总体	46.4	58.1	85.6	3.6	418
农村—撒拉族	48.7	53.5	94.9	3.4	353
农村—回族	27.5	92.5	10.0	5.0	40

说明：交谈中使用语言种类有交叉，故总和不是100%。

（二）民族间交往

撒拉族是循化的主要少数民族，因此民族间交往的意愿分析立足撒拉族受访者，分析其与汉族、其他少数民族的交往。在撒拉族受访者与汉族人交往方面，聊天的意愿比重为 89.8%（很愿意 62.9%，比较愿意26.9%），成为邻居的意愿为 85.6%（很愿意 56.3%，比较愿意 29.3%），一起工作的意愿为 88.2%（很愿意 57.2%，比较愿意 31%），成为亲密朋友的意愿为 79.3%（很愿意 52.9%，比较愿意 26.4%），成为亲家的意愿为 21.3%（很愿意 7.6%，比较愿意 13.7%）；在撒拉族受访者与其他民族交往方面，聊天的意愿比重为 92.6%（很愿意 64.3%，比较愿意

28.3%），成为邻居的意愿为89.7%（很愿意59.4%，比较愿意30.3%），一起工作的意愿为89.2%（很愿意60.9%，比较愿意28.3%），成为亲密朋友的意愿为83.2%（很愿意57.1%，比较愿意26.1%），成为亲家的意愿为29.4%（很愿意13.6%，比较愿意15.8%）。在日常交往上，撒拉族受访者表现出了积极与汉族、其他少数民族交往的意愿，但是随着交往的深入，特别是涉及血缘的亲密关系，撒拉族受访者的谨慎态度增强。

表5-29　　　　　撒拉族受访居民与汉族人交往的意愿　　　　单位:%，个

	很愿意	比较愿意	不太愿意	不愿意	不好说	样本量
聊天	62.9	26.9	4.3	4.3	1.7	350
成为邻居	56.3	29.3	5.7	6.3	2.3	348
一起工作	57.2	31.0	4.6	5.5	1.7	348
成为亲密朋友	52.9	26.4	8.9	7.5	4.3	348
成为亲家	7.6	13.7	15.4	53.5	9.9	344

表5-30　　　　　撒拉族受访居民与其他民族人交往的意愿　　　　单位:%，个

	很愿意	比较愿意	不太愿意	不愿意	不好说	样本量
聊天	64.3	28.3	1.2	3.4	2.8	325
成为邻居	59.4	30.3	4.6	3.4	2.2	323
一起工作	60.9	28.3	5.6	3.1	2.2	322
成为亲密朋友	57.1	26.1	8.1	5.3	3.4	322
成为亲家	13.6	15.8	13.6	32.5	24.5	323

　　在社会交往、工作就业、日常生活，以及在外出旅行、出国时，民族身份是否会造成不便利情况的出现，也是本次调查的内容之一。在社会交往、工作就业、日常生活方面，民族身份是否会导致不便利情况的评价中，76.0%的撒拉族受访者认为没有，7.2%认为很少，7.0%认为偶尔有，1.4%认为经常有；而66.7%的回族受访者认为没有，23.8%认为很少，2.4%认为偶尔有。在外出旅行、出国时，民族身份是否会导致不便利情况的出现，51.9%的撒拉族受访者认为没有，6.3%认为很少，27.9%认为偶尔有，13.9%认为经常有；而38.2%的回族受访者认为没有，23.5%认为很少，25.2%认为偶尔有，2.9%认为经常有。可以看出在日常生活区域，受访者不认为民族身份会给自己带来不便利，而在生活

区域以外民族身份的不便利情况有时可能出现。

表5-31　　　　　　受访者对民族身份在社会交往、工作就业、
　　　　　　　　　日常生活中出现不便利的情况的评价　　单位:%，个

	经常有	偶尔有	很少	没有	不清楚	样本量
撒拉族	1.4	7.0	7.2	76.0	8.4	359
回族	0.0	2.4	23.8	66.7	7.1	42

表5-32　　　　　　民族身份在外出旅行、出国时有无不便利　　单位:%，个

	经常有	偶尔有	很少	没有	样本量
撒拉族	13.9	27.9	6.3	51.9	287
回族	2.9	35.3	23.5	38.2	34

（三）民族关系评价

　　撒拉族受访者和回族受访者对民族关系的评价较好，而且这种评价随着时间的推移趋好。在改革开放前，47.7%的撒拉族受访者认为民族关系好，27.1%认为一般；而在改革开放以来—2000年，这两个比例都有所扩大，61.5%的撒拉族受访者认为好，28.7%认为一般；进入2001年以来，72.4%的撒拉族受访者认为民族关系好，20.3%认为一般，中上评价的人数比重进一步扩大。受限于样本量，撒拉族这种增长趋势在回族受访者中间表现得不是特别突出，在改革开放前，45.2%的回族受访者认为民族关系好，35.7%认为一般；在改革开放以来—2000年，69%的回族受访者认为民族关系好，28.6%认为一般；而进入2001年以来，评价的人数比例与上一阶段持平，没有变化。

表5-33　　　　　　　　对不同历史时期民族关系的评价　　单位:%，个

	撒拉族					回族				
	好	一般	不好	说不清	样本量	好	一般	不好	说不清	样本量
改革开放前	47.7	27.1	6.0	19.2	369	45.2	35.7	0.0	19.0	42
改革开放以来—2000年	61.5	28.7	1.1	8.7	369	69.0	28.6	2.4	0.0	42
2001年以来	72.4	20.3	1.1	6.2	369	69.0	28.6	2.4	0.0	42

循化民族关系，还可通过在民族间冲突和不同宗教信仰者间的冲突评价情况反映出来。超过七成的受访者认为民族冲突并不严重（包括不算严重和完全不严重），而且撒拉族受访者的评价好于回族受访者。对于民族间冲突，47.4%的撒拉族受访者认为完全不严重，34.7%认为不算严重，12.7%认为有点严重，5.1%认为非常严重；同时，29.3%的回族受访者认为完全不严重，43.9%认为不算严重，24.4%认为有点严重，2.4%认为非常严重。对于不同宗教信仰者间冲突，48.9%的撒拉族受访者认为完全不严重，36.4%认为不算严重，7.7%认为有点严重，7%认为非常严重；25.6%的回族受访者认为完全不严重，48.7%认为不算严重，20.5%认为有点严重，5.1%认为非常严重。

表 5-34　　　　　　　　　受访者对民族间冲突的评价　　　　　　单位:%，个

	非常严重	有点严重	不算严重	完全不严重	样本量
撒拉族	5.1	12.7	34.7	47.4	331
回族	2.4	24.4	43.9	29.3	41

表 5-35　　　　　　　　对不同宗教信仰者间冲突的评价　　　　　单位:%，个

	非常严重	有点严重	不算严重	完全不严重	样本量
撒拉族	7.0	7.7	36.4	48.9	313
回族	5.1	20.5	48.7	25.6	39

六　民族认同和国家认同

民族内部成员对其自然及文化倾向性的认可与共识，形成民族认同；而国家内部成员对自己祖国的历史文化传统、道德价值观、理想信念、国家主权等的认同，形成国家认同。在多民族国家里，国家认同与民族认同总是处于并存的两个方面，国家需要从民族认同上升到国家认同，在现代国家，如果停留在民族认同则有可能阻碍国家认同的形成。① 本部分从民族认同和国家认同两方面进行分析。

---

① 贺金瑞、燕继荣:《论从民族认同到国家认同》,《中央民族大学学报》（哲学社会科学版）2008 年第 3 期。

（一）　民族认同

总体看来，在日常生活中，循化地区有 31.2% 的受访者认为民族身份更重要，27.3% 认为公民身份更重要，41.5% 认为民族身份和公民身份一样重要。对比不同少数民族受访者，28.5% 的撒拉族受访者认为民族身份在日常生活中更重要，28.3% 认为公民身份更重要，43.2% 认为两种身份一样重要；42.9% 的回族受访者认为民族身份更重要，16.7% 认为公民身份更重要，40.5% 认为两种身份一样重要。

表 5-36　　　　　受访者对日常生活中，更重视哪种身份的选择　　单位:%，个

	民族身份	公民身份	一样重要	样本量
总体	31.2	27.3	41.5	436
撒拉族	28.5	28.3	43.2	368
回族	42.9	16.7	40.5	42

（二）　国家认同

面临外国人询问身份时，76.3% 的受访者将国民身份置于民族身份前，9.2% 将民族身份置于国民身份前，10.8% 认为国民身份和民族身份不分先后，还有 3.7% 认为不好回答。对比撒拉族和回族受访者，79.6% 的撒拉族受访者将国民身份置于民族身份前，6.5% 将民族身份置于国民身份前，9.8% 认为国民身份和民族身份不分先后，4.1% 认为不好回答；50.0% 的回族受访者将国民身份置于民族身份前，23.8% 将民族身份置于国民身份前，23.8% 认为两种身份不分先后，2.4% 认为不好回答。

表 5-37　　　　　面临外国人询问身份时，受访者回答的顺序　　单位:%，个

	中国人、本民族	本民族、中国人	中国人和本民族部分先后	不好回答	样本量
总体	76.3	9.2	10.8	3.7	435
撒拉族	79.6	6.5	9.8	4.1	368
回族	50.0	23.8	23.8	2.4	42

七　社会公共服务

随着中国经济发展水平和居民收入水平的提高，居民对公共服务需求

水平也处于上升期，而优质公共服务资源相对不足和分布不均的矛盾日益突出①。青海循化属于西部民族地区，需要积极发展社会公共服务，发展教育、科技、文化、卫生、体育等公共事业，以满足循化居民的需要，为社会公众参与社会经济、政治、文化活动等提供保障。本部分重点从公共基础设施、社会保障项目和扶贫政策三个方面来进行分析，由于撒拉族是循化地区问卷调查的主体，故重点分析撒拉族受访者，且城镇受访者样本量低于 30 份，故不区分城镇和乡村受访者。

（一）公共基础设施

公共基础设施参与问卷调查的内容包括幼儿园、小学、中学、医院、治安设施、活动中心、运动场所及器材、农贸市场、车站（码头）、邮电所和银行（信用社），撒拉族受访者对上述各项公共基础设施的满意度较高。其中，满意度较高的基础设施为小学、银行（信用社）和幼儿园，满意率分别为 48.9%、41.3% 和 41.2%；不满意率最高的为农贸市场和医院，不满意率分别为 10.9% 和 10.5%；基础设施覆盖率最低，即缺失率最高的基础设施为运动场所及器材、活动中心、车站（码头）和农贸市场，缺失率分别为 33.8%、26.3%、24% 和 21.5%。在循化地区，基础教育和银行设施的铺设水平提高，关系到高质量生活水平的基础设施建设不够完备，特别是运动、商贸和出行设施的铺设已逐渐不能满足当地撒拉族受访者的需要。

表 5-38　　　农村受访者对公共基础设施满意度评价——撒拉族

单位:%，个

	满意	一般	不满意	不好说	没有该设施	样本量
幼儿园	41.2	26.1	8.4	11.9	12.4	371
小学	48.9	35.3	9.9	5.1	0.8	374
中学	37.5	36.7	7.0	11.3	7.5	371
医院	35.9	40.8	10.5	8.0	4.8	373
治安设施	32.2	38.4	7.1	10.4	12.0	367
活动中心	27.9	31.2	4.9	9.8	26.3	369

---

①　蔡秀云、李雪、汤寅昊:《公共服务与人口城市化发展关系研究》,《中国人口科学》2012 年第 6 期。

续表

	满意	一般	不满意	不好说	没有该设施	样本量
运动场所及器材	19.6	31.6	7.1	7.9	33.8	367
农贸市场	19.9	39.2	10.9	8.4	21.5	367
车站（码头）	20.7	36.0	9.3	10.1	24.0	367
邮电所	29.2	44.1	5.1	9.2	12.4	370
银行（信用社）	41.3	36.5	5.4	6.7	10.2	373

（二）社会保障项目

本次调查中，社会保障项目的调查包括新型农村合作卫生医疗制度、新型农村养老保险制度、农村五保制度、农村低保制度和高龄津贴制度，其中新型农村合作卫生医疗制度和新型农村养老保险制度的参与程度最高，参与率分别为 90.8% 和 73.7%，而剩下的农村五保制度、农村低保制度和高龄津贴制度的参与程度较低，参与率分别为 1.8%、7.8% 和 8.5%。这说明，在撒拉族受访者中，不同社会保障项目的参与率存在较大差距，部分保障项目仍需继续推进和进一步完善。

表 5-39　　　　农村受访者对社会保障项目参与率——撒拉族　　单位:%，个

	新型农村合作卫生医疗制度	新型农村养老保险制度	农村五保制度	农村低保制度	高龄津贴制度
参与率	90.8	73.7	1.8	7.8	8.5
样本量	359	357	342	345	343

与社会保障项目的参与率情况类似，项目的满意度也呈现出两极分化的趋势。参与率较高的新型农村合作卫生医疗制度和新兴农村养老保险制度的满意度评价也较高，满意率分别为 83.8% 和 75.3%，而不满意率分别为 4.1% 和 6.3%；而参与率较低的农村五保制度、农村低保制度和高龄津贴制度的满意率较低，分别为 14.6%、18.2% 和 32.1%，不满意率分别为 40.5%、43.5% 和 30.1%。低参与率会限制社会保障项目在实践中的逐步改进，而低满意率同时也会限制社会保障项目的广泛推广，两者的恶性循环有可能会限制社会保障项目在循化撒拉族居民中的进一步发展。

表 5-40　　　农村受访者对社会保障项目满意度评价——撒拉族

单位:%，个

	满意	一般	不满意	样本量
新型农村合作卫生医疗制度	83.8	12.1	4.1	339
新型农村养老保险制度	75.3	18.4	6.3	316
农村五保制度	14.6	44.9	40.5	158
农村低保制度	18.2	38.2	43.5	170
高龄津贴制度	32.1	37.8	30.1	156

（三）扶贫政策

　　针对循化地区的扶贫政策，撒拉族受访者给出了较高的评价，各项扶贫政策的满意率（包括非常满意和满意）均在 60.0%以上。其中满意率在 90%以上的有"两免一补"政策、教育扶贫工程、卫生设施建设项目、种植业、林业、养殖业扶贫金、"村村通"工程和电力设施建设工程，满意率分别为 99.3%、98.4%、94.7%、93.8%、92.9%、91.8%；而满意率程度最低的为扶贫工程生产项目，满意率为 68.8%。

表 5-41　　　　受访者对扶贫政策满意度的评价——撒拉族　　　单位:%，个

	非常满意	满意	不满意	很不满意	样本量
移民搬迁制度	20.9	67.4	9.3	2.3	43
"两免一补"政策	53.8	45.5	0.7	—	290
扶贫工程生产项目	35.4	33.3	25.0	6.3	48
退耕还林还草补助工程	40.4	42.1	17.5	—	57
道路修建和改扩工程	42.3	44.2	11.2	2.3	215
基本农田建设工程	33.6	50.9	14.5	0.9	110
电力设施建设工程	34.8	57.0	6.3	1.9	158
人畜饮水工程	30.9	48.0	12.3	8.8	204
技术推广及培训工程	31.7	53.7	12.2	2.4	41
资助儿童入学和扫盲教育项目	25.0	56.3	16.7	2.1	48
卫生设施建设项目	20.0	74.7	4.0	1.3	75
种植业、林业、养殖业扶贫金	40.6	53.1	3.1	3.1	32
"村村通"工程	33.5	59.4	6.1	1.0	197
教育扶贫工程	42.9	55.6	1.6	—	63

八　社会安全与和谐

本部分从社会生活压力、社会安全感、社会公平感、社会生活冲突和政府处理突发事件的能力五个方面对社会安全、和谐进行详细分析，并通过不同程度评价水平的赋值，以清晰展示循化受访者对社会生活的真实评价。其中，评价标准的赋值以社会生活压力评价为例，压力很大 4 分、有压力 3 分、压力很小 2 分、没有这方面压力 1 分，得分分值越高表明压力感相对越大，本部分其他赋值方法类似。

（一）社会生活压力

循化受访者面临的社会生活压力主要包括经济压力、个人发展压力、人情往来压力、孩子教育压力、医疗健康压力、赡养父母压力、住房压力和婚姻生活压力八个方面，除了经济压力较大外，其他方面的压力相对较小。总体来看，经济压力值为 3.48，个人发展压力、人情往来压力、孩子教育压力、医疗健康压力、住房压力的赋值范围在 2—3 分，赡养父母压力、婚姻生活压力的赋值在 1—2 分，在诸多压力源中，经济压力最大，受访者能明显感受到压力，而赡养父母和婚姻生活的压力很小。撒拉族和回族受访者的社会生活压力情况与总体情况类似，撒拉族受访者的经济压力值为 3.49，回族受访者为 3.43；撒拉族受访者面临的个人发展压力、赡养父母压力和住房压力高于回族受访者，而回族受访者的人情往来压力、孩子教育压力、医疗健康压力、婚姻生活压力高于撒拉族受访者。

表 5-42　　　　　　　　受访者对社会生活压力的评价　　　　　单位：分

	经济压力	个人发展压力	人情往来压力	孩子教育压力	医疗/健康压力	赡养父母压力	住房压力	婚姻生活压力
总体	3.48	2.75	2.63	2.50	2.73	1.99	2.30	1.55
撒拉族	3.49	2.77	2.63	2.46	2.69	1.99	2.30	1.53
回族	3.43	2.52	2.93	2.85	2.90	1.62	2.26	1.62

说明：本报告对"生活中面临的各种压力程度"的评价标准进行量化的方法是：压力很大 4 分、有压力 3 分、压力很小 2 分、没有这方面压力 1 分。得分分值越高表明压力感相对越大。

（二）社会安全感

　　循化社会安全感包括个人和家庭财产安全、人身安全、交通安全、医疗安全、食品安全、劳动安全、个人信息和隐私安全、生态环境安全和人身自由九个方面，除个别方面外，受访者认为当地社会处于比较安全水平之上。总体来看，评价在比较安全水平之上的为个人和家庭财产安全、人身安全、人身自由、劳动安全、医疗安全、生态环境安全和交通安全，评分分别为3.31、3.3、3.27、3.09、3.08、3.08和3.07，而位于比较安全水平之下的为个人信息、隐私安全和食品安全，评分分别为2.97、2.91。对比撒拉族和回族受访者，位于前三位的均为个人和家庭财产安全、人身安全、人身自由前三项，但回族受访者的评价水平总体高于撒拉族，且没有位于比较安全水平以下的方面。

表5-43　　　　　　　　　　　受访者对社会安全感的评价　　　　　　　　单位：分

	个人和家庭财产安全	人身安全	交通安全	医疗安全	食品安全	劳动安全	个人信息、隐私安全	生态环境安全	人身自由
总体	3.31	3.30	3.07	3.08	2.91	3.09	2.97	3.08	3.27
撒拉族	3.28	3.28	3.04	3.05	2.88	3.09	2.92	3.09	3.24
回族	3.50	3.49	3.24	3.29	3.14	3.21	3.41	3.07	3.55

　　说明：本报告对"安全感的体会"的评价标准进行量化的方法是：很不安全1分、不太安全2分、比较安全3分、很安全4分。得分分值越高表明安全感相对越强。

（三）社会公平感

　　与社会其他方面相比，循化受访者对社会公平感评价相对一般，某些方面的公平感评价位于比较水平以下。总体上看，位于比较公平水平及以上的有语言文字、教育、信息、医疗卫生和司法，评分分别为3.3、3.18、3.09、3.05和3，而位于比较公平水平之下的有投资经营、住房、就业、干部选拔任用、社会保障和政府办事，评分分别为2.97、2.96、2.8、2.68、2.67、2.65；对比不同少数民族，撒拉族、回族受访者的评价水平和总体情况相差不大。

表 5-44					受访者对社会公平感的评价					单位：分	
	教育	语言文字	医疗卫生	住房	社会保障	司法	干部选拔任用	就业	信息	政府办事	投资经营
主体	3.18	3.30	3.05	2.96	2.67	3.00	2.68	2.80	3.09	2.65	2.97
撒拉族	3.19	3.30	3.05	3.00	2.71	3.01	2.70	2.81	3.09	2.67	2.98
回族	3.24	3.28	3.08	2.93	2.44	3.03	2.70	2.80	3.22	2.65	2.94

说明：本报告对"社会各领域公平感"的评价标准进行量化的方法是：很不公平1分、不太公平2分、比较公平3分、很公平4分。得分分值越高表明公平感相对越强。

（四）社会生活冲突

社会生活中存在的主要冲突有干群冲突、民族间冲突、城乡居民间冲突、医患冲突、不同收入水平者间冲突以及不同宗教信仰者间冲突，总体上，循化受访者对干群冲突的评分为2.78，略低于不算严重水平，民族间冲突、城乡居民间冲突、医患冲突、不同收入水平者间冲突以及不同宗教信仰者间冲突的评分分别为3.22、3.12、3.04、3.1和3.22。对比不同少数民族受访者的评价，撒拉族受访者的评价多数高于回族受访者，撒拉族受访者认为干群冲突相对严重，位于"不算严重"水平下，而回族受访者则认为干群冲突、医患冲突和不同宗教信仰者间冲突比较严重，位于"不算严重"水平下。

表 5-45			受访者对社会生活中冲突的评价			单位：分
	干群冲突	民族间冲突	城乡居民间冲突	医患冲突	不同收入水平者间冲突	不同宗教信仰者间冲突
总体	2.78	3.22	3.12	3.04	3.10	3.22
撒拉族	2.78	3.24	3.15	3.07	3.11	3.27
回族	2.95	3.00	3.00	2.82	3.13	2.95

说明：本报告对社会生活中出现的冲突的评价标准进行量化的方法是：非常严重1分、有点严重2分、不算严重3分、完全不严重4分，得分分值越高表明冲突相对越不严重。

（五）政府处理突发事件的能力

循化受访者对当地政府处理突发事件的能力比较满意，各项突发事件处理能力的评分全部在平均水平0值以上。总体上看，政府处理自然灾害事件、生产安全事故、传染病及公共卫生事故、一般性社会治安事件、群体性突发事件及暴力恐怖事件的能力评分分别为 0.61、0.51、0.83、0.77、0.42 和 0.4。撒拉族受访者评价最好的为政府对一般性社会治安事件的处理，评分为 0.82，而评价最低的为政府对暴力恐怖事件的处理，评分为 0.41；回族受访者评价最好的为政府对传染病及公共卫生事故的处理，评分为 1.48，而评价最低的为政府对群体性突发事件的处理，评分为 0.15。

表 5-46　　　　　　受访者对政府（本县、县级市政府）
处理突发事件能力的评价　　　　　单位：分

	自然灾害事件	生产安全事故	传染病及公共卫生事故	一般性社会治安事件	群体性突发事件	暴力恐怖事件
总体	0.61	0.51	0.83	0.77	0.42	0.40
撒拉族	0.56	0.50	0.77	0.82	0.46	0.41
回族	1.05	0.67	1.48	0.52	0.15	0.33

说明：本报告就对政府（本县、县级市政府）处理突发事件能力的评价进行量化的方法是：满意 2 分，不满意 -2 分，得分分值越高表明政府的处理能力越强。

九　简要结论

在当前全国经济增速放缓的新常态背景下，循化自治县的经济、社会等各项事务呈现出稳定发展的趋势。循化经济运行稳定，2015 年实现生产总值 26.57 亿元，同比增速 12%，好于同期的全国平均水平。经济稳定的同时，循化的发展潜力仍在不断加强，产业结构转型升级的步伐逐渐加快。作为重要的生态保护地区，循化的经济发展并没有以生态破坏为代价，而是探索与生态环境协调发展的道路。循化政府也在致力于民生的改善，县内生活水平提高，有针对性地推进精准扶贫项目、文化惠民工程、医保改革和义务教育等。总体来说，循化县的综合实力显著增强，已经开启富民强县的新征程。[1]

（1）循化问卷调查中，95% 的受访者拥有农业户籍，农业生产活动是最为主要的就业途径。由于疾病、家中劳动力缺乏、就业预期低、难以适应外地环境、语言交流障碍等因素的限制，有接近七成的受访者并不考

---

[1]　韩兴彬：《政府工作报告——2016 年 3 月 16 日在循化撒拉族自治县第十六届人民代表大会第九次会议上》，循化县政府网，获取时间 2016 年 4 月 5 日。

虑外出就业，且在当地没有其他多元的就业方式，使单一地从事农林牧渔水利生产成为当地主要的工作状态。单一的工作状态，缺少其他收入来源，很容易造成受访者及其家庭的经济抗风险能力较低，并在很大程度上影响收入水平、经济条件等的改善，而且受访者也在社会生活中感受到极大的经济压力，生活质量降低。增加获得相关就业信息的途径并保证其畅通，是短时间内有效改善当地就业环境、形成就业状态多元化的一条重要措施。但是，87.9%的受访者拥有初中及以下的学历背景，教育程度局限了就业的范围和水平，因此提高受教育水平、鼓励参加高等教育，是在长时间内改善当地就业情况的重要举措。

（2）作为撒拉族自治县，几乎全部受访者都有宗教信仰，其中信仰伊斯兰教的比例高达95%，而且信众规模呈现出不断扩大的趋势。悠久的宗教文化渗透到当地社会生活的方方面面，丰富了当地文化，宗教活动习俗已经成为当地极具特色的民族文化类型。除此之外，传统节日、传统服饰、传统民居和传统饮食等也都赋予了丰富的民族含义，不同类型的民族文化都应该得到社会的重视和政府可持续的保护。在民族文化传承上，受访者的下一代对各种类型和形式的民族文化都表现出极高的传承意愿，而亲朋邻里以及民族聚居社区是民族文化传承最为常见的主要渠道，同时随着现代科技的进步，广播、互联网也逐渐成为传承的主要渠道之一，使当地特色民族文化的传承不仅仅局限于口口相传，传播的范围更为广泛。

（3）不同民族交往的隔阂消融，民族关系融洽。当地少数民族受访者认为在日常交往、工作和生活中，民族身份已经不是主要的障碍，但是这种结果的出现在一定程度上与当地受访者活动区域有限相关，如果活动区域扩张，在外出旅行和出国时，受访者明显感受到民族身份造成不便的比例上升。随着民族融合的加剧、语言交流障碍的弱化，撒拉族受访者在与汉族和其他少数民族交往的过程中，已经基本消除了民族隔阂，日常交往深度和内容进一步加深，但是面临建立更为亲密关系的联姻时，撒拉族受访者态度谨慎，特别是在与汉族联姻中，隐身态度更为突出。

（4）以撒拉族为代表的循化少数民族受访者，对当地政府的评价较高并表现出了较高的信任。政府主导的各项公共服务政策得到了撒拉族受访者的认可，其中基础教育的普及和各项扶贫政策的落实收效相对显著。由于农业人口较多，农村社会保障项目也是当地政策的重要工作之一，通过分析调查问卷可以发现，关系到农村居民切身利益的新型农村合作卫生医疗制度、新型农村养老保险制度在循化农村得到了普及，而且切实改善了农村居民的生存条件。但是，一些新的提升农村居民生活质量的工作仍需要继续推广，例如超过半数的农村受访者不清楚土地确权工作，农村五保制度、农村低保制度和高龄津贴制度的普及率低，这些与农村居民息息相关的政策，农民有权了解并提出自己的意见和建议，以促进各项工作的推进和改进，这样才能真正实现农村生产、生活条件的改善。

（5）循化撒拉族受访者社会环境稳定，基本实现居者有其屋，而且肯定生活质量的改善并对未来生活充满信心。但是撒拉族受访者多为农业户籍，面临着相对严峻的经济压力、个人发展压力、医疗健康和人情往来的压力，认为自己在社会生活中位于中等偏下的位置，并且对这种地位的改观相对消极。

第六章

宁夏红寺堡区经济社会发展
综合调查研究报告

红寺堡属宁夏回族自治区吴忠市，位于宁夏中部干旱带核心区，北临吴忠市利通区和青铜峡市、灵武市，南至同心县，东至盐池县，西北与中宁县接壤。面积 2767 平方公里，辖 2 镇 3 乡（红寺堡镇、太阳山镇、新庄集乡、大河乡、柳泉乡）、1 个街道办事处（新民街道办事处）、5 个城镇社区（罗山、鹏胜、创业、振兴、东方社区）、63 个行政村。2014 年末全区常住人口 189566 人，其中男性 97429 人，女性 92137 人；汉族 71324 人，回族 118043 人，其他少数民族 199 人；城镇人口 53826 人，乡村人口 135740 人。2014 年全区实现地区生产总值（GDP）13.97 亿元，人均地区生产总值 7572 元，三大产业结构为 31.5：43.9：24.6。①

一　调查对象基本情况

本报告关于 "红寺堡区经济社会发展综合调查" 的分析数据来源于中国社会科学院民族学与人类学研究所主持的中国社会科学院创新工程重大专项 "21 世纪初中国少数民族地区经济社会发展综合调查"，2014 年在宁夏吴忠市红寺堡区进行的家庭问卷抽样调查数据。样本回收数为 400 份，有效样本 399 份。问卷回收整理录入后，主要使用社会统计软件 SPSS 加以统计分析。调查数据概述见表 6-1。

---

① 红寺堡统计局：《红寺堡区 2014 年国民经济和社会发展统计公报》，2015 年 6 月 23 日。网址 http://www.hsbtj.gov.cn/onews.asp? id＝225&Page＝4，检索日期 2015 年 10 月 15 日。

表 6-1　　　　　　　　　　　调查数据的基本人口特征

		样本量	百分比			样本量	百分比
性别	男性	269	67.6	教育程度	未上学	93	23.4
	女性	129	32.4		小学至初中	214	53.8
	合计	398	100.0		高中	53	13.3
户籍	农业	315	78.9		大学及以上	38	9.5
	非农业	84	21.1		合计	398	100.0
	合计	399	100.0	宗教信仰	伊斯兰教	225	57.3
民族	汉族	172	43.1		佛教	30	7.6
	回族	226	56.6		其他宗教信仰	8	2.0
	侗族	1	0.3		没有宗教信仰	130	33.1
	合计	399	100.0		合计	393	100.0
年龄	18 岁及以下	10	2.5	职业	公务员和事业单位人员	18	4.5
	19—30 岁	85	21.3		专业技术人员	7	1.8
	31—45 岁	163	40.9		企业办事人员	5	1.3
	46—60 岁	100	25.1		商业、服务业人员	42	10.6
	61 岁及以上	41	10.3		农业生产人员	237	59.7
	合计	399	100.0		不便分类的其他从业人员	88	22.2
					合计	397	100.0

说明：（1）户籍维度中，农业户籍样本中包含"居民户口（之前是农业户口）"（2 份），非农业户籍样本包含"居民户口（之前是非农业户口）"（2 份）；

（2）教育程度维度中，"大学及以上"样本中包含"大学专科"（7 份）、"大学本科"（30 份）、"研究生"（1 份）；

（3）宗教信仰维度中，"其他宗教信仰"样本中包含"道教"（6 份）、"民间信仰"（1 份）、"其他（请注明）"（1 份）；

（4）职业维度中，"公务员和事业单位人员"样本中包含"国家机关党群组织、事业单位负责人"（2 份）和"国家机关党群组织、事业单位工作人员"（16 份）；"专业技术人员"样本中包含"专业技术人员"（4 份）与"生产、运输设备操作人员及有关人员"（3 份）；"不便分类的其他从业人员"样本中包含"不便分类的其他从业人员"（87 份）与"军人"（1 份）。问卷中职业类型是按照人力资源与社会保障部职业能力建设司公布的国家职业分类目录编制，详情可参见网站：http://ms.nvq.net.cn/nvqdbApp/htm/fenlei/index.html。

从人口学特征来看，性别比例方面：男性受访者样本比例为 67.6%，女性为 32.4%，男性样本偏多；民族比例：回族受访者占比 56.6%，与 2014 年当地人口统计公报中的 60.4% 接近，汉族为 43.1%；

年龄分层：19—60 岁的劳动年龄层达到 87.3%，其中 31—45 岁阶段的受访者比例最高（40.9%），18 岁及以下只占 2.5%，61 岁及以上占 10.3%；教育程度：接受九年义务制以内教育的受访者占 53.8%，未上学的样本量达到 23.4%，高中及相应的高职教育背景的受访者 13.3%，接受过高等教育的占 9.5%。宗教信仰：信仰伊斯兰教的受访者占 57.3%，基本与当地的回族比例一致，没有宗教信仰的样本占 33.1%，佛教徒占 7.6%；职业分布：农业生产人员在总样本中比例最大，占 59.7%，其次存在不方便分类的其他从业人员 22.2%，商业、服务业人员为 10.6%，公务员和事业单位受访者比例为 4.5%。总之，问卷样本所反映的受访者人口学信息与当地人口统计的特征基本一致，能够有效反映当地社会的基本情况。

二　就业情况

1. 整体就业情况

习近平总书记在第四次中央民族工作会议的讲话中强调，就业问题是社会稳定的重要保障。事实上，关于少数民族就业问题以及由此引发的社会问题，一直是政府、学术界关注的重点。郝时远指出，民族问题的一个重要内因，就是快速发展过程中出现的少数民族人口就业问题。[①]

表6-2			城乡受访者职业类型分布			单位:%，个		
	公务员和事业单位人员	专业技术人员	企业办事人员	商业、服务业人员	农业生产人员	不便分类的其他从业人员	合计	样本量
农业	0.3	1.3	0.3	5.8	74.8	17.6	100.0	313
非农业	20.2	3.6	4.8	28.6	3.6	39.3	100.0	84

农业户口受访者毫无意外地绝大多数从事农业生产（74.8%）；而非农业户口样本较为均衡地分布在不便分类的其他从业人员（39.3%），商业、服务业人员（28.6%）和公务员和事业单位人员（20.2%），具体类型比例均明显高于农业户籍受访者。

---

① 郝时远、张海洋、马戎：《构建新型民族关系——郝时远、张海洋、马戎访谈》，《西北民族研究》2014 年第 1 期。

表6-3   受访者就业意愿范围   单位:%，个

	县城之内	县外省区内，但必须是家附近的市/县	县外省内无所谓远近	本省区相邻的外省区	本省区外非相邻省区	东部一线大城市	其他（请注明地区名称）	合计	样本量
农业	37.1	35.7	19.9		0.4	4.0	2.9	100.0	272
非农业	44.4	27.0	12.7	3.2		12.7		100.0	63
总体	38.5	34.0	18.5	0.6	0.3	5.7	2.4	100.0	335

如果能够找到工作机会，受访者最愿意工作的区域情况见表6-3。总体而言，受访者选择的先后是县城之内（38.5%），县外省区内、但必须是家附近的市/县（34.0%），县外省内无所谓远近（18.5%）。农业户口受访者在县城之内（37.1%），县外省区内、但必须是家附近的市/县（35.7%）之间差异不大；非农业户口则更倾向于县城之内（44.4%），同时也有12.7%的样本选择东部一线大城市。

跨区域就业必然面临各种类型的就业障碍。根据对于已经有外出经历的受访者进行的调查，人们认为外出工作所面临的障碍中提及率最高的是工作辛苦收入低（22.5%），其次为家里需要照顾必须返乡（17.1%），得不到相关就业信息（15.1%），孩子就学困难（10.6%），想留在就业地但生活成本太高（9.7%）。

2. 农业受访者的就业情况

表6-4   农业户籍受访者工作状况   单位:%，个

		只是务农	以务农为主，同时也从事非农工作	以非农工作为主，同时务农	只从事非农工作	农村非就业或城镇失业或待业人员	家务劳动者	全日制/非全日制学生	其他不工作也不上学的成员	合计	样本量
性别	男性	32.7	40.3	17.1	3.8	1.4		2.8	1.9	100.0	211
	女性	37.0	29.3	17.4	5.4	3.3	2.2	3.3	2.2	100.0	92
民族	汉族	37.9	34.7	16.9	4.0	0.8		4.0	1.6	100.0	124
	回族	31.7	38.3	17.2	4.4	2.8	1.1	2.2	2.2	100.0	180
年龄	18岁及以下	25.0			25.0			50.0		100.0	4
	19—30岁	18.9	26.4	26.4	11.3	3.8		13.2		100.0	53
	31—45岁	29.9	44.1	22.0	3.1				0.8	100.0	127
	46—60岁	41.6	42.7	9.0	2.2	2.2	1.1		1.1	100.0	89
	61岁及以上	58.1	12.9	6.5		6.5	3.2		12.9	100.0	31

		只是务农	以务农为主、同时也从事非农工作	以非农工作为主、同时也务农	只从事非农工作	农村非就业或城镇失业或待业人员	家务劳动者	全日制/非全日制学生	其他不工作也不上学的成员	合计	样本量
教育	未上学	44.7	29.4	16.5	2.4		2.4		4.7	100.0	85
	小学至初中	32.6	41.3	18.5	4.3	2.2		0.5	0.5	100.0	184
	高中	22.2	40.7	14.8	3.7	7.4		7.4	3.7	100.0	27
	大学及以上				28.6			71.4		100.0	7
总体		34.2	36.8	17.1	4.3	2.0	0.7	3.0	2.0	100.0	303

　　总体上农业户籍受访者的工作状况中，前三位的分别是：以务农为主、同时也从事非农工作的占 36.8%，只是务农的样本占 34.2%，而以非农工作为主、同时也务农的比例达到 17.1%，兼业的特征明显。性别方面：男性受访者以务农为主、同时也从事非农工作的比例高达 40.3%，远高于女性的 29.3%；而女性只从事务农的比例为 37.0%，男性为 32.7%；2.2% 的女性受访者为家务劳动者，还有 3.3% 的女性失业或待业。民族方面：汉族只是务农的比例为 37.9%，而回族为 31.7%；以务农为主、同时也从事非农工作的回族受访者占 38.3%，高于汉族的 34.7%。年龄方面：19—30 岁受访者群体中 26.4% 以务农为主、同时也从事非农工作，同时也有 26.4% 以非农工作为主、同时也务农，只从事非农工作的比例为 11.3%；31—45 岁年龄层中 44.1% 的受访者以务农为主、同时也从事非农工作，29.9% 只是务农；46—60 岁群体中只是务农的比例为 41.6%，另有 42.7% 的受访者以务农为主、同时也从事非农工作。教育方面：未上学的受访者只是务农的比例为 44.7%，另有 29.4% 以务农为主、同时也从事非农工作；中学至初中学历的受访者中 41.3% 的受访者以务农为主、同时也从事非农工作，32.6% 只是务农；高中及同等学力的群体中 40.7% 以务农为主、同时也从事非农工作，22.2% 只是务农。总之，男性兼业特征比女性明显；汉族纯粹农业就业比例高于回族；年龄越大从事农业生产的比例越高，年龄越低从事非农工作的比例越大；学历越低从事农业生产的比例越高。

　　不难发现，当地农业户籍受访者兼业特征明显，非农就业是农业人口重要的就业方式。如果以时间来衡量，2013 年当地农业户口样本从事农业生产的平均时间为5个月，而从事非农工作平均为3个月。根据调查数据，当地农业户口受访者2013年从事非农务工66.7%是通过家人和熟人介绍。具体来说汉族利用这一渠道的比例达73.0%，高于回族的62.4%，23.7%的回族受访者还通过直接申请（含考试）获得非农就业机会，而汉族仅为12.7%。农业劳动力转移是非农就业的重要方向，但是调查中也发现当地农业户籍受访者普遍担心的一些问题。总体而言，最主要的就业障碍集中在：找不到工作（担心找不到工作）42.4%，疾病或伤残25.4%，家中农业缺乏劳动力11.9%。

　　3. 非农户籍受访者的就业情况

表6-5　　　　　　　　　非农户籍受访者工作状况　　　　　单位:%，个

		固定职工（包括国家干部、公务员）	长期合同工	短期或临时合同工	没有合同的员工	从事私营或个体经营人员	其他（请注明）	合计	样本量
性别	男性	19.0	21.4	38.1	7.1	9.5	4.8	100.0	42
	女性	32.1	17.9	17.9	14.3	14.3	3.6	100.0	28
民族	汉族	29.7	24.3	21.6	5.4	13.5	5.4	100.0	37
	回族	15.6	15.6	40.6	15.6	9.4	3.1	100.0	32
年龄	18岁及以下						100.0	100.0	1
	19—30岁	15.4	15.4	38.5	15.4	11.5	3.8	100.0	26
	31—45岁	40.0	33.3	16.7	3.3	6.7		100.0	30
	46—60岁	10.0		30.0	20.0	30.0	10.0	100.0	10
	61岁及以上			100.0				100.0	3
教育	未上学			100.0				100.0	4
	小学至初中		19.0	42.9	23.8	14.3		100.0	21
	高中	11.8	29.4	17.6	11.8	23.5	5.9	100.0	17
	大学及以上	53.6	17.9	17.9		3.6	7.1	100.0	28
	总体	24.3	20.0	30.0	10.0	11.4	4.3	100.0	70

　　总体上当地非农户口受访者的劳动合同性质以短期或临时合同工（30.0%）为主，固定职工（包括国家干部、公务员）占24.3%，长期合同工占20.0%，见表6-5。性别方面：女性受访者为固定职工（包括国家

干部、公务员）的比例是 32.1%，高于男性的 19.0%，而且女性样本为从事私营或个体经营人员（14.3%）、没有合同的员工（14.3%）均高于男性，男性则在短期或临时合同工（38.1%）、长期合同工（21.4%）方面比例较高；民族方面：汉族为固定职工（包括国家干部、公务员）的比例为 29.7%，长期合同工比例为 24.3%，从事私营或个体经营人员 13.5%，而回族受访者主要的类型为短期或临时合同工（40.6%），固定职工（包括国家干部、公务员）（15.6%）、长期合同工（15.6%）与没有合同的员工（15.6%）比例接近；年龄方面：19—30 岁受访者以短期或临时合同工（38.5%）为主，31—45 岁年龄层群体以固定职工（包括国家干部、公务员）（40.0%）为主；教育程度：高中水平教育程度以长期合同工（29.4%）为主。总之，男性劳动力市场化程度高于女性，而女性获得固定工作的机会较大；汉族劳动合同比回族稳定；教育程度越高从事固定或长期合同的比例越大。

表 6-6　　　　　　　　　非农户籍受访者工作范围　　　　　　单位:%，个

		乡镇内	乡外县内	县外省内	省外	合计	样本量
性别	男性	46.5	32.6	18.6	2.3	100.0	43
	女性	60.7	32.1	3.6	3.6	100.0	28
民族	汉族	51.4	32.4	13.5	2.7	100.0	37
	回族	51.5	33.3	12.1	3.0	100.0	33
年龄	18 岁及以下	100.0				100.0	1
	19—30 岁	53.8	26.9	15.4	3.8	100.0	26
	31—45 岁	40.0	43.3	13.3	3.3	100.0	30
	46—60 岁	70.0	20.0	10.0		100.0	10
	61 岁及以上	75.0	25.0			100.0	4
教育	未上学	50.0	50.0			100.0	4
	小学至初中	59.1	31.8	9.1		100.0	22
	高中	47.1	47.1		5.9	100.0	17
	大学及以上	50.0	21.4	25.0	3.6	100.0	28
总体		52.1	32.4	12.7	2.8	100.0	71

总体上非农业户口受访者主要从业的地区集中在乡镇内（52.1%），其次是乡镇以外县域内（32.4%），见表 6-6。性别方面：女性受访者在乡镇范围内就业的比例更大（60.7%），高于男性的 46.5%，而男性在县

外省内的比例为 18.6%，远高于女性（3.6%）；民族差异不明显；年龄方面：31—45 岁受访者在乡外县内就业的比例最大（43.3%），而 19—30 岁（53.8%）样本主要集中在乡镇范围内；教育背景差异不大。总之，非农户籍劳动力的流行性男性高于女性，31—45 岁阶段最大。

此外，本县非农户口受访者获得第一份城镇工作的渠道有家人和熟人介绍（41.9%），直接申请（含考试）（25.8%），商业职介和招聘（19.4%）。其中男性更倚重家人和熟人介绍（52.6%），女性直接申请（含考试）比例最高（33.3%），但渠道差异不大。汉族最主要的渠道是直接申请（含考试）（37.5%），而回族主要是通过家人和熟人介绍（51.7%）。

三　家庭经济情况

1. 收入与消费

表 6-7　　　　　　　2013 年度城乡基本经济情况　　　单位：元，个

		均值	中值	众数	极小值	极大值	样本量
		2013 年度基本经济情况					
农村	家庭总收入	44786	35200	20000	1400	302600	306
	家庭总支出	51380	40000	50000	3400	614500	307
城镇	城镇（个人）总收入	5805	0	0	0	80000	399
	城镇（个人）总支出	29934	20000	9000ᵃ	2000	380000	87
	城镇（家庭）总收入	60924	50000	50000	10000	500000	88
	城镇（家庭）总支出	57053	46750	50000ᵃ	12500	352000	86

说明：a. 存在多个众数。显示最小值。B. 城镇（个人）总收入（货币收入）中有效样本出现"0"318 次；城镇（个人）总支出中缺失值 312 个样本；城镇（家庭）总收入（货币收入）中缺失值 311 个样本；城镇（家庭）总支出中缺失值 313 个样本。

根据《红寺堡区 2013 年国民经济和社会发展统计公报》，2013 年全区城镇居民人均可支配收入 15438.6 元，同比增长 12.5%；城镇居民人均消费支出 10632.4 元。2013 年全区农民人均纯收入 5305.1 元，同比增长 14.9%；农民人均生活消费支出 5981.3 元。[①] 2014 年得到的调查数据为：

① 红寺堡统计局：《红寺堡区 2013 年国民经济和社会发展统计公报》，2014 年 6 月 17 日。网址 http：//www.hsbtj.gov.cn/onews.asp? id=204，检索日期 2015 年 10 月 15 日。

城镇受访居民人均可支配收入 16588.6 元，同比增长 8.3%；城镇居民人均消费支出 11080.4 元，增长 12.0%。全区农村居民人均可支配收入 5836.6 元，同比增长 12.0%；农民人均生活消费支出 6197.2 元，增长 9.9%。[①] 因本次调查并不以经济收入为主，与公布的统计数据不同的是，我们更关注政府转移支付和支出中的教育文化消费情况。

表 6-8 　　　　　　　　　农村家庭收入与支出情况 　　　　单位：个

			极小值	极大值	均值	样本量
总收入	农牧业经营收入		500	270000	14713	286
	非农收入（包括工资性收入、自营收入等）		500	200000	25546	259
	政府转移支付	总体	70	102700	5304	275
		1. 救济、救灾款	0	7000	34	399
		2. 领取最低生活保障费	0	10000	369	399
		3. 退耕还林（还草）补贴	0	9600	155	399
		4. 无偿扶贫或扶持款	0	50000	828	399
		5. 购置和更新大型农机具补贴	0	3500	15	399
		6. 购买生产资料综合补贴	0	800	3	399
		7. 报销医疗费	0	100000	1238	399
		8. 粮食直补和良种补贴收入	0	5000	527	399
		9. 领取养殖业补贴	0	5000	93	399
		10. 新农保或政府养老金	0	14530	233	399
		11. 其他来自政府的补贴	0	12000	92	301
总支出	生产经营性支出		0	100000	6097	305
	生活消费支出	总体	50	585000	29700	306
		1. 医疗费支出	0	500000	9821	303
		2. 教育费用支出	0	40000	4291	305
		3. 全年人情往来费用	0	70000	7400	305
		4. 全年社会活动支出（包括节日各项支出）	0	20000	2940	306

　　根据表 6-8 所示，调查数据计算后得到 2013 年农村家庭总收入均值

---

① 红寺堡统计局：《红寺堡区 2014 年国民经济和社会发展统计公报》，2015 年 6 月 23 日。网址 http://www.hsbtj.gov.cn/onews.asp? id=225&Page=4，检索日期 2015 年 10 月 15 日。

为44786元，总支出均值为51380元。农村家庭收入有三大来源：农牧业经营收入面最广，涉及286个有效样本；非农收入（包括工资性收入、自营收入等）比重最大，均值达到25546元；政府转移支付覆盖面广，有效样本达到275个，基本与农牧业经营收入样本量一致，可见基本对农业生产人口实现了全覆盖；同时政府转移支付门类细致，涉及农民生产生活的方方面面，其中前五位收入补贴依次是：报销医疗费（均值1238元）、无偿扶贫或扶持款（均值828元）、粮食直补和良种补贴收入（均值527元）、领取最低生活保障费（均值369元）、新农保或政府养老金（均值233元）。农村家庭支出主要有两大类别：生产经营性支出比重不大，均值为6097元；生活消费支出比例最大，均值达到29700元。生活消费支出中又以医疗费支出最为重要（均值为9821元），其次是全年人情往来费用（均值7400元）。总之，农村家庭收支数据显示，非农收入（包括工资性收入、自营收入等）是农民增收最重要的来源；以医疗费支出为代表的生活消费支出是当地农民家庭最主要的开销。

2. 住房情况

表 6-9　　　　　　　　　　　　自有住房数量　　　　　　　　　单位：个

		自有住房套数						合计	样本量
		0	1	2	3	5	11		
性别	男性	5.2	86.5	6.4	1.1	0.4	0.4	100.0	267
	女性	7.1	87.4	3.9	1.6			100.0	127
民族	汉族	6.5	87.1	5.3		0.6	0.6	100.0	170
	回族	5.4	86.6	5.8	2.2			100.0	224
户口	农业	3.9	89.7	4.5	1.3	0.3	0.3	100.0	311
	非农业	13.1	76.2	9.5	1.2			100.0	84
年龄	18岁及以下	20.0	80.0					100.0	10
	19—30岁	13.1	78.6	4.8	2.4		1.2	100.0	84
	31—45岁	3.1	90.8	4.9	1.2			100.0	163
	46—60岁	2.0	90.8	5.1	1.0	1.0		100.0	98
	61岁及以上	7.5	80.0	12.5				100.0	40

续表

		自有住房套数						合计	样本量
		0	1	2	3	5	11		
教育	未上学	5.4	85.9	7.6	1.1			100.0	92
	小学至初中	3.8	90.5	3.3	1.4	0.5	0.5	100.0	211
	高中	9.4	81.1	7.5	1.9			100.0	53
	大学及以上	13.2	76.3	10.5				100.0	38
总体		5.8	86.8	5.6	1.3	0.3	0.3	100.0	394

根据对于受访者拥有产权的自有住房所进行的统计，395 份有效问卷中 86.8%拥有一套住房，5.8%没有自有住房，5.6%达到两套。性别方面差异不大；民族差异不明显；户籍方面：农业户籍受访者绝大多数拥有一套住房（98.7%），无住房比例很低（3.9%），非农业户口无住房受访者达到 13.1%，同时拥有两套住房的比例为 9.5%，显示出城乡住房政策的差异；年龄方面：19—30 岁受访者群体无房（13.1%）比例最高，只有一套住房的比例为 78.6%；31—45 岁群体中 90.8%的受访者拥有一套住房；46—60 岁受访者当中一套住房的比例为 90.8%，两套住房的比例为 5.1%；教育方面：小学至初中教育水平受访者一套住房比例最高，达到 90.5%，大学及以上受访者无房比例达到 13.2%，两套房比例最高（10.5）。总之，就住房现状而言，性别、民族差异不大，户籍因素主要体现出现行城乡住房政策的差异，年龄与住房的关系可能受到家庭生命周期的影响，教育方面特征不明显。

表 6-10   **住房（或宅基地）面积**

	住房面积（平方米）							合计	样本量
	50 及以下	60—100	100.30—150	160—200	210—240	260—300	330 及以上		
汉族	2.5	36.9	19.7	3.8	1.3	16.6	19.1	100.0	157
回族	6.2	43.3	11.4	5.2	1.4	10.0	22.4	100.0	210
农业	5.3	36.9	11.0	5.0	1.7	15.0	25.2	100.0	301
非农业	1.5	58.2	32.8	3.0	0.0	3.0	1.5	100.0	67
总体	4.6	40.8	14.9	4.6	1.4	12.8	20.9	100.0	368

总体而言，40.8%的受访者住房或宅基地面积在 60—100 平方米，

20.9%的受访者住房面积330平方米以上，14.9%的受访者住房面积达到100.30—150平方米。民族方面：汉族受访者在主要类型60—100平方米之间的样本比例（36.9%）低于回族的43.3%，而在100.30—150平方米类型的比例（19.7%）高于回族（11.4%）；户籍方面：农业户籍在160平方米以上各类型的比例均高于非农业户籍，非农业户籍受访者比例较高，两类分别是60—100平方米（58.2%）与100.30—150平方米（32.8%）；总之，民族因素差异不大，农业户籍受访者住房面积大于非农业户籍。

表6-11   现有住房市场价值   单位：个

		住房市场价值（万元）				合计	样本量
		0.25万—10	11万—20	21万—30	34万—60		
民族	汉族	27.3	44.5	20.9	7.3	100.0	110
	回族	27.7	45.1	19.7	7.5	100.0	173
户口	农业	30.7	46.5	16.2	6.6	100.0	241
	非农业	9.3	37.2	41.9	11.6	100.0	43
总体		27.5	45.1	20.1	7.4	100.0	284

　　住房是许多中国家庭最重要的资产类型，也是衡量社会财富分布的重要指标。总体而言，红寺堡受访者中45.1%的住房市场价值在11万—20万元之间。民族方面差异不大；户籍方面：农业户籍受访者中46.5%选择了11万—20万元，非农业户籍中41.9%选择21万—30万元。城镇家庭的房产价值高于农村受访家庭。

　　3.发展预期

表6-12   过去五年生活水平的变化   单位：%，个

		与五年前相比生活水平有什么变化						合计	样本量
		上升很多	略有上升	没有变化	略有下降	下降很多	不好说		
民族	汉族	41.3	46.5	8.7	1.2	0.6	1.7	100.0	172
	回族	48.4	39.6	5.8	4.0	0	2.2	100.0	225
户口	农业	49.0	40.1	6.1	2.9	0.3	1.6	100.0	314
	非农业	32.1	51.2	10.7	2.4	0	3.6	100.0	84
总体		45.5	42.5	7.0	2.8	0.3	2.0	100.0	398

　　人们对于未来的预期首先建立在过去的经验之上。在有效回收的398

份样本中，45.5%受访者认为自己的生活水平在过去五年上升很多，42.5%认为略有上升。民族方面：汉族受访者选择略有上升的比例最高（46.5%），回族48.4的受访者认为上升很多，同时4.0%的回族认为略有下降；户口方面：农业户口受访者中49.0%认为上升很多，非农业户口51.2%认为略有上升。

表 6-13　　　　　　　　　　　未来五年的生活水平预期　　　　　　　单位:%，个

		未来五年的生活水平将会怎样变化?						合计	样本量
		上升很多	略有上升	没有变化	略有下降	下降很多	不好说		
民族	汉族	35.1	35.1	7.6	4.1	0.6	17.5	100.0	171
	回族	47.8	27.4	3.5	3.5	0.4	17.3	100.0	226
户口	农业	45.1	29.5	6.0	2.9	0.6	15.9	100.0	315
	非农业	32.5	34.9	2.4	7.2		22.9	100.0	83
总体		42.5	30.7	5.3	3.8	0.5	17.3	100.0	398

未来生活预期建立在人们对自身经济社会地位与整体社会发展趋势的判断之上。总体而言，42.5%的受访者认为自己未来五年的生活水平会上升很多。民族方面：47.8%的回族受访者选择上升很多，而汉族受访者为35.1%；户籍方面：农业户口受访者比例最大的类别为上升很多（45.1%），非农业户口则是略有上升（34.9%）。

表 6-14　　　　　　　　　2020 年全面建成小康社会的态度　　　　　　单位:%，个

		对2020年所在县市全面建成小康社会					合计	样本量
		很有信心	有信心	没什么信心	不可能	没听说过		
民族	汉族	29.2	49.7	12.9	2.3	5.8	100.0	171
	回族	44.4	41.3	6.7	1.3	6.2	100.0	225
户口	农业	41.2	43.5	6.7	1.9	6.7	100.0	313
	非农业	25.0	50.0	19.0	2.4	3.6	100.0	84
总体		37.8	44.8	9.3	2.0	6.0	100.0	397

未来预期最有指标意义的是小康社会建设的预期。总体而言，44.8%的受访者表示很有信心。民族方面：汉族49.7%的受访者有信心，而44.4%的回族受访者很有信心；户籍方面：农业户口受访者43.5%表示有信心，而非农业受访者此比例为50.0%。

四　移民与社会交往

红寺堡是全国最大的异地生态移民扶贫开发区。1999年开发建设，2009年设立吴忠市辖区。历经15年开发建设，累计开发整理水浇地60万亩，异地搬迁安置宁夏南部山区8县移民23万人，其中回族人口占总人口的62%以上。

1. 移民结构

红寺堡区本身就是宁夏扶贫移民的重要迁入地，本次调查的数据反映了这一重要的社会特征。受访的385人当中，95.3%是从原户籍所在地迁移到本地。回族移民比例（96.8%）略高于汉族（93.3%）；农业户籍移民比例（96.4%）高于非农业户籍（90.9%）（见表6-15）。

表6-15		扶贫移民基本情况			单位:%，个
		是否离开户籍所在区县搬迁到本县市		合计	样本量
		是	否		
民族	汉族	93.3	6.7	100.0	164
	回族	96.8	3.2	100.0	220
户口	农业	96.4	3.6	100.0	308
	非农业	90.9	9.1	100.0	77
总体		95.3	4.7	100.0	385

宁夏自治区近十余年大力开展生态扶贫项目移民工程，项目主要是以扶贫移民的迁入政策为着力点，因而关于"请问您家所在地区是否实施过退耕还林（或退牧还草）？"的245份有效样本中，79.6%表示没有。人们更关注该项目的移民内容，而不是退耕还林的生态目的。至于迁移原因，见表6-16。最主要的就是宁夏自治区近十余年大力开展的扶贫项目移民，73.4%的受访者属于此类。另有20.9%的受访者属于非工程移民，主要是南部山区民众的自发式移民。这两个数据也揭示了红寺堡地区移民的两种主要形式：一是扶贫开发移民，主要由政府部门主导，将西海固等地区的贫困人口迁移到生产生活条件较好的平原地带；二是自发式移民，当地也称为吊庄移民，主要指人们为了提高生活水平而主动向北部迁移。

其中回族受访者自发移民的比例（23.2%）高于汉族（17.8%），非农业户籍样本比例（27.1%）高于农业户籍（19.4%），其他因素不明显。

表 6-16　　　　　　　　　　　移民原因

		迁移原因				合计	样本量
		生态保护等大型公共工程项目移民	非工程移民	外地迁入	其他		
民族	汉族	75.0	17.8	3.9	3.3	100.0	152
	回族	72.0	23.2	2.4	2.4	100.0	211
户口	农业	75.9	19.4	2.0	2.7	100.0	294
	非农业	62.9	27.1	7.1	2.9	100.0	70
总体		73.4	20.9	3.0	2.7	100.0	364

根据表 6-17，虽然是政府扶贫工程搬迁，但是受访者回顾当年的迁移意愿均很强烈，总体上 91.9%的受访者表示愿意。在红寺堡生活数年之后，绝大部分受访者已经适应了新的生活，96.7%的受访者表示没有回迁原住地的想法。简单来说，移民前和移民后的意愿有小幅上升，表明红寺堡的移民安置和发展政策取得了实效。

表 6-17　　　　　　　　　　　迁移意愿及变化

		当时愿意搬迁					是否有迁回原住地的想法			
		愿意	不愿意	无所谓	合计	样本量	没有	有	合计	样本量
民族	汉族	93.6	4.8	1.6	100.0	125	96.1	3.9	100.0	153
	回族	90.6	7.1	2.4	100.0	170	97.2	2.8	100.0	212
户口	农业	91.9	6.1	2.0	100.0	246	97.6	2.4	100.0	296
	非农业	92.0	6.0	2.0	100.0	50	92.9	7.1	100.0	70
总体		91.9	6.1	2.0	100.0	296	96.7	3.3	100.0	366

2. 社会变迁

表 6-18　　　　　　　　　　迁移前后社会网络的变化

	搬迁前			搬迁后		
	第一选择	第二选择	第三选择	第一选择	第二选择	第三选择
自己解决	17.5	5.0	10.4	22.1	5.6	10.4

续表

	搬迁前			搬迁后		
	第一选择	第二选择	第三选择	第一选择	第二选择	第三选择
父母	9.6	3.7	2.7	7.7	1.9	1.2
兄弟姐妹	39.1	15.5	6.9	30.3	17.0	5.8
子女	1.1	0.9	1.5	2.2	0.6	0.8
亲戚	18.3	49.2	10.8	19.1	41.0	14.2
当地说话有分量的权威人士		0.3	0.4	0.3	0.6	0.4
村干部或街道干部	5.2	1.9	5.4	5.2	4.0	13.1
政府部门	2.7	5.0	2.7	4.1	4.6	3.8
单位同事	0.8		0.8	0.5	0.3	0.8
邻里	3.8	9.3	43.5	6.8	14.2	36.9
好朋友	1.4	9.3	13.8	1.6	9.9	12.7
其他人	0.5		1.2		0.3	
合计	100.0	100.0	100.0	100.0	100.0	100.0
样本量	366	323	260	366	324	260

　　移民搬迁前后社会的结构性变化是了解当地社会特征的重要内容。移民迁移之后一个重要的变化就是社会网络的重构，这也是受访者所在地区重要的社会特征之一。此次调查以"搬迁到本地前，生产、生活上遇到困难或麻烦时，您找谁帮忙"、"搬迁到本地后，生产、生活上遇到困难或麻烦时，您找帮忙"两项问题，测量了受访者群体社会网络的变迁。数据显示主要的求助对象可以分为三种类型：一是本人与血亲，二是社会权威（包括民间权威和政府权威），三是社会关系（包括业缘、地缘等）。总体而言，血亲在迁移前后都是最重要的依靠力量。其中兄弟姐妹作为第一选择的比例在迁移前为39.1%，迁移后下降为30.3%，是最主要的选项；其次是亲戚，受访者迁移前将之作为第一选项的比例为18.3%，迁移后为19.1%；最后是"自己解决"，作为第一选择的比例从迁移前的17.5%上升到之后的22.1%。总之，这里存在以兄弟姐妹、亲戚、邻里为主线的差序伦理，同时搬迁后村干部或街道干部的重要性明显上升。

表 6-19　　　　　　　　　　　　寻求社会公正的途径

	第一途径	第二途径	第三途径	第四途径
无能为力，只有忍受	45.7	5.2	12.4	14.4
没有解决办法，但可寻求宗教安慰	2.3	17.9	0.9	2.4
找本县/市政府相关部门或干部	29.6	19.5	19.7	4.2
不用自己关心，有别人会管的	0.8	0.3	1.7	1.2
自己想办法在网络上发信息	1.5	4.9	10.7	20.4
找相关报纸电视等媒体反映问题	2.3	8.5	10.3	27.5
通过非正式的渠道如托人、找关系	2.5	3.6	3.4	3.6
通过社区组织解决问题	7.3	11.7	8.1	3.0
组织周围群众集会、游行、示威等方式	0.0	0.7	0.9	1.8
上访或集体上访	2.0	10.7	7.3	5.4
通过法律诉讼等渠道	5.3	13.7	22.2	13.8
个人暴力抗争	0.0	0.7	0.4	1.2
宗族	0.3	1.3	0.9	0.6
宗教组织	0.5	1.3	1.3	0.6
合计	100.0	100.0	100.0	100.0
样本量	398	307	234	167

　　而一旦生活中遭遇某种不公平，人们解决问题的途径则从另一方面解释了当地社会结构的变迁。第一选择中比例最高的途径是"无能为力，只有忍受"（45.7%），显示一部分受访者对于保障自身权益的社会机制并不了解；第二是"找本县/市政府相关部门或干部"（29.6%），是解决问题首选的途径，这也印证了上面关于村干部或街道干部在当地社会重要性增强的判断。第二途径中"没有解决办法，但可寻求宗教安慰"比例最高（17.9%），比其在第一选择中的比例（2.3%）明显上升；同时选择正规机制的比例明显提高，比如"通过社区组织解决问题"（11.7%）、"上访或集体上访"（10.7%）、"通过法律诉讼等渠道"（13.7%）。第三、四选择中借助于媒体和舆论等非正规渠道的作用明显增大，"自己想办法在网络上发信息"（10.7%，20.4%），"找相关报纸电视等媒体反映问题"（10.3%，27.5%）。总之，受访者首选的解决渠道是政府部分等正规途径，宗教的作用明显，诉诸媒体等非正规渠道往往是最后的选择。

表 6-20　　　　　　　　　　　社会开放程度

	类型	流动人员	欢迎	不欢迎	视情况而定	合计	样本量
民族	汉族	县外省内	87.6	1.8	10.7	100.0	169
		省外国内	85.1	1.8	13.1	100.0	168
		外国人	76.5	6.2	17.3	100.0	162
	回族	县外省内	94.9	1.4	3.7	100.0	217
		省外国内	93.1	1.4	5.5	100.0	218
		外国人	81.0	6.2	12.8	100.0	211
户口	农业	县外省内	93.1	0.7	6.3	100.0	303
		省外国内	90.1	1.0	8.9	100.0	304
		外国人	79.2	6.8	14.0	100.0	293
	非农业	县外省内	86.9	4.8	8.3	100.0	84
		省外国内	88.0	3.6	8.4	100.0	83
		外国人	79.0	3.7	17.3	100.0	81
总体		县外省内	91.7	1.6	6.7	100.0	387
		省外国内	89.7	1.6	8.8	100.0	387
		外国人	79.1	6.1	14.7	100.0	374

　　对外来流动人口的态度是社会开放程度的重要指标之一。此次问卷根据地域范围将流动人口分为三种类型：县外省内、省外国内、外国人，对当地户籍住户进行了调查。91.7%的受访者欢迎县外省内的外来流入人员，而对省外国内的流动人口89.7%的受访者持欢迎态度，对于外国人此比例为79.1%。总体而言，当地户籍居民对于外来人口持非常开放的态度，来源地与红寺堡空间距离越远，则欢迎度下降。这里不同类型流动人口来源地的空间距离，反映的是社会和文化等方面的差异度。县外省内普遍受欢迎，对外国人等文化差异较大的人群有一定的排斥。其中汉族，非农业户籍受访对象较为突出。特别需要注意的是，被认为保守、封闭的穆斯林和农民对于外来人口的态度更为开放。这或许是因为生产方式的差异，汉族和城市人口较易于受到外来人口的就业竞争。

表 6-21　　　　受访者对外地流动人口对于红寺堡的意义评价

	同意	不同意	视情况而定	合计	样本量
增加了当地的投资	91.5	2.9	5.6	100.0	377
扩大了当地的就业机会	86.8	6.6	6.6	100.0	380
开阔了当地人的眼界	87.0	7.7	5.3	100.0	378
提高了当地的社会服务水平	83.0	9.8	7.2	100.0	376
带来了先进技术和管理方式	83.7	9.1	7.2	100.0	375
有利于缩小区域间的差距	83.2	8.1	8.7	100.0	369
增强了民族间的交往	84.6	8.0	7.4	100.0	376
增加了当地劳动力市场中的劳动力	82.0	9.9	8.0	100.0	373
有利于弘扬本地的民族文化	88.1	5.9	5.9	100.0	371

　　当地大多数受访者对外地流动人口持欢迎的态度，这是因为人们认为这些本市县以外人员到当地工作、生活，会给当地社会带来相当正面的价值。当地受访者欢迎本县市以外人员到当地工作生活的原因分析，人们比较赞同的是直观性的效果，比如增加了当地的投资（91.5%），扩大了当地的就业机会（86.8%），有利于弘扬本地的民族文化（88.1%）。但对于更深层次的社会影响，比如社会发展方面受访者不认同的比例较高，显示人员流动和社会交往的长期影响尚未显现。像"提高了当地的社会服务水平"（9.8%），"带来了先进技术和管理方式"（9.1%），"增加了当地劳动力市场中的劳动力"（9.9%）。

五　社会治理

1. 公共服务建设

表 6-22　　　　　　　　公共服务设施建设现状

		小于1公里	1—3公里	3—5公里	5—10公里	10公里以上	不知道	合计	样本量
教育设施（幼儿园）	农村	42.8	24.6	1.9	2.6	26.2	1.9	100	313
	城镇	51.2	41.7	1.2	2.4	3.6	0.0	100	84
教育设施（小学）	农村	75.2	21.3	2.2	0.3	1.0		100	315
	城镇	59.8	30.5	6.1	2.4	1.2	0.0	100	82

续表

		小于1公里	1—3公里	3—5公里	5—10公里	10公里以上	不知道	合计	样本量
教育设施（中学）	农村	6.6	12.2	4.6	4.6	70.4	1.6	100	304
	城镇	36.1	42.2	9.6	3.6	6.0	2.4	100	83
社区或乡卫生院或最近的医院	农村	67.3	22.9	3.5	0.6	5.7		100	315
	城镇	51.2	28.6	9.5	7.1	1.2	2.4	100	84
治安设施（派出所、警卫室等）	农村	32.3	17.6	4.5	3.5	40.3	1.9	100	313
	城镇	38.6	32.5	15.7	4.8	6.0	2.4	100	83
活动中心（活动室、老年活动中心、广场等）	农村	37.1	20.1	4.8	2.9	30.7	4.5	100	313
	城镇	35.7	44.0	8.4	4.8	3.6	3.6	100	84
运动场所及器材	农村	49.3	16.7	4.2	2.3	22.9	4.6	100	306
	城镇	41.7	41.7	7.1	4.8	3.6	1.2	100	84
农贸市场	农村	24.4	15.2	5.3	3.0	45.9	6.3	100	303
	城镇	25.0	47.6	14.3	7.1	6.0	0.0	100	84
车站（码头）	农村	72.6	17.1	2.9	0.6	4.5	2.3	100	310
	城镇	43.4	28.9	15.7	8.4	3.6	0.0	100	83
邮电所	农村	6.5	11.0	5.8	4.2	67.5	4.9	100	308
	城镇	46.4	28.6	15.5	6.0	3.6	0.0	100	84
银行（信用社）	农村	6.2	11.1	5.9	4.2	68.3	4.2	100	306
	城镇	43.2	33.3	12.3	7.4	3.7	0.0	100	81

　　公共服务设施建设是公共服务均等化的物质前提，因而也是建设小康社会的重要抓手。本调查以教育设施、医疗设施、治安设施、活动设施、交通设施等方面的具体标志为指标，对于当地的公共服务设施建设现状进行了研究。总体而言，当地基本服务设施建设差距不大，涉及服务内容广泛。但也存在服务半径的差异。这种空间格局可分为三个圈层：一是小于1公里，许多基本的公共服务都在此距离内可以获得。在此范围内幼儿园（农村42.8%，城镇51.2%）、小学（农村75.2%，城镇59.8%）、社区医院（农村67.3%，城镇51.2%）、警卫室（农村32.3%，城镇38.6%）、活动中心（农村37.1%，城镇35.7%）、运动场所（农村49.3%，城镇41.7%）、农贸市场（农村24.4%，城镇25.0%）城乡差异不大。二是1—10公里，城镇居民的公务服务需求基本上全部可以在此范围内满足，城乡差距明显，如中学（农村12.2%，城镇42.2%），活动中

心（农村 20.1%，城镇 44.0%），运动场所（农村 16.7%，城镇 41.7%），农贸市场（农村 15.2%，城镇 47.6%），银行（农村 11.1%，城镇 33.3%）。三是 10 公里以上，这个范围是农村人口部分重要公共服务的覆盖范围。中学（农村 70.4%，城镇 6.0%），派出所（农村 40.3%，城镇 6.0%），农贸市场（农村 45.9%，城镇 6.0%），邮电所（农村 67.5%，城镇 3.6%），银行（农村 68.3%，城镇 3.7%）。总之，一些基本的公共服务半径在 1 公里之内，城乡差异在 1—10 公里以上的范围内最为明显，这基本反映了城乡居民生活空间的格局。

表 6-23　　　　　　　　　　　　公共服务设施满意度

		满意	一般	不满意	不好说	没有该设施	合计	样本量
教育设施（幼儿园）	农村	34.7	20.7	6.4	11.5	26.8	100.0	314
	城镇	42.9	47.6	3.6	3.6	2.4	100.0	84
教育设施（小学）	农村	63.9	21.4	9.9	4.5	0.3	100.0	313
	城镇	48.8	35.4	8.5	6.1	1.2	100.0	82
教育设施（中学）	农村	10.9	11.9	3.9	4.8	68.5	100.0	311
	城镇	39.3	39.3	7.1	9.5	4.8	100.0	84
社区或乡卫生院或最近的医院	农村	33.4	31.8	26.8	2.9	5.1	100.0	314
	城镇	27.4	48.8	16.7	4.8	2.4	100.0	84
治安设施（派出所、警卫室等）	农村	18.3	18.0	12.2	8.4	43.1	100.0	311
	城镇	38.6	39.8	14.5	3.6	3.6	100.0	83
活动中心（活动室、老年活动中心、广场等）	农村	24.7	20.8	9.6	3.8	41.0	100.0	312
	城镇	36.9	39.3	11.9	9.5	2.4	100.0	84
运动场所及器材	农村	29.8	27.6	11.2	3.8	27.6	100.0	312
	城镇	35.7	42.9	16.7	3.6	1.2	100.0	84
农贸市场	农村	19.9	17.7	4.5	4.5	53.4	100.0	311
	城镇	32.1	39.3	21.4	3.6	3.6	100.0	84
车站（码头）	农村	59.4	28.4	5.8	1.6	4.8	100.0	313
	城镇	32.5	49.4	12.0	6.0	0.0	100.0	83
邮电所	农村	11.8	13.1	1.9	2.9	70.3	100.0	313
	城镇	42.2	39.8	7.2	7.2	3.6	100.0	83
银行（信用社）	农村	11.2	12.2	2.2	2.9	71.5	100.0	312
	城镇	45.2	38.1	7.1	6.0	3.6	100.0	84

　　与公共服务设施覆盖半径相联系，受访者对于不同类型公共服务设施的满意度也存在一定差异。农村居民更满意小学（农村63.9%，城镇48.8%）、车站（农村59.4%，城镇32.5%）。城镇居民满意度更高的公共服务包括中学（农村10.9%，城镇39.3%）、治安设施（农村18.3%，城镇38.6%）、活动中心（农村24.7%，城镇36.9%）、农贸市场（农村19.9%，城镇32.1%）、邮电所（农村11.8%，城镇42.2%）、银行（农村11.2%，城镇45.2%）。同时还需要注意到，医疗设施（农村26.8%，城镇16.7%）、治安设施（农村12.2%，城镇14.5%）、农贸市场（农村4.5%，城镇21.4%）的不满意度较高。

表6-24　　　　　　　　　农业户籍人口社会保障覆盖情况

	参与率				满意度				
	是	否	合计	样本量	满意	一般	不满意	合计	样本量
新型农村合作医疗	98.7	1.3	100.0	303	90.6	7.0	2.3	100.0	299
新型农村养老保险	89.4	10.6	100.0	303	90.8	8.1	1.1	100.0	273
农村五保制度	0.3	99.7	100.0	290	66.7	33.3	0.0	100.0	3
农村低保制度	35.2	64.8	100.0	293	91.1	4.0	5.0	100.0	101
高龄津贴制度	1.0	99.0	100.0	289	80.0	20.0	0.0	100.0	5

　　社会保障体系建设是现代政府公共服务的重要内容，也是现代社会的安全阀，对于快速发展的民族地区更有特殊重要的意义。此次问卷调查重点关注了红寺堡地区社会保障覆盖现状。根据我国现行社会保障政策体系，分为农业户籍人口和非农业户籍人口两个板块。在农业人口当中，新型农村合作医疗、新型农村养老保险作为基本社会保障覆盖面最广。其中新型农村合作医疗参与率达到97.8%，满意度也有90.6%；新型农村养老保险参与率89.4%，满意度90.8%。而农村五保制度、农村低保制度、高龄津贴制度作为特殊保障参与率低。其中农村低保制度参与率为35.2%，高于全国水平，因而针对该项政策的满意度高达91.1%；农村五保制度、高龄津贴制度涉及样本量不足。

表 6-25　　　　　　　　　　　非农户籍人口社会保障覆盖情况

	参与率				满意度				
	是	否	合计	样本量	满意	一般	不满意	合计	样本量
城镇职工基本医疗保险	49.4	50.6	100.0	79	55.6	42.2	2.2	100.0	45
城镇居民基本医疗保险	70.7	29.3	100.0	75	64.3	32.1	3.6	100.0	56
城镇居民养老保险	76.6	23.4	100.0	77	68.3	28.6	3.2	100.0	63
城镇低保	11.1	88.9	100.0	72	47.1	47.1	5.9	100.0	17
失业保险	31.6	68.4	100.0	76	44.8	44.8	10.3	100.0	29
工伤保险	26.0	74.0	100.0	77	44.4	40.7	14.8	100.0	27
生育保险	20.0	80.0	100.0	75	36.4	50.0	13.6	100.0	22

2014 年末，城镇职工基本养老保险参保人数 2787 人，城镇职工基本医疗保险参保人数 5005 人，城镇居民社会基本养老保险参保人数 5024 人，城镇失业保险参保人数 4312 人，城镇职工工伤保险参保人数 5029 人，城镇职工生育保险人参保数 4360 人。[①] 根据调查数据，涉及居民基本生活保障的基本医疗保险和养老保险参与率最高，分别达到 70.7%、76.6，对应的满意度分别为 64.3%、68.3%。这说明此两项基本保障的工作还有待进一步提升，扩大覆盖面，改善满意度。而涉及城镇人口就业领域的城镇职工基本医疗保险参与率只有 49.4%，失业保险 31.6%，工伤保险 26.0%，生育保险 20.0%。这些数据显示当地城镇人口虽然取得了城镇户籍，但是仍然以灵活就业为重要类型，提供上述保障的稳定就业比重不大。此外，城镇受访者低保参与率 11.1%，远低于农业户籍受访者的 35.2%。

表 6-26　　　　　　　　　　受访者对最低生活保障政策评价

		总体	汉族	回族	农业	非农业
低保制度是否纳入了该享受低保的人群	是	37.5	39.5	35.7	35.0	47.0
	否	62.5	60.5	64.3	65.0	53.0
	合计	100.0	100.0	100.0	100.0	100.0
	样本量	397	172	224	314	83

---

① 红寺堡统计局：《红寺堡区 2014 年国民经济和社会发展统计公报》，2015 年 6 月 23 日。网址 http://www.hsbtj.gov.cn/onews.asp？id=225&Page=4，检索日期 2015 年 10 月 15 日。

续表

		总体	汉族	回族	农业	非农业
低保户是否您周围或身边生活最困难的人	是	25.3	23.8	26.5	27.1	18.3
	不是	59.6	61.0	58.7	60.8	54.9
	不太清楚	15.2	15.1	14.8	12.1	26.8
	合计	100.0	100.0	100.0	100.0	100.0
	样本量	396	172	223	314	82
对目前低保水平和作用的看法	能够满足最低需求	31.6	28.1	34.5	32.3	29.3
	能够帮助提高生活水平	12.9	14.6	11.7	12.8	13.4
	能够帮助解决家庭特殊困难	34.2	32.2	35.4	33.9	35.4
	不能够满足最低需求	21.3	25.1	18.4	21.1	22.0
	合计	100.0	100.0	100.0	100.0	100.0
	样本量	395	171	223	313	82

2014年末，全区居民最低生活保障人数24029人。其中城镇居民最低生活保障人数2326人，农村居民最低生活保障人数21703人。[①] 本研究针对最低生活保障政策的对象、实施和效果进行了测量。针对低保制度是否纳入了该享受低保的人群的问题，总体上37.5%认同，而62.5%的受访者表达了否定意见；其中民族差异不大；农业户籍受访者表达否定意见的比例（65.0%）高于城镇居民（53.0%）。在具体的实施过程中，受到各种因素的影响，政策效果可能产生扭曲。对于"您所知道的低保户是周围或身边生活最困难的人吗"，59.6%的受访者表达了否定意见。其中民族、户籍差异不大。但是整体而言，受访者对目前低保水平和作用的看法较为正面。31.6%的受访者认为低保制度能够满足最低需求，34.2%认为能够帮助解决家庭特殊困难，同时21.3%的受访者认为不能够满足最低需求。可见低保制度在当地确实起到了兜底的作用，但是对于帮助提高对象生活水平帮助不明显。

2. 社会心态

接下来的部分将通过生活压力、安全感和公平感三个方面，来对红寺堡地区的社会心态进行简单描述。以求揭示当地群众生活中的压力和感

[①] 红寺堡统计局：《红寺堡区2014年国民经济和社会发展统计公报》，2015年6月23日。网址 http://www.hsbtj.gov.cn/onews.asp? id=225&Page=4，检索日期2015年10月15日。

受，从而展现社会生活的基本氛围。

表 6-27　　　　　　　　　　　　总体社会压力

		社会生活压力				合计	样本量
		压力很大	有压力	压力很小	没有这方面压力		
性别	男性	18.7	53.4	21.8	6.1	100.0	262
	女性	15.4	56.9	21.1	6.5	100.0	123
民族	汉族	16.8	56.9	21.6	4.8	100.0	167
	回族	17.9	53.2	21.6	7.3	100.0	218
户口	农业	17.6	55.4	20.2	6.8	100.0	307
	非农业	17.7	51.9	26.6	3.8	100.0	79
年龄	18 岁及以下	20.0	40.0	10.0	30.0	100.0	10
	19—30 岁	23.2	50.0	22.0	4.9	100.0	82
	31—45 岁	18.4	56.3	21.5	3.8	100.0	158
	46—60 岁	13.3	60.2	19.4	7.1	100.0	98
	61 岁及以上	13.2	47.4	28.9	10.5	100.0	38
教育	未上学	14.4	52.2	24.4	8.9	100.0	90
	小学至初中	20.3	54.1	20.8	4.8	100.0	207
	高中	7.7	63.5	19.2	9.6	100.0	52
	大学及以上	25.0	50.0	22.2	2.8	100.0	36
总体		17.6	54.7	21.5	6.2	100.0	385

　　就总体社会压力来说，54.7%的受访者表示有压力，21.5%表示压力很小，17.6%表示压力很大。具体来看，性别、民族方面差异不大；户籍方面：55.4%的农业户籍受访者表示有压力，略高于非农受访者的51.9%，但同时表示完全没有压力的农业户籍受访者为6.8%，而后者为3.8%；年龄方面：压力最大的群体为19—30岁的受访者，23.2%表示压力很大，压力最小的为61岁及以上群体，10.5%表示完全没有压力；教育方面：大学及以上受访者表示压力很大的比例为25.0%，而高中背景受访者表示完全没有压力的比例最大（9.6%）。总之，就整体压力而言，性别、民族方面差异不大；户籍差异不明显；年龄越小压力越大；高中教育背景的受访者压力最小。

表 6-28   主要社会压力类型

	压力很大	有压力	压力很小	没有这方面压力	合计	样本量
经济压力	64.2	27.6	7.0	1.3	100.0	399
个人发展	24.1	45.2	15.6	15.1	100.0	398
人情往来压力	16.0	34.8	21.1	28.1	100.0	399
孩子教育压力	23.9	33.2	16.6	26.4	100.0	398
医疗/健康压力	18.3	35.7	19.3	26.6	100.0	398
赡养父母的压力	10.3	21.1	18.0	50.6	100.0	399
住房压力	19.5	31.3	18.5	30.6	100.0	399
婚姻生活压力	4.8	8.1	10.8	76.3	100.0	397

根据表 6-28 所示，"压力很大"比例最高的为经济压力，为 64.2%，反映经济快速发展在改善生活条件的同时，也给当地居民造成了明显的发展压力。个人发展方面的压力也是一个重要来源，达到 24.1% 的受访者认为这方面压力很大。其次比较重要的类型还有人情往来压力、孩子教育压力、医疗/健康压力、住房压力。相比而言，压力最小的领域是婚姻生活，76.3% 的受访者表示没有这方面的压力。此外赡养父母的压力也较小，表示没压力的比例为 50.6%。

表 6-29   总体上的安全感

		安全感					合计	样本量
		很不安全	不太安全	比较安全	很安全	不确定		
性别	男性	1.9	19.0	67.9	9.3	1.9	100.0	268
	女性	3.1	15.0	69.3	11.8	0.8	100.0	127
民族	汉族	3.0	14.2	69.2	11.2	2.4	100.0	169
	回族	1.8	20.4	67.7	9.3	0.9	100.0	226
户口	农业	1.9	20.4	64.6	11.5	1.6	100.0	314
	非农业	3.7	7.3	82.9	4.9	1.2	100.0	82
年龄	18 岁及以下	0.0	20.0	80.0	0.0	0.0	100.0	10
	19—30 岁	6.0	13.3	68.7	9.6	2.4	100.0	83
	31—45 岁	1.2	20.2	65.0	11.0	2.5	100.0	163
	46—60 岁	2.0	21.0	68.0	9.0	0.0	100.0	100
	61 岁及以上	0.0	7.5	80.0	12.5	0.0	100.0	40

续表

| | | 安全感 | | | | | 合计 | 样本量 |
		很不安全	不太安全	比较安全	很安全	不确定		
教育	未上学	2.2	17.2	65.6	15.1	0.0	100.0	93
	小学至初中	1.4	21.2	65.6	9.9	1.9	100.0	212
	高中	3.8	15.4	73.1	5.8	1.9	100.0	52
	大学及以上	5.3	2.6	86.8	5.3	0.0	100.0	38
总体		2.3	17.7	68.4	10.1	1.5	100.0	395

安全感是人们在社会生活中不断追求的事物，指导着人们的多数社会行为。总体上68.4%的受访者表示比较安全，表明当地社会治理取得了巨大的成绩。性别方面：女性受访者觉得很安全的比例（11.8%）高于男性（9.3%）；民族方面：回族受访者表示不太安全的比例（20.4%）高于汉族（14.2%）；户籍方面：农业人口表示不太安全的比例（20.4%）明显高于非农业人口（7.3%），但同时农业户籍受访者表示很安全的比例（11.5%）高于非农样本（4.9%）；年龄方面：19—30岁受访者当中有6.0%表示很不安全，为所有群体中最高，61岁及以上受访者表示很安全的比例最高（12.5%）；教育方面：大学及以上受访者中5.3%表示很不安全，而未上学受访者中15.1%表示很安全，分别为该选项最高比例。总之，女性、农业户籍安全感更高，19—30岁受访者安全感更低，教育水平越高则安全感越低。

表6-30 不同领域的安全感

	很不安全	不太安全	比较安全	很安全	不确定	合计	样本量
个人和家庭财产安全	1.3	6.5	66.2	24.6	1.5	100.0	399
人身安全	2.0	6.0	62.2	27.3	2.5	100.0	399
交通安全	7.0	32.2	48.2	10.3	2.3	100.0	398
医疗安全	4.0	25.8	55.1	12.0	3.0	100.0	399
食品安全	8.3	27.6	49.6	11.5	3.0	100.0	399
劳动安全	2.8	12.0	66.2	15.5	3.5	100.0	399
个人信息、隐私安全	3.3	8.8	59.3	24.9	3.8	100.0	398
生态环境安全	2.0	13.1	67.1	15.6	2.3	100.0	398
人身自由	1.8	2.0	67.4	28.3	0.5	100.0	399

在社会总体安全感之外，不同领域的社会生活中安全感也有差异。具体来说，食品安全作为全国上下普遍关注的问题，有8.3%的受访者表示很不安全；另有交通安全也是重要议题，7.0%的受访者选择该项；安全感比较高的领域分别是：人身自由（27.3%）、个人信息、隐私安全（24.9%）、个人和家庭财产安全（24.6%）。可见人们的不安主要来自食品、交通等切身相关的物质领域，在政治性较强的领域安全度较高。

表6-31　　　　　　　　　总体上的社会公平状况

		公平感				合计	样本量
		很不公平	不太公平	比较公平	很公平		
性别	男性	3.5	25.8	65.8	5.0	100.0	260
	女性	1.7	24.8	69.4	4.1	100.0	121
民族	汉族	3.7	22.0	70.1	4.3	100.0	164
	回族	2.3	27.6	65.0	5.1	100.0	217
户口	农业	2.0	24.5	68.0	5.6	100.0	306
	非农业	6.6	28.9	63.2	1.3	100.0	76
年龄	18岁及以下	0.0	0.0	100.0	0.0	100.0	8
	19—30岁	7.4	27.2	65.4	0.0	100.0	81
	31—45岁	2.6	30.1	60.8	6.5	100.0	153
	46—60岁	1.0	26.0	66.0	7.0	100.0	100
	61岁及以上	0.0	7.5	90.0	2.5	100.0	40
教育	未上学	2.2	13.3	77.8	6.7	100.0	90
	小学至初中	2.4	26.8	65.6	5.3	100.0	209
	高中	8.5	31.9	57.4	2.1	100.0	47
	大学及以上	0.0	40.0	60.0	0.0	100.0	35
合计		2.9	25.4	67.0	4.7	100.0	381

社会公平是现代社会的基本要求，也是我国政府的庄严承诺，因而具有重要的意义。总体而言，67.0%的受访者表示比较公平，25.4%表示不太公平。性别方面差异不大；民族方面：回族受访者认为不太公平的比例（27.6%）高于汉族（22.0%）；户籍方面：农业户籍受访者表示很不公平的比例（2.0%）低于非农业户籍（6.6%），表示不太公平的比例（24.5%）同样低于后者（28.9%）；年龄方面：19—30岁受访者是所有年龄层中选择很不公平最高的（7.4%），61岁及以上受访者

选择比较公平的比例达到90.0%；教育方面：高中背景受访者对于社会公平评价较低，8.5%表示很不公平，31.9%表示不太公平，未上学受访者选择比较公平的比例为77.8%。总之，回族、非农人口和高中教育背景的受访者公平感较低。

表6-32　　　　　　　　　　不同领域的社会公平

	很不公平	不太公平	比较公平	很公平	合计	样本量
教育	6.1	13.2	67.4	13.2	100.0	393
语言文字	1.7	4.2	72.8	21.3	100.0	357
医疗卫生	5.6	18.4	62.2	13.8	100.0	392
住房	7.2	27.1	56.0	9.7	100.0	391
社会保障	6.7	32.4	49.2	11.7	100.0	386
司法	7.1	31.6	52.4	8.8	100.0	351
干部选拔任用	14.1	33.1	46.1	6.6	100.0	362
就业	9.4	23.4	59.5	7.7	100.0	363
信息	3.6	15.7	68.3	12.3	100.0	357
政府办事	10.6	30.4	52.8	6.2	100.0	369
投资经营	5.6	18.2	67.7	8.6	100.0	303

社会公平具体到不同的领域，涉及教育、语言文字、医疗卫生、住房、社会保障、司法、干部选拔任用、就业、信息、政府办事、投资经营等多个方面。"很不公平"选项比例较高的是在干部选拔任用（14.1%）和政府办事（10.6%）等方面。语言文字、医疗卫生和教育等领域公平感较高。

六　民族关系

1. 民族交往

民族交往指各个民族的人口在社会生活中展开跨民族的互动。其中又以跨民族共事、交友、通婚等内容最具指标性意义，本研究重点调查了红寺堡受访者交友的情况。

表 6-33　　　　　　　　　　　来往密切的外民族朋友数量

		0	1—3个	4—6个	7个及以上	合计	样本量
性别	男性	43.3	29.1	20.1	7.4	100.0	268
	女性	50.0	25.0	20.4	4.7	100.0	128
民族	汉族	45.3	27.6	21.8	5.3	100.0	170
	回族	46.0	27.4	19.0	7.5	100.0	226
户口	农业	50.3	26.1	18.2	5.4	100.0	314
	非农业	27.7	33.7	27.7	10.8	100.0	83
年龄	18岁及以下	22.2	33.3	22.2	22.2	100.0	9
	19—30岁	32.9	31.8	29.4	5.9	100.0	85
	31—45岁	46.6	26.4	19.6	7.4	100.0	163
	46—60岁	48.5	28.3	17.2	6.1	100.0	99
	61岁及以上	65.9	22.0	9.8	2.4	100.0	41
教育	未上学	69.9	17.2	11.8	1.1	100.0	93
	小学至初中	44.6	28.2	19.7	7.5	100.0	213
	高中	34.6	36.5	19.2	9.6	100.0	52
	大学及以上	7.9	39.5	42.1	10.5	100.0	38
总体		45.6	27.7	20.2	6.5	100.0	397

　　来往密切的外民族朋友数量是显示跨民族交友的重要指标。总体上，当地45.6%的受访者没有来往密切的其他民族的朋友，27.7%有1—3个，20.2%有4—6个，显示跨民族交友在当地是较为普遍的。性别方面：女性受访者没有外民族朋友的比例为50.0%，高于男性的43.3%；民族方面差异不大；户籍方面：农业人口没有其他民族朋友的比例为50.3%，远高于非农业户籍受访者的27.7%，显示城镇生活有效扩大了民族交往；年龄方面：19—30岁受访者只有32.9%没有外民族朋友，而此比例在61岁及以上群体中达到65.9%；教育方面：未上学的受访者没有外民族朋友的比例为69.9%，小学至初中受访者为44.6%，高中背景受访者为34.6%，大学及以上教育水平的样本仅为7.9%，清晰地显示出递减规律。总之，跨民族交友方面男性强于女性，非农业户籍胜于农业人口，年龄越小跨、学历越高民族交友越密切。

表 6-34   民族交往的意愿

回族对汉族

	很愿意	比较愿意	不太愿意	不愿意	不好说	合计	样本量
聊天	50.9	42.4	3.1	3.1	0.4	100.0	224
成为邻居	43.8	42.0	7.1	5.4	1.8	100.0	224
一起工作	47.3	47.3	2.2	1.3	1.8	100.0	224
成为亲密朋友	45.5	42.4	6.3	4.9	0.9	100.0	224
结为亲家	4.9	7.6	9.0	69.5	9.0	100.0	223

回族对其他少数民族

	很愿意	比较愿意	不太愿意	不愿意	不好说	合计	样本量
聊天	39.9	50.9	3.2	4.6	1.4	100.0	218
成为邻居	37.2	50.0	5.0	5.5	2.3	100.0	218
一起工作	38.2	50.7	5.1	3.7	2.3	100.0	217
成为亲密朋友	35.8	48.6	5.5	7.3	2.8	100.0	218
结为亲家	2.8	12.9	13.8	55.8	14.7	100.0	217

汉族对回族

	很愿意	比较愿意	不太愿意	不愿意	不好说	合计	样本量
聊天	42.7	43.9	7.6	5.3	0.6	100.0	171
成为邻居	36.8	45.6	11.1	5.8	0.6	100.0	171
一起工作	38.0	49.7	5.8	4.1	2.3	100.0	171
成为亲密朋友	36.3	44.4	11.1	6.4	1.8	100.0	171
结为亲家	8.8	17.5	21.6	45.6	6.4	100.0	171

在跨民族交友这一指标性数据之外，我们还需要考察一下民族交往的深度。聊天、成为邻居、一起工作、成为亲密朋友、结为亲家，这五项交往行为虽然不是连续的，但也大致描述了民族交往由浅入深的程度，揭示了从偶然联系到一般联系、职业合作、情感联系和联合家庭等不同层面的交往互动行为。回族受访者对与汉族交往的意愿显示：50.9%的受访者很愿意与汉族聊天，不愿意的只有3.1%；而很愿意与汉族结为亲家的比例只有4.9%，不愿意的比例达到69.5%。回族受访者对与其他少数民族交往的意愿显示：回族受访者很愿意与其聊天的比例为39.9%，成为邻居37.2%，一起工作38.2%，成为亲密朋友35.8%，而很愿意结为亲家的只有2.8%。汉族受访者对与回族交往的意愿显示：上述五项行为表示很愿

意的比例依次为42.7%、36.8%、38.0%、36.3%、8.8%。总之，从聊天、成为邻居、一起工作到成为亲密朋友，民族交往的意愿均很强烈，其中成为邻居和亲密朋友因为涉及回族特殊的宗教和饮食习惯，有一定的障碍。结为亲家的意愿明显降低。

表6-35　　　　　　　　　　　　民族交往的内容

外出工作时间

	1年以内	1—3年	4—5年	5年以上	没有外出从业经历	合计	样本量		
百分比	30.6	12.4	2.5	33.1	21.5	100.0	121		

期望工作地区

	县城之内	县外省区内，但必须是家附近的市/县	县外省区内无所谓远近	本省区相邻的外省区	本省区外非相邻省区	东部一线大城市	其他（请注明地区名称）	合计	样本量
百分比	37.0	33.7	21.2	0.0	0.0	4.9	3.3	100.0	184

县内日常出行方式

	步行	自行车	摩托车	三轮车/拖拉机	货运车	小轿车	公交车	合计	样本量
提及率	19.0	7.6	21.9	1.3	0.8	6.0	43.5	100.0	226

近5年新生儿的接生地点

	村（社区）卫生室	乡镇卫生院	县市医院	合计	样本量				
百分比	1.9	38.7	59.4	100.0	212				

获取信息文化的主要途径

	网络	广播	电视	手机	农家书屋	公共图书馆	政府办的培训班	其他	合计	样本量
提及率	12.4	18.2	43.4	21.1	1.0	1.0	0.6	2.3	100.0	223

除了民族交往的深度之外，另一重要的内容就是交往的广度，涉及交往行为在社会领域、地理空间等方面的表现。工作方面：没有外出工作经验的回族受访者只有21.5%，拥有5年以上外出工作经验的比例为33.1%；33.7%的受访者在有机会的情况下可以接受县外附近县市的工作，21.2%可以接受县外省内无所谓远近的工作机会。出行方式决定了人们交往的地理

半径，县内日常的交通工具提及率最高的是公交车（43.5%），其次是摩托车（21.9%）。医疗方面：受访者家中近5年的新生儿中有59.4%出生在县市医院，38.7%在乡镇卫生院。信息获取：受访者获得信息文化知识的主要渠道中提及率最高的依次是电视（43.4%）、手机（21.1%）、广播（18.2%）。总之，受访者已经基本完全纳入劳动力市场当中，出行、就医和获取信息等行为也表现出明显的机制化特点。

表6-36　　　　　　　　　　　民族身份在社会生活中的限制

	经常有	偶尔有	很少	没有	不清楚	合计	样本量
本地社会	4.0	6.7	8.1	78.9	2.2	100.0	223
外部社会	18.3	9.6	11.2	60.9	0.0	100.0	197

虽然当地民族交往密切，但民族身份仍给部分受访者带来了不便。对于民族身份在本地社会交往、工作就业、日常生活中是否有限制，78.9%的受访者表示没有。受访者主要提及的不便体现在民族饮食习惯方面，如有受访者提出"吃饭无清真"、"清真饭馆不清真"、"聚餐时有时不清真"、"不好找清真"等具体的意见。对于民族身份在外出旅行或出国有无不便利这个问题，经常有的样本达到18.3%，偶尔有的达到9.6%。可见随着交往范围的扩大，一旦离开当地熟悉的环境，民族身份确实进一步给受访者的交往活动形成了限制。主要的制约表现在清真饮食的问题，此外信仰问题也出现了，比如有受访者提出"上清真寺不方便""做礼拜也不方便""没地方礼拜"；还有一个新问题就是就业障碍，比如"规定不让回族人打工""找工作受歧视""工地不要""有些工作不收回族人"。

2. 民族文化传承

民族文化是一个民族最重要的外在特征，是民族精神的寄托。因而民族文化传承与发展是民族社会发展重要的内容。

表6-37　　　　　　　　　　　民族文化传承现状

项目	最具特色的少数民族文化类型		最需要政府保护的传统文化	
	样本量	提及率	样本量	提及率
传统民居	16	2.5	17	2.7
传统服饰	78	12.4	83	13.3
传统节日	106	16.9	95	15.2

续表

项目	最具特色的少数民族文化类型		最需要政府保护的传统文化	
	样本量	提及率	样本量	提及率
人生礼仪	30	4.8	32	5.1
传统文娱活动	0	0.0	16	2.6
传统饮食	40	6.4	95	15.2
道德规范	91	14.5	76	12.2
人际交往习俗	51	8.1	16	2.6
传统生产方式	16	2.5	8	1.3
宗教活动习俗	115	18.3	185	29.6
其他	86	13.7	2	0.3
合计	629	100.0	625	100.0

　　两类提及率最高的文化事项主要是宗教活动、传统节日和道德规范。当地民众与政府在特色文化类型的认知方面基本一致，没有明显差异。这说明红寺堡地区在发展本地特色文化方面基本取得了共识，从而为当地特色文化的发扬奠定了良好的思想基础。从当地居民对最具本地特色的传统文化类型来看，提及率最高的三项文化事项先后是"宗教活动习俗"（18.3%）、"传统节日"（16.9%）、"道德规范"（14.5%）；与最需要政府保护的文化事项结合来看，"传统节日"（15.2%）与"道德规范"（12.2%）与其在受访者心目中的重要性相一致，但是"宗教活动习俗"仍然有较大的提升空间，29.6%的受访者认为最需要保护宗教习俗；此外，传统饮食虽然并不被认为最具当地民族文化特色，但是15.2%的受访者希望政府加以保护。这显然与上文提到清真饮食对于民族交往的限制有关。

表 6-38　　　　　　　　　　　特色民族文化事项认知

		传统民居	传统服饰	传统节日	人生礼仪	传统饮食	道德规范	人际交往习俗	传统生产方式	宗教活动习俗	其他	合计	样本量
性别	男性	3.4	13.1	16.3	4.3	6.8	15.2	7.5	2.3	17.6	13.6	100.0	442
	女性	0.5	10.8	18.4	5.9	4.9	13.0	9.7	3.2	20.0	13.5	100.0	185
户口	农业	2.3	12.7	16.6	3.9	6.6	14.0	9.4	2.1	18.7	13.6	100.0	513
	非农业	3.4	11.2	18.1	8.6	5.2	16.4	2.6	4.3	16.4	13.8	100.0	116

续表

		传统民居	传统服饰	传统节日	人生礼仪	传统饮食	道德规范	人际交往习俗	传统生产方式	宗教活动习俗	其他	合计	样本量
年龄	18岁及以下	0.0	15.4	23.1	15.4	7.7	7.7	15.4	0.0	7.7	7.7	100.0	13
	19—30岁	4.1	10.8	18.9	6.1	7.4	11.5	4.7	3.4	17.6	15.5	100.0	148
	31—45岁	2.2	13.8	15.6	3.6	6.5	14.9	9.8	2.5	18.9	12.0	100.0	275
	46—60岁	2.9	9.5	14.6	4.4	6.6	16.1	8.8	2.9	18.2	16.1	100.0	137
	61岁及以上	0.0	16.1	21.4	5.4	1.8	17.9	5.4	0.0	19.6	12.5	100.0	56
教育	未上学	1.3	15.3	20.4	2.5	1.9	15.9	8.3	0.0	21.0	12.7	100.0	157
	小学至初中	3.0	11.4	15.4	6.0	8.1	12.7	8.9	3.5	17.3	13.6	100.0	369
	高中	1.5	14.7	11.8	1.5	7.4	19.1	7.4	2.9	22.1	11.8	100.0	68
	大学及以上	5.7	5.7	25.7	8.6	2.9	17.1	0.0	2.9	8.6	22.9	100.0	35

当地最具特色的少数民族文化类型虽然已经有了共识，但是不同事项传承存在一定的差异，表现为不同回族群体对于"最具特色"的认知差异。性别方面：女性受访者对于传统节日（18.4%）、人际交往习俗（9.7%）、宗教活动习俗（20.0%）的提及率高于男性，男性受访者提及更多是传统民居（3.4%）和传统服饰（13.1%）、道德规范（15.2%）。户籍方面：农业户籍受访者提及更多的是人际交往习俗（9.4%）、宗教活动习俗（18.7%）；非农业受访者提及更多的是人生礼仪（8.6%）、道德规范（16.4%）、传统生产方式（4.3%）。年龄方面：19—30岁受访者看重传统节日（18.9%）的比例超过其他群体，31—45岁受访者提及人际交往习俗（9.8%）的比例超过其他群体，46—60岁受访者提及道德规范（16.1%）、人际交往习俗（8.8%）的比例较高，61岁及以上受访者比其他群体更为看重传统节日（21.4%）、道德规范（17.9%）。教育方面：未上学受访者更看重传统服饰（15.3%）、传统节日（20.4%），小学至初中受访者更看重传统饮食（8.1%），高中背景受访者更看重传统服饰（14.7%）、道德规范（19.1%），大学及以上受访者更看重传统民居（5.7%）、传统节日（25.7%）、人生礼仪（8.6%）。

表6-39　　　　　　　　　　　　了解民族文化的主要渠道

	家庭、邻里、亲朋耳濡目染	学校教育	村庄或社区的公共文化等活动	旅游展示	广播、电视、互联网等	图书报刊	其他	合计	样本量
第一渠道	70.0	4.5	0.4	0.0	18.8	1.3	4.9	100.0	226
第二渠道	14.0	14.0	36.9	1.3	24.2	5.1	4.5	100.0	160
第三渠道	2.9	5.7	29.5	0.9	41.9	6.7	12.4	100.0	107

当地回族了解民族文化的主要渠道可以分为亲身体验、传统机制、学校教育、大众媒体等几种类型。其中作为第一渠道被提及最多的是家庭、邻里、亲朋耳濡目染（70.0%），其次为广播、电视、互联网等（18.8%）。从渠道重要性的角度来看，最重要的是家庭、邻里、亲朋耳濡目染，其次是村庄或社区的公共文化等活动（36.9%），再次是广播、电视、互联网等（41.9%）。显示人们了解民族文化主要渠道由己及人的过程。

3. 民族认同与民族政策

表6-40　　　　　　　　　　　　民族认同排序

民族身份的排序

中国人、本民族	本民族、中国人	中国人和本民族不分先后	不好回答	合计	样本量
67.0	9.7	22.5	0.9	100.0	227

民族身份和公民身份的重要性

民族身份	公民身份	民族身份和公民身份一样重要	合计	样本量
26.3	23.2	50.4	100.0	228

民族身份和本地人身份的重要性

民族身份	本地人身份	民族身份和本地人身份一样重要	合计	样本量
48.5	11.4	40.2	100.0	229

优先交往的对象

本民族的人（不管是否同乡）	同乡（不管是否本民族的人）	本民族的人和同乡同等交往、信任	不存在民族、地域差别	合计	样本量
38.4	20.5	24.0	17.0	100.0	229

身份认同是多重自我身份认知的综合，具有不同的层次和面向，可以根据情境变化形成不同的身份定位。广义的民族认同包含本地人、本民族人、中国人等不同的层面，狭义的则是指对于本民族的认同。根据调查数据，当向外国人介绍民族身份时，67.0%的受访者采用中国人、本民族的排序，22.5%认为中国人和本民族不分先后。在民族身份与公民身份之间，26.3%受访者选择民族身份，23.2%选择公民身份，差距不明显，50.4%的受访者认为民族身份和公民身份一样重要。在民族身份和本地人身份之间，48.5%的受访者选择民族身份，11.4%选择本地人身份，40.2%认为民族身份和本地人身份一样重要。总之，民族认同与国家认同不相上下，民族认同大于地域认同。这点在受访者心目中或实际上优先交往、信任的对象上体现得尤为明显，38.4%选择本民族的人（不管是否同乡），而20.5%选择同乡（不管是否本民族的人）。

表6-41　　　　　　　　　　民族地区计划生育政策评价

		好	一般	不好	不清楚	合计	样本量
性别	男性	76.5	14.9	5.6	3.0	100.0	268
	女性	67.4	17.8	9.3	5.4	100.0	129
民族	汉族	68.4	20.5	6.4	4.7	100.0	171
	回族	77.4	12.4	7.1	3.1	100.0	226
户口	农业	78.3	12.4	5.7	3.5	100.0	314
	非农业	56.0	28.6	10.7	4.8	100.0	84
年龄	18岁及以下	60.0	20.0	0.0	20.0	100.0	10
	19—30岁	56.5	29.4	12.9	1.2	100.0	85
	31—45岁	74.2	14.7	6.1	4.9	100.0	163
	46—60岁	84.0	8.0	4.0	4.0	100.0	100
	61岁及以上	85.0	10.0	5.0	0.0	100.0	40
教育	未上学	86.0	8.6	3.2	2.2	100.0	93
	小学至初中	74.6	15.0	7.0	3.3	100.0	213
	高中	56.6	24.5	7.5	11.3	100.0	53
	大学及以上	60.5	26.3	13.2	0.0	100.0	38
总体		73.6	15.8	6.8	3.8	100.0	397

计划生育政策作为基本国策，在民族地区也已经实行多年。根据调查数据，总体上73.6%的受访者对当地的计划生育政策持正面看法。性别

方面：男性受访者支持的比例（76.5%）高于女性（67.4%），女性有较高比例反对（9.3%）；民族方面：回族受访者满意度（77.4%）高于汉族（68.4%）；户口方面：农业户籍受访者满意度（78.3%）高于非农业人口（56.0%），非农业受访者反对的比例（10.7%）高于前者（5.7%）；年龄方面：61岁及以上受访者满意度最高（85.0%），19—30岁适婚年龄的受访者负面评价比例最高（12.9%）；教育方面：未上学受访者的满意度最高（86.0%），大学及以上教育背景受访者负面评价最高（13.2%）。总之，女性、汉族和非农业户籍人口满意度较低，年龄越大满意度越高，教育水平越高满意度越低。

表6-42　　　　少数民族高考加分政策评价

		满意	不满意	不清楚	合计	样本量
性别	男性	73.5	17.5	9.0	100.0	268
	女性	62.8	24.8	12.4	100.0	129
民族	汉族	43.3	44.4	12.3	100.0	171
	回族	90.3	1.3	8.4	100.0	226
户口	农业	72.9	16.6	10.5	100.0	314
	非农业	59.5	32.1	8.3	100.0	84
年龄	18岁及以下	55.6	22.2	22.2	100.0	9
	19—30岁	69.4	21.2	9.4	100.0	85
	31—45岁	70.6	17.2	12.3	100.0	163
	46—60岁	72.0	22.0	6.0	100.0	100
	61岁及以上	68.3	22.0	9.8	100.0	41
教育	未上学	73.1	18.3	8.6	100.0	93
	小学至初中	71.8	16.0	12.2	100.0	213
	高中	66.0	26.4	7.5	100.0	53
	大学及以上	60.5	36.8	2.6	100.0	38
总体		79.8	10.2	9.9	100.0	372

高考加分政策是另一项重要的民族发展政策。总体上79.8%的受访者满意该项政策，显示该政策从设计到执行都取得了较好的社会效益。性别方面：男性受访者73.5%表示满意，女性为62.8%；民族方面：回族受访者表示满意的比例（90.3%）显著高于汉族（43.3%）；户口方面：农业户籍受访者中72.9%表示满意，非农人口为59.5%；年龄方面：

46—60 岁受访者群体满意度为 72.0%，各年龄群差异不大；教育方面：未上学受访者的满意度 73.1%，为各群体中最高，大学及以上受访者不满意的比例达 36.8%。总之，男性、回族、农业户籍满意度相对较高，年龄因素不显著，教育水平越高满意度越低。

表 6-43   民族特殊优惠政策评价

		满意	不满意	不清楚	合计	样本量
性别	男性	80.6	9.3	10.1	100.0	247
	女性	78.2	12.1	9.7	100.0	124
民族	汉族	64.4	20.2	15.3	100.0	163
	回族	91.8	2.4	5.8	100.0	208
户口	农业	82.3	9.2	8.5	100.0	293
	非农业	70.9	13.9	15.2	100.0	79
年龄	18 岁及以下	40.0	30.0	30.0	100.0	10
	19—30 岁	74.1	12.3	13.6	100.0	81
	31—45 岁	84.4	7.1	8.4	100.0	154
	46—60 岁	78.4	10.2	11.4	100.0	88
	61 岁及以上	87.2	12.8	0.0	100.0	39
教育	未上学	85.6	6.7	7.8	100.0	90
	小学至初中	80.2	10.2	9.6	100.0	197
	高中	72.9	12.5	14.6	100.0	48
	大学及以上	75.0	13.9	11.1	100.0	36
总体		70.1	19.8	10.1	100.0	398

上述计划生育政策、高考加分政策均是我国少数民族政策体系中的重要内容，作为总体的民族特殊优惠政策得到 70.1% 的受访者认可。性别方面差异不大；民族方面：汉族受访者的满意度较低（64.4%），而回族为 91.8%；户籍、年龄方面差异不大；教育方面：未上学受访者表示满意的比例为 85.6%，而大学及以上背景的受访者有 13.9% 表示不满意。总之，回族与汉族满意度的差异显示民族政策确实使回族受益，但也需要加强针对汉族的宣讲教育。教育水平越高满意度越低，说明我国的民族优惠政策体系还需要不断完善。

七　简要结论

综合上文的分析，得出如下基本结论。

（1）就业情况：整体就业情况可分为农业生产和灵活就业两大形式，工作范围集中在附近县市，人口特征影响较明显。农业户籍受访者兼业特征明显，非农就业是农业人口重要的就业方式。非农户籍受访者的劳动合同性质以短期或临时合同工为主。

（2）家庭经济情况：主要分析了农村家庭总收入及总支出两组数据，非农收入（包括工资性收入、自营收入等）是农民增收最重要的来源；以医疗费支出为代表的生活消费支出是当地农民家庭最主要的开销。住房主要体现出现行城乡住房政策的差异。回族、农业户籍和低教育背景受访者对未来的预期更乐观，多数表示对建成小康社会很有信心。

（3）移民与社会发展，移民前和移民后的意愿有小幅上升，表明红寺堡的移民安置和发展政策取得了实效。社会网络重构存在以兄弟姐妹、亲戚、邻里为主线的差序伦理，村干部或街道干部的重要性明显上升。因为生产方式的差异，汉族和城市人口较易于受到外来人口的就业竞争，回族和农民对于外来人口的态度更为开放。

（4）社会治理：当地基本服务设施建设差距不大，涉及服务内容广泛。但也存在服务半径的差异。这基本反映了城乡居民生活空间的格局。农业人口中新型农村合作医疗、新型农村养老保险作为基本社会保障覆盖面广，低保制度参与率高于全国水平。城镇居民基本生活保障的基本医疗保险和养老保险参与率最高，而涉及城镇人口就业领域的社会保障参与率比较低，显示当地城镇人口虽然取得了城镇户籍，但是仍然以灵活就业为重要类型，提供上述保障的稳定就业比重不大。

（5）社会心态，总体社会压力来说，多数受访者表示生活有压力，主要表现为经济压力，反映经济快速发展在改善生活条件的同时。也给当地居民造成了明显的发展压力。多数受访者表示安全感较高，表明当地社会治理取得了巨大的成绩。人们的不安主要来自食品、交通等切身相关的物质领域，在政治性较强的领域安全度较高。回族、非农业人口和高中教育背景的受访者公平感较低。

（6）民族关系：在偶然联系、一般联系、职业合作、情感联系方面民族交往的意愿均很强烈，但是联合家庭的意愿明显降低。跨民族交友在当地较为普遍。受访者已经基本完全纳入劳动力市场当中，出行、就医和获取信息等行为也表现出明显的机制化特点。当地民众与政府在特色文化类型的认知方面基本一致，提及率最高的文化事项主要是宗教活动、传统节日和道德规范。但是不同事项传承存在一定的差异，表现为不同回族群体对于"最具特色"的认知存在差异。民族认同与国家认同不相上下，民族认同大于地域认同。回族与汉族对于民族政策的评价存在差异。

第七章

内蒙古莫力达瓦达斡尔族自治旗
经济社会发展综合调查报告

莫力达瓦达斡尔族自治旗（以下简称"莫旗"）成立于 1958 年 8 月 15 日，是全区三个少数民族自治旗之一，是全国唯一的达斡尔族自治旗。位于呼伦贝尔市最东部、大兴安岭东麓中段、嫩江西岸。全境南北长 203.2 公里，东西长 125 公里，北与鄂伦春自治旗接壤，西、南与阿荣旗、黑龙江省甘南县为邻，东与黑龙江省讷河市、嫩江县隔江相望。面积约 1.1 万平方公里，辖 13 个乡镇、4 个办事处、220 个行政村，总人口 34 万人。全旗有 17 个民族，主体民族是达斡尔族，有人口 32081 人，占总人口的 9%。莫旗地域广阔，资源丰富。有耕地 669 万亩，草场 330 万亩，林地 342 万亩，大小河流 56 条，地表水资源总量为 144.53 亿立方米，约占全区的 40%，水能蕴藏量达 66.6 万千瓦[①]。2015 年莫力达瓦旗委旗政府提出的全旗本年度经济工作总体要求是：深入落实"8337"发展思路，坚持稳中求进工作总基调，以提高经济发展质量和效益为中心，主动适应经济发展新常态，牢牢把握"改革、发展、稳定"三大主题，同步推进新型工业化、信息化、城镇化、农牧业现代化"四化互动"，全力打造经济、政治、文化、社会、生态文明及党的建设"六位一体"新格局，切实加快"四地八区"建设，坚定信心、压实责任、攻坚克难，努力推动本旗由单一的农业旗向农工贸旅全面发展转变。

本报告基于对莫力达瓦达斡尔族自治旗居民的 2014 年问卷调查所得数据，从居民就业、家庭经济与生活状况、资源环境与环境保护、公共服务与政府管理、民族交往与民族文化五个维度对当地经济社会发展状况进

---

① 详情参见莫力达瓦达斡尔自治旗人民政府门户网站（http://www.mldw.gov.cn/about/web_ view.php？ty=6）。

行系统分析，以期为促进当地经济社会发展、服务党委和政府决策、维护
社会秩序稳定做出贡献。

一　城乡受访者基本情况

本报告的分析数据来源于中国社会科学院民族学与人类学研究所中国
社会科学院创新工程重大专项"21世纪初中国少数民族地区经济社会发
展综合调查"于2014年在内蒙古自治区莫力达瓦达斡尔族自治旗开展实
施的家庭问卷抽样调查数据。内蒙古自治区莫力达瓦达斡尔族自治旗的样
本回收数为471份，调查对象包括内蒙古自治区莫力达瓦达斡尔族自治旗
的各民族成员。调查问卷回收后经过整理录入，主要使用社会统计软件
SPSS加以统计分析。

调查对象的基本情况见表7-1。

表7-1　　　　　　　　　受访者人口基本特征　　　　　单位:%

性别	男性	46.7	民族	汉族	51.2	户籍	农业	62.0
	女性	53.3		达斡尔族	38.0		非农业	33.1
年龄	30岁及以下	14.2		鄂温克族	4.9		居民户口（之前是农业户口）	1.5
	31—45岁	35.3		其他	5.9		居民户口（之前是非农业户口）	3.4
	46—60岁	34.8	宗教信仰	没有宗教信仰	89.8	职业	国家机关党群组织、事业单位负责人	1.1
	61岁及以上	15.7		基督教	1.3		国家机关党群组织、事业单位工作人员	5.7
受教育程度	未上学	5.5		佛教	1.1		专业技术人员	0.9
	小学	24.2		天主教	0.2		各类企业办事人员	0.6
	初中	45.9		伊斯兰教	0.2		商业、服务业人员	13.2
	高中、中专或职高技校	17.4		民间信仰	0.6		农林牧渔水利生产人员	53.4
	大学专科及以上	7.0		不知道（不清楚）	0.4		生产、运输设备操作人员及有关人员	0.3
				不想说	6.4		不便分类的其他从业人员	24.7
健康状况	健康	43.9	政治面貌	中共党员	14.2			
				共青团员	4.2			
	一般	35.5		民主党派	0.2			
	不健康	20.6		无（群众）	81.3			

说明：民族维度中"其他民族"是由样本量低于20的民族共同构成，内蒙古自治区莫力达
瓦达斡尔族的抽样数据中"其他民族"包括满族、蒙古族、朝鲜族、彝族。

从内蒙古自治区莫力达瓦达斡尔族自治旗被访群体的人类学特征来看，在性别方面，男性所占比例为46.7%，女性所占比例为53.3%，女性占比明显高于男性。在年龄分布方面，30岁以下的年轻人占14.2%，31—45岁和46—60岁的人分别占35.3%、34.8%，61岁及以上达到退休年龄的人占15.7%。在民族成分上，汉族人口最多，占51.2%；其次是达斡尔族，占38.0%；鄂温克族人口占4.9%；满族、蒙古族、朝鲜族、彝族4个民族人口比例较小，共占5.9%。在户籍类型方面，农业户口占62.0%，非农业户口占33.1%，农业户口转居民户口的占1.5%，非农业户口转居民户口的占3.4%。在受教育程度上，接受了大学专科及以上教育的占7.0%；受教育程度在高中、中专或职高技校的占17.4%；初中学历的人口最多，占45.9%；受教育程度在小学和未上过学的人口比例分别为24.2%和5.5%。总体来看，受教育程度不高。在职业类型分布方面，农林牧渔水利生产人员比例最大，占53.4%；其次是灵活就业人员，占24.7%；商业、服务业人员和国家机关党群组织、事业单位工作人员分别占13.2%和5.7%；另外还有国家机关党群组织和事业单位负责人、专业技术人员、各类企业办事人员和生产、运输设备操作人员及有关人员。在宗教信仰方面，大部分人都没有宗教信仰，占89.8%；信仰基督教的占1.3%；信仰佛教的占1.1%；拥有民间信仰的人口占0.6%；信仰天主教和伊斯兰教的人口均占0.2%；不知道、不清楚的和不想说的分别占0.4%和6.4%。在政治面貌方面，群众占比最高，为81.3%；民主党派占0.2%；中共党员和团员分别占14.2%和4.2%。在健康状况上，大部分人口身体都很健康，占43.9%；35.5%的人口健康状况一般，还有20.6%的人身体不健康。

二　就业状况

本报告主要从受访居民职业类型、就业区域和就业渠道三个方面来对内蒙古自治区莫力达瓦达斡尔族受访居民的就业状况进行分析。

（一）受访者职业类型

1. 城乡受访居民职业类型分布

该地区受访居民的职业类型中，农林牧渔水利生产人员比例最大，占

53.4%，这与该地区农业户口居民占相对较大的比例有关。其次是灵活就业人员，占 24.7%；商业、服务业人员和国家机关党群组织、事业单位工作人员分别占 13.2% 和 5.7%。

从户口性质来看，农业户口居民从事农林牧渔水利生产的人员最多，占 72.8%，灵活就业的农业户口居民占 17.6%。非农业户口居民以灵活就业为主，占 40.6%；其次是商业、服务业人员，占 20.8%。农转居户口居民主要集中在三种职业，以商业、服务业为主，占 50.0%；国家机关党群组织和事业单位工作人员、灵活就业人员分别占 25.0%。农转非居民也主要集中在三种职业，以灵活就业为主，占 50.0%；专业技术人员、商业或服务业人员比例分别占 25.0%。

可以看出，该地区非农业户口受访居民职业分布相对均匀，农业户口受访居民还主要以农林牧渔水利生产为主，因此该地区非农职业机会还有待进一步增加。

表 7-2　　　　　　　　　城乡受访居民职业分布类型　　　　单位:%，个

	国家机关党群组织、事业单位负责人	国家机关党群组织、事业单位工作人员	专业技术人员	各类企业办事人员	商业、服务业人员	农林牧渔水利生产人员	生产、运输设备操作人员及有关人员	不便分类的其他从业人员	样本量
农户			0.4		9.2	72.8		17.6	292
非农户	4.0	18.8	1.0	2.0	20.8	11.9	1.0	40.6	156
农转居		25.0			50.0			25.0	7
非农转居			25.0		25.0			50.0	16
合计	1.1	5.7	0.9	0.6	13.2	53.4	0.3	24.7	471

2. 农业户口受访居民工作状况

从农业户口居民的工作状况来看，有 63.6% 的农业户口居民只是从事务农工作，还有 12.8% 的家务劳动者，以务农为主同时也从事非农工作和只从事非农工作的比例分别占 7.9% 和 6.6%。

从民族维度来看，汉族只是务农的农业户口居民比例为 60.7%，家务劳动者的比例为 14.5%；达斡尔族只是务农的比例占 69.8%，家务劳动者占 11.3%；鄂温克族只是务农的比例为 60.0%，以务农为主同时也

从事非农工作、以非农工作为主同时也务农、只从事非农工作、家务劳动者的比例均占 10.0%；人口比例较少民族只是务农的比例占 33.3%，只从事非农工作的比例占 22.2%。达斡尔族、鄂温克族、人口比例较少民族的农村非就业或城镇失业或待业人员的比例均为 0。

可以看出该地区农业户口居民的工作以纯粹的务农工作为主，家务劳动者也占有一定的比例，同时非农工作也是农业户口居民工作的一部分，而且该地区的少数民族居民的失业比例较低。

表 7-3　　　　　　　　　　农业户口受访居民工作状况　　　　　　单位：%，个

	只是务农	以务农为主，同时也从事非农工作	以非农工作为主，同时也务农	只从事非农工作	农村非就业或城镇失业或待业人员	家务劳动者	退休人员	非全日制学生	其他不工作也不上学的成员	样本量
汉族	60.7	8.5	4.3	5.1	1.7	14.5		0.9	4.3	148
达斡尔族	69.8	6.6	0.9	6.6		11.3	2.8		1.9	121
鄂温克族	60.0	10.0	10.0	10.0		10.0				11
其他民族	33.3	11.1	11.1	22.2		11.1			11.1	10
总计	63.6	7.9	3.3	6.6	0.8	12.8	1.2	0.4	3.3	292

注：有 2 个样本未填民族信息。

3. 非农业户口受访居民工作状况

从非农户口受访劳动力合同性质来看，该地区非农户口劳动力合同性质以没有合同的员工为主，比例为 41.2%；固定职工（包括国家干部、公务员）的比例为 25.8%；13.4% 是从事私营或个体经营的人员；长期合同工、短期或临时合同工的比例均为 5.2%。

从民族维度来看，达斡尔族和鄂温克族主要是固定职工为主，分别占 44.0% 和 33.3%；同时，没有合同的员工的比例也较高，分别占 24.0% 和 16.7%。汉族和人口比例较少民族主要是没有合同的员工为主，均占 50.0%。说明该地区固定职工已占有一定的比例，但是该地区的劳动力市场还不是很完善，没有劳动合同的员工仍占据很大的比例，同时还有一部分的私营或个体经营人员，劳动者的合法权益保障工作还有待提升。

表7-4 非农户口劳动合同性质 单位:%，个

	固定职工（包括国家干部、公务员）	长期合同工	短期或临时合同工	没有合同的员工	从事私营或个体经营人员	其他（请注明）	样本量
汉族	19.2	5.8	5.8	50.0	9.6	9.6	93
达斡尔族	44.0	4.0	4.0	24.0	20.0	4.0	58
鄂温克族	33.3	16.7		16.7		33.3	12
其他民族	14.3		7.1	50.0	21.4	7.1	16
合计	25.8	5.2	5.2	41.2	13.4	9.3	179

（二）受访者就业区域

1. 非农业户口受访劳动力的就业区域

从非农业户口受访劳动力的主要从业地区来看，86.2%主要在乡镇内就业，其次有10.3%在乡外县内，在县外省内、省外国内的比例分别为1.1%和2.3%。从民族维度来看，各民族非农业户口受访劳动力均以乡镇内为主要从业地区，汉族、达斡尔族、鄂温克族、人口比例较少民族在这一地区的比例分别为90.5%、88.5%、66.7%、76.9%；其次各民族的主要从业地区就是乡外县内。可以看出，该地区非农业户口受访劳动力的从业地区较为集中，流动范围相对较小。

表7-5 非农户口受访劳动力主要从业地区 单位:%，个

	乡镇内	乡外县内	县外省内	省外国内	样本量
汉族	90.5	7.1		2.4	93
达斡尔族族	88.5	7.7	3.8		58
鄂温克族	66.7	16.7		16.7	12
其他民族	76.9	23.1			16
合计	86.2	10.3	1.1	2.3	179

2. 城乡受访居民对于工作区域的主观愿望

在城乡受访居民关于工作区域的主观愿望方面，81.6%最愿意在县城之内工作，4.2%希望到东部一线大城市工作。从民族维度来看，各民族受访者关于外出工作区域的主观愿望与全体受访者相近，主要希望在县城

之内工作。人口比例较少民族受访者希望的工作区域有 90.5%限于县城之内，其余的 4.8%希望到东部一线大城市。鄂温克族受访者希望的工作区域仅限于自治区内。可以看出，该地区受访居民具有浓厚的乡土观念，就业视野较窄。

表 7-6	城乡受访居民关于工作区域的主观愿望					单位:%，个	
	县城之内	县外省内，但必须是家附近的市/县	县外省内无所谓远近	本省区相邻的外省区	本省区外非相邻省区	东部一线大城市	其他（请注明地区名称）	样本量
汉族	80.2	1.7	1.7	1.7	0.6	5.2	8.7	241
达斡尔族	84.1	2.4	2.4	1.2	1.2	2.4	6.1	179
鄂温克族	69.2	15.4	7.7				7.7	23
其他民族	90.5					4.8	4.8	26
合计	81.6	2.4	2.1	1.4	0.7	4.2	7.6	469

（三）受访者就业渠道

1. 农业户口受访劳动力寻找非农工作的途径

根据具有农业户口的农村受访劳动力寻找非农工作的途径来看，通过"其他"途径找工作的比例达到了 44.4%，这些"其他"途径主要包括自营、自己做小生意等方式，主要对应灵活就业方向。通过朋友或者熟人介绍的占 27.8%，因此可以说该地区农村劳动力主要通过自己的关系网寻找非农工作，更依赖自己所生活的社会共同体。另外，通过招聘广告和直接申请（含考试）这两种市场途径寻找工作的比例均为 9.7%。

从民族维度看，分别有 34.0%和 16.7%的汉族和达斡尔族农村劳动力通过朋友或者熟人介绍的方式寻找非农工作，朋友或熟人介绍是这两个民族农村受访劳动力寻找工作的主要方式。在汉族受访的农村人口中，通过招聘广告和直接申请（含考试）的方式获得工作的比例分别为 8.5%和 6.4%，而在达斡尔族农村受访者中，这两种比例均为 5.6%。可以看出，汉族和达斡尔族的农村受访者主要通过朋友或熟人介绍和市场途径来实现非农就业。在鄂温克族的农村受访劳动力中，主要通过招聘广告和直接申请的方式获得非农工作，所占比例均为 33.3%。农村人口比例较少民族受访者的劳动力主要通过直接申请（含考试）的方式来寻找工作，占

50%，另外也有分别占 25%的较少民族的农村劳动力通过朋友或熟人介绍的方式和招聘广告的方式来获得工作，这说明人口比例较少民族受访者就业比较依赖于市场途径。

总体来看，该地区农村受访劳动力寻找非农工作的途径还是主要依靠自己的社会关系网络，但同时农村劳动力直接获得市场就业信息的机会比较多，利用市场途径实现非农就业也是一种有效的方式。

表 7-7　　　　　　　农业户口劳动力寻找非农工作的途径　　　　单位:%，个

	政府/社区安排介绍	招聘广告	直接申请（含考试）	家人/亲戚介绍	朋友/熟人介绍	通过本乡人介绍	其他（请注明）	样本量
汉族	2.1	8.5	6.4	4.3	34.0		44.7	148
达斡尔族	5.6	5.6	5.6	5.6	16.7	5.6	55.6	121
鄂温克族		33.3	33.3				33.3	11
其他民族		25	50		25			10
总计	2.8	9.7	9.7	4.2	27.8	1.4	44.4	292

注：还有 2 个样本未注明民族，因此总计的样本量大。

2. 非农业户口受访劳动力寻找非农工作的途径

从非农户口受访劳动力就业途径来看，22.4%通过其他途径找到工作。这里的"其他"途径主要包括个体经营等方式。通过政府或社区安排介绍、朋友或熟人介绍的比例都为 18.8%，通过招聘广告实现就业的占 16.5%，有 12.9%的非农劳动力通过家人或亲戚介绍，8.2%通过直接申请（含考试）。由此可以看出，政府在保障非农户口劳动力实现就业方面发挥着主导作用，另外朋友或熟人介绍也是非农劳动力获得工作的主要途径。同时还存在多种形式的就业途径，如招聘广告、家人或亲戚介绍和直接申请等途径。总体来说，该地区非农户口劳动力实现就业的途径比较广泛。

从民族维度来看，汉族非农户口受访劳动力实现就业的途径主要依靠朋友或熟人介绍，占 20.8%；同时家人或亲戚介绍、广告招聘、政府或社区安排介绍也在汉族非农户口受访劳动力实现就业中占有较大比例，分别为 16.7%、16.7%和 14.6%。达斡尔族非农劳动力受访者主要依靠政府或社区介绍，占 33.3%，同时有 19.0%依靠招聘广告来找工作。鄂温克族受访者就业渠道主要集中在政府或社区安排介绍、自己关系网的介绍和

直接申请三类渠道。人口比例较少民族的城镇受访者主要通过朋友或熟人介绍，占 36.4%，通过招聘广告的方式获得就业的受访者比例也较大。

总的来说，人们的社会关系网络和政府在该地区非农户口劳动力实现就业方面发挥了重要的作用。

表 7-8　　　　　　　非农户口受访劳动力寻找非农工作的途径　　　单位:%，个

	政府/社区安排介绍	商业职介（包括人才交流会）	招聘广告	直接申请（含考试）	家人/亲戚介绍	朋友/熟人介绍	通过本乡人介绍	其他（请注明）	样本量
汉族	14.6	2.1	16.7	8.3	16.7	20.8	2.1	18.8	93
达斡尔族	33.3		19.0	9.5	4.8	4.8		28.6	58
鄂温克族	20.0			20.0	20.0	20.0		20.0	12
其他民族	9.1		18.2		9.1	36.4		27.3	16
总计	18.8	1.2	16.5	8.2	12.9	18.8	1.2	22.4	179

三　经济收入与生活状况

（一）受访家庭财产情况

1. 受访家庭自有住房拥有情况

从受访家庭自有住房拥有情况看，83.9% 的家庭拥有 1 套自有住房，8.8% 的家庭没有自有住房，拥有 2 套或 3 套自有住房的比例分别为 6.1% 和 1.1%。从户口类型来看，农业户口和非农业或居民（包括农转居和非农转居）户口的受访者拥有 1 套自有住房的比例最高，分别为 86.0% 和 80.2%，其次是拥有 2 套自有住房的受访者，农业户口受访者和非农业或居民（包括农转居和非农转居）户口受访者比例分别为 6.8% 和 4.9%。

表 7-9　　　　　　　　受访家庭自有住房拥有情况　　　　　单位:%，个

	0	1	2	3	样本量
农业户口	6.8	86.0	6.8	0.4	292
非农业或居民户口	12.3	80.2	4.9	2.5	179
合计	8.8	83.9	6.1	1.1	471

整体上来看，该地区受访家庭居住的房屋中，76.9%为自有住房，10.8%为租住的私人房，7.0%为租住的廉租房，4.2%为租住的亲友房。从户口类型来看，农业户口受访者和非农业或居民户口受访者均以自有住房为主，自有住房率分别为79.4%、72.7%。农业户口居民租住私人房的比例高于非农业户口居民，占11.7%，而非农业或居民户口居民为9.3%。非农业或居民户口居民除自有住房比例最高外，其次是租住廉租房，比例为9.9%。非农业或居民户口居民租住廉租房和租住亲友房的比例均高于农业户口居民。

表7-10　　　　　　　本户住房的性质　　　　单位:%，个

	自有住房	租住廉租房	租住亲友房	租住私人房	其他（请注明）	样本量
农业户口	79.4	5.3	2.5	11.7	1.1	292
非农业或居民户口	72.7	9.9	7.0	9.3	1.2	179
合计	76.9	7.0	4.2	10.8	1.1	471

（二）受访居民的住房满意情况

从整体上看，该地区受访居民对当前住房的满意情况中，50.2%的受访者持满意态度，30.0%的受访者觉得一般，不满意的占16.8%。从户口类型维度来看，农业户口受访者对当前住房持满意态度的比例为44.1%，非农业或居民户口受访者为60.1%，高于农业户口受访者。农业户口受访者和非农业或居民户口受访者对于当前住房不满意的比例分别为20.6%、10.7%。总体来说，该地区受访者对当前住房的满意度不是很高。

表7-11　　　　　　受访者对当前住房的满意情况　　　　单位:%，个

	满意	一般	不满意	不清楚	样本量
农业户口	44.1	31.5	20.6	3.8	292
非农业或居民户口	60.1	27.5	10.7	1.7	179
合计	50.2	30.0	16.8	3.0	471

关于受访者改善当前住房的意愿情况，47.3%的受访者意愿迫切，其次有27.3%的受访者表示不想改善，意愿迫切情况一般的占14.9%，不

迫切的仅占 9.4%。从户口类型维度来看，迫切希望改善当前住房的农业户口受访者占 51.7%，非农业或居民户口受访者占 40.1%。总的来看，该地区受访者改善当前住房的意愿迫切度和对当前住房的满意度呈一定的负相关，该地区受访者改善当前住房的迫切意愿需要得到相应的关注。

表 7-12　　　　　受访者改善当前住房的意愿情况　　　　单位:%，个

	迫切	一般	不迫切	不想改善	不清楚	样本量
农业户口	51.7	13.7	7.5	25.7	1.4	292
非农业或居民户口	40.1	16.9	12.4	29.9	0.6	179
合计	47.3	14.9	9.4	27.3	1.1	471

四　受访者的经济生活状况

关于对自己的社会经济地位层次的评价，从整体上来看，60.9%的受访者认为自己的社会经济地位在本地处于中等或中等以下水平，29.9%的受访者认为处于最下层次，仅有 3.6%的受访者认为自己的社会经济地位处于中等以上或者最高的层次。从户口类型来看，农业户口和非农业或居民户口受访者认为自己的社会经济地位层次属于中等水平的比例最高，分别占 36.4%和 39.0%；认为处于中等以上或最高水平的分别仅占 3.4%和 3.9%。总的来看，该地区受访者对自己的社会经济地位的评价不是很乐观。

表 7-13　　　　受访者对自己的社会经济地位层次的评价　　　单位:%，个

	上	中上	中	中下	下	不好说	样本量
农业户口	0.3	3.1	36.4	22.0	30.6	7.6	292
非农业或居民户口	1.1	2.8	39.0	26.0	28.8	2.3	179
合计	0.6	3.0	37.4	23.5	29.9	5.6	471

整体上看，该地区受访者对过去 5 年生活水平变化大都持肯定的态度。77.3%的受访者认为与 5 年前相比生活水平有了提升，其中，认为略有上升的占 53.3%，认为上升很多的占 24.0%。总体来说，该地区受访者对于最近 5 年来自己生活水平的变化持肯定的态度。从户口性质来看，农业户口受访者有 76.3%认为与 5 年前相比生活水平上升很多或略有上升，非农业或居民户口受访者的比例更高，为 78.8%。

表 7-14			受访者对过去 5 年生活水平变化的评价			单位:%，个	
	上升很多	略有上升	没有变化	略有下降	下降很多	不好说	样本量
农业户口	22.9	53.4	15.8	4.8	1.7	1.4	292
非农业或居民户口	25.7	53.1	16.2	2.8	2.2		179
合计	24.0	53.3	15.9	4.0	1.9	0.8	471

　　从整体上看，该地区居民对于未来 5 年中生活水平的变化较为乐观，与过去 5 年生活水平变化的评价具有相当大的一致性。72.8%的居民认为未来 5 年自己的生活水平会略有上升或上升很多，其中，有 36.7%的居民认为会略有上升，有 36.1%的居民认为会上升很多。

　　从户口性质上来看，有 70.2%的农业户口受访者认为未来 5 年生活水平会略有上升或上升很多，非农业或居民户口受访者的比例为 77.1%，明显高于农业户口受访者。由此可见，相对于农业户口受访者，非农业或居民户口受访者对于未来 5 年生活水平的预期更为乐观。另外，分别有 17.5%的农业户口受访者和 13.4%的非农业或居民户口受访者认为未来 5 年生活水平的变化不好说。

　　总的来说，该地区受访者对于未来 5 年生活水平的变化大都持乐观的预期，这可能与过去 5 年受访者生活水平的变化有关。同时还可以看到一部分受访者认为未来 5 年生活水平的变化不好说，这在一定程度上说明受访者生活中存在一定的不确定因素，受访者在生活中存在一定的不安全感。

表 7-15			受访者对未来 5 年生活水平变化的预期			单位:%，个	
	上升很多	略有上升	没有变化	略有下降	下降很多	不好说	样本量
农业户口	35.3	34.9	8.9	3.1	0.3	17.5	292
非农业或居民户口	37.4	39.7	6.1	2.8	0.6	13.4	179
合计	36.1	36.7	7.9	3.0	0.4	15.9	471

五　资源环境与生态保护

(一) 退耕还林或退牧还草情况

　　关于农村地区退耕还林或退牧还草情况，从整体上看，农村居民所在地区实施退耕还林或退牧还草的比例为 52.4%，46.2%未参与退耕还林或退牧还草项目。从民族维度来看，农村居民中鄂温克族居民所在地区开展退耕还林或退牧还草项目的比例较高，为 81.8%；达斡尔族、汉族、人口比例较少民族所在地区开展退耕还林或退牧还草的比例分别是 51.2%、52.7%、30.0%。说明该地区农村地区退耕还林和退牧还草项目还有待进一步推广。

表 7-16　　　　农村居民所在地区实施退耕还林或退牧还草情况　单位:%，个

	是	否	样本量
汉族	52.7	46.6	148
达斡尔族	51.2	46.3	121
鄂温克族	81.8	18.2	11
其他民族	30.0	70.0	10
合计	52.4	46.2	292

注:还有 2 个样本未说明民族，因此总计的样本量大。

关于农村居民对退耕还林或退牧还草在环境保护方面作用的评价，在实施过退耕还林或退牧还草地区，39.9% 的受访者认为已经遏制了土地或草场退化；37.3% 的受访者认为时间太短没有明显改观，但时间长了肯定有好的效果；还有 5.2% 的受访者认为无论时间长短，环境都不会有改变。从民族维度来看，在实施过退耕还林或退牧还草地区的农村居民中，汉族、达斡尔族、鄂温克族、人口比例较少民族认为已经遏制了土地或草场退化的比例分别为 39.7%、38.7%、44.4%、50.0%。可以看出，该地区居民对于退耕还林和退牧还草在环境保护方面的作用大都持肯定的态度，退耕还林和退牧还草对于当地的环境保护具有非常重要的作用。

表 7-17　　　农村受访者对退耕还林或退牧还草的环保效果的评价

单位:%，个

	已经遏制了土地或草场退化	时间太短没有明显改观，但时间长了肯定有好的效果	无论时间长短，环境都不会有改变	样本量
汉族	39.7	41.0	1.3	78
达斡尔族	38.7	35.5	8.1	62
鄂温克族	44.4	11.1	22.2	9
其他民族	50.0	50.0	0.0	4
合计	39.9	37.3	5.2	153

关于实施过退耕还林或退牧还草地区农村居民对退耕还林和退牧还草政策在未来的建议来看，42.5%的受访者认为要扩大面积和提高补充标准，17.6%的受访者认为要保持现状，仅有6.5%的受访者认为要停止执行，还有16.3%的受访者表示不清楚。从民族维度来看，实施过退耕还林或退牧还草地区的各个民族的农村居民在这方面的建议跟整体大体一致，认为扩大面积和提高补充标准的汉族、达斡尔族、鄂温克族、人口比例较少民族的受访者比例分别为43.6%、40.3%、44.4%、50.0%。可以看出该地区农村居民对退耕还林和退牧还草政策有着很大的认可度和很高的信心。

表 7-18　　　　农村受访居民对退耕还林和退牧还草政策的建议　单位:%，个

	扩大面积和提高补充标准	保持现状	停止执行	不清楚	样本量
汉族	43.6	19.2	9.0	9.0	78
达斡尔族	40.3	16.1	1.6	25.8	62
鄂温克族	44.4	11.1	11.1	22.2	9
其他民族	50.0	25.0	25.0	0.0	4
合计	42.5	17.6	6.5	16.3	153

（二）移民搬迁情况

该地区城乡居民的移民搬迁现象较少，调查样本中移民仅占7.1%。搬迁原因中"其他"方面最多，占42.4%，主要包括工作变动和婚姻；其次是外地迁入，这部分移民占移民总人数的33.3%；非工程移民占15.2%；生态保护等大型公共工程项目移民占3.0%。从民族维度来看，鄂温克族移民中100%为外地迁入；人口比例较少民族移民中，100%为"其他"；达斡尔族移民搬迁的原因有50.0%为"其他"，外地迁入和非工程移民分别占16.7%；汉族移民搬迁以外地迁入和"其他"原因为主，分别占37.5%，16.7%是非工程移民，4.2%为生态保护等大型公共工程项目移民。可以看出，该地区的生态移民情况非常少。

表 7-19　　　　　　　　城乡居民生态移民类型　　　　　　　单位:%，个

	生态保护等大型公共工程项目移民	非工程移民	外地迁入	其他	样本量
汉族	4.2	16.7	37.5	37.5	24
达斡尔族		16.7	16.7	50.0	6

续表

	生态保护等大型公共工程项目移民	非工程移民	外地迁入	其他	样本量
鄂温克族			100.0		1
其他民族				100.0	2
合计	3.0	15.2	33.3	42.4	33

（三）资源环境与生态保护的意识

关于资源环境和生态保护方面的看法，该地区受访居民的环保意识非常强。99.4%的受访居民认为"大自然很容易被破坏，需要人类在开发使用中加强保护"；99.4%的受访居民认为"万物与人类一样都有生命"；99.8%的受访居民认为"为了子孙后代的生存和发展必须大力保护环境"；98.5%认为"为了继承先人和本民族传统，必须平衡好开发利用与保护资源环境的关系"；90.6%认为"不能为了加快致富发展，不考虑环境约束问题"；71.9%的受访居民认为"不能为了当地经济发展和解决就业而大规模开发自然资源"；89.7%认为"国家和发达地区需要加强生态补偿机制建设"。从民族维度来看，各个民族都具有很强的资源环境和生态保护意识。其中，鄂温克族居民的综合环保意识最强，其次是达斡尔族，最后是人口比例较少民族，汉族的综合环保意识相对较弱。可以看出，该地区受访居民非常注重资源环境和生态环境的保护。

表 7-20　　　　受访居民关于资源环境和生态保护方面的看法　　单位:%，个

	大自然很容易被破坏，需要人类在开发使用中加强保护	万物与人类一样都有生命	为了子孙后代的生存和发展必须大力保护环境	为了继承先人和本民族传统，必须平衡好开发利用与保护资源环境的关系	不能为了加快致富发展，不考虑环境约束问题	不能为了当地经济发展和解决就业而大规模开发自然资源	国家和发达地区需要加强生态补偿机制建设	样本量
汉族	99.2	99.2	99.6	97.5	89.6	66.8	84.6	241
达斡尔族	100.0	100.0	100.0	99.4	92.1	78.0	96.1	179
鄂温克族	100.0	100.0	100.0	100.0	82.6	73.9	95.7	23
其他民族	96.2	96.2	100.0	100.0	96.2	76.9	88.5	26
合计	99.4	99.4	99.8	98.5	90.6	71.9	89.7	469

六　公共服务与政府管理

基本公共服务是指建立在一定社会共识基础上能满足居民基本需求，一国全体公民不论其种族、收入和地位，都应该普遍享有的公平可及的服务①。公共服务的完善程度是一个地区现代化程度的重要体现。党的十八届三中全会提出推进国家治理体系和治理能力现代化以来，提供优质公共服务、保护和改善民生日益成为政府的核心职能。本节将从公共服务和廉政建设阐述莫力达瓦达斡尔族自治旗公共服务发展和政府管理状况。

(一)　公共服务

1. 公共基础设施

(1) 莫力达瓦达斡尔族自治旗公共基础设施分布格局比较合理

莫旗学校、医疗设施、治安设施、活动设施、商贸金融设施、交通设施等公共基础设施大体分布在距居民居住地较近的地方；同时，自行车、公交车、摩托车等交通工具已经较为普及，当地居民能够较为方便地使用公共基础设施。

表7-21　　　　　　　受访家庭住所到公共基础设施的距离　　　单位:%，个

	幼儿园	小学	中学	卫生院或医院	治安设施	活动中心	运动场所及器材	农贸市场	车站码头	邮电所	银行信用社	其他	样本量
小于1公里	45.0	36.1	19.7	50.7	30.5	45.1	38.6	28.2	18.1	32.7	39.0	6.7	102
1—3公里	28.4	37.0	36.6	25.7	29.0	22.4	18.8	22.9	23.8	24.9	18.0	6.6	142
3—5公里	8.1	9.6	15.1	13.9	11.4	6.0	3.1	7.6	19.5	14.2	8.0	0	107
5—10公里	2.0	2.6	5.3	2.1	5.9	3.1	1.9	3.3	8.2	3.3	1.2	0	30
10公里以上	6.6	6.6	12.2	3.6	8.1	5.7	6.3	9.8	12.2	9.3	10.4	20.0	23
不知道	8.5	8.1	11.1	3.9	14.9	17.7	31.2	28.2	18.1	15.6	23.4	66.7	29

说明：居民住所到公共基础设施距离小于3公里的视为近距离；3—5公里的视为距离一般；5公里以上的视为远距离。

---

① 曾红颖：《我国基本公共服务均等化标准体系及转移支付效果评价》，《经济研究》2012年第6期。

表 7-22			居民出行方式选择			单位:%,个	
步行	自行车	摩托车	三轮车拖拉机	货运车	小轿车	公交车	样本量
56.0	11.9	20.0	10.8	0.2	8.6	34.3	443

（2）受访居民对公共基础设施满意度较高

30%以上的受访居民对统计的各类基础设施表示"满意"，其中40%以上的受访居民对幼儿园、小学、中学、卫生院、治安设施、活动中心、邮电所、银行信用社等设施表示"满意"。基本上大部分公共基础设施的受访居民"不满意"程度都控制在了7%以下；但是，值得注意的是卫生院医院的不满意程度达到了14.5%，明显高于其他基础设施，由此可知莫旗医疗设施有待完善。

表 7-23						受访居民对公共基础设施的满意程度						单位:%,个	
	幼儿园	小学	中学	卫生院或医院	治安设施	活动中心	运动场所及器材	农贸市场	车站码头	邮电所	银行信用社	其他	样本量
满意	42.9	44.5	41.6	44.9	42.2	43.6	36.0	33.6	39.0	41.5	41.2	41.2	182
一般	22.3	23.4	24.9	32.6	29.5	24.5	20.1	17.7	22.0	26.3	18.3	11.8	92
不满意	7.1	8.2	3.7	14.5	5.8	2.4	3.9	4.0	4.1	2.6	2.0	0	50
不好说	14.8	12.0	13.9	3.0	8.8	4.6	5.0	2.6	4.8	7.3	4.1	5.9	65
没有该设施	12.9	11.8	16.7	5.1	13.8	24.9	34.9	42.2	30.1	22.2	34.4	41.2	54

2. 社会保障状况

（1）城镇受访居民社会保险参加率较低，满意度较高

整体来看，莫旗城镇受访居民社会保险参加率较低。城镇职工基本医疗保险参加率最高，达到了57.2%；生育保险参加率最低，仅5.8%；城镇居民养老保险、城镇低保、失业保险、工伤保险、生育保险的参加率都在30%以下。莫旗城镇居民社会保险满意度较高，对生育保险的满意度最高，达到了83.3%；对城镇职工基本医疗保险满意度最低，达到了56.5%；各类社会保险的不满意度均控制在了13%以下。

表 7-24　　　　　城镇受访居民社会保险参加率及满意度　　　单位:%,个

	满意度			参加比例		样本量
	满意	一般	不满意	参加	不参加	
城镇职工基本医疗保险	56.5	30.6	12.9	57.2	42.8	106
城镇居民基本医疗保险制度	65.9	27.5	6.6	56.7	43.3	95
城镇居民养老保险制度	59.0	28.2	12.8	28.4	71.6	100
城镇低保制度	76.3	13.2	10.5	26.6	73.4	35
失业保险	62.5	25.0	12.5	7.2	92.8	95
工伤保险	77.8	22.2	0	8.0	92.0	86
生育保险	83.3	16.7	0	5.8	94.2	77

（2）农村受访居民社会保险参加率较高，满意度较高

与城镇不同的是，莫旗农村受访居民社会保险参加率较高。新农合参加率高达 91.3%；五保和高龄津贴参加率分别为 4.6% 和 9.5%，但这两种社会保险的覆盖率被控制在一定比例下是合理的，这或许与保险适用人群的局限性有关。莫旗农村受访居民社会保险满意度较高。农村五保户制度满意度最高，达 80.0%；农村低保制度满意度最低，达 71.5%。所有农村保险满意度都在 71.0% 以上，除高龄津贴制度外，其他 4 项社会保险不满意度都控制在 10.0% 以下。

表 7-25　　　　　农村受访居民社会保险参加率及满意度　　　单位:%,个

	满意度			参加比例		样本量
	满意	一般	不满意	参加	不参加	
新型农村合作医疗制度	71.7	22.3	6.0	91.3	8.7	98
新型农村养老保险制度	77.8	22.2	0	33.3	66.7	87
农村五保制度	80.0	10.0	10.0	4.6	95.4	45
农村低保制度	71.5	22.8	5.7	44.2	55.8	56
高龄津贴制度	73.9	13.0	13.0	9.5	90.5	12

3. 最低生活保障制度

最低生活保障制度覆盖人群的合理性并不高，32.3% 的受访者认为低保户并非周围或身边生活最困难的人，34.4% 的受访者认为低保制度并未把该享受低保的人群纳入进来。同时，31.0% 的受访者对目前的低保制度

持消极态度，认为低保制度难以满足居民最低需求。

表 7-26　　　　　受访者评价低保制度覆盖人群合理性　　　　　单位:%

您所知道的低保户是周围或身边生活最困难的人吗			低保制度的覆盖面是否把该享受低保的人群纳入了进来	
是	不是	不太清楚	是	否
49.3	32.3	18.5	65.6	34.4

表 7-27　　　　受访居民对目前最低生活保障水平和作用的看法　　　　单位:%

居民对目前最低生活保障水平和作用的看法	
能够满足最低需求	39.7
能够帮助提高生活水平	10.6
能够帮助解决家庭特殊困难	18.6
不能满足最低需求	31.0

4. 计划生育工作

近 5 年来，绝大多数受访家庭将新生儿接生地点安排在县市医院和乡镇卫生院，仅有 1.2% 的受访家庭将新生儿接生地点安排在家中或村（社区）卫生院。

表 7-28　　　　　近 5 年来受访居民家庭新生儿接生地点　　　　　单位:%

	家	村（社区）卫生院	乡镇卫生院	县市医院
新生儿接生地点	0.6	0.6	23.8	75.0

64.4% 受访者对少数民族计划生育给予了"好"的评价，仅 2.4% 受访者给予了"不好"的评价，这或许从一个侧面反映了我国少数民族计划生育政策制定和执行的科学性和合理性。

表 7-29　　　　　受访居民对少数民族计划生育的评价　　　　　单位:%

好	一般	不好	不清楚
64.4	15.9	2.4	17.4

同时，大多数受访者（74.7%）认为少数民族计划生育政策应同全国各地区各民族保持一致；15.2% 受访者坚持应废除计划生育子女数量限

制政策，生育子女数量应由家庭自主决定；6.3%受访者认为全国城市地区生育子女数量应保持统一。

表7-30　　　　受访居民对调整少数民族计划生育政策的看法　　　单位:%

全国各地区各民族一样	全国城市地区 生育子女数量统一	废除计划生育子女数量 限制政策，由家庭自主决定	其他
74.7	6.3	15.2	3.8

5. 扶贫政策

在任何社会、任何地区都会存在贫困人口，至少会存在一定数量的相对贫困人口，为贫困人口提供必要的生活保障，推行一系列政策帮助其摆脱贫困是政府的重要职能。通过对扶贫政策满意度指标的分析，可以看出居民对扶贫政策的满意度相对较高。具体到各项具体政策，除移民拆迁工程外，其他政策满意度都能达到60%以上。但值得注意的是，基本农田建设工程、人畜饮水工程、种植业扶贫工程3项扶贫工程的不满意程度突破了20%，具体对策将在最后一节集中讨论。

表7-31　　　　　受访居民对扶贫政策的满意度　　　单位:%

满意	不满意	不清楚
42.1	14.4	43.5

表7-32　　　　受访居民对当地政府扶贫政策的满意度　　　单位:%

政策类型	满意度				
	非常满意	满意	不满意	很不满意	不好说
移民搬迁工程	9.3	45.3	17.4	1.2	26.7
"两免一补"政策	28.6	56.8	4.3	0	10.3
扶贫工程生产项目	4.2	69.4	11.1	0	15.3
退更换林还草补助工程	15.3	56.7	11.6	3.3	13.0
道路修建和改扩工程	18.2	64.7	11.5	0.9	4.7
基本农田建设工程	12.8	56.4	21.8	0.8	8.3
电力设施建设工程	11.3	74.2	6.3	0.6	7.5
人畜饮水工程	5.6	54.5	25.9	9.1	4.9
技术推广及培训工程	11.6	65.2	10.1	0	13.0
资助儿童入学和扫盲教育项目	18.0	52.0	8.0	2.0	20.0

续表

政策类型	满意度				
	非常满意	满意	不满意	很不满意	不好说
卫生设施建设项目	6.9	69.0	17.2	0.9	6.0
种植业/林业/养殖业扶贫工程	11.4	54.5	19.3	1.1	13.6
"村村通"工程	20.4	67.2	8.4	1.1	2.9
教育扶贫工程	13.5	69.2	1.9	1.9	13.5
牧区扶贫工程	4.8	66.7	0	0	28.6
扶贫培训工程	6.9	58.6	13.8	0	20.7
其他	50.0	0	0	0	50.0

6. 少数民族高考加分制度

教育是关系个人发展、促进形成良好社会流动机制的重要事业，教育体制是关系一个国家长远发展和民族未来的重要体制。我国的教育体制以高考制度为核心，因此高考对于个人和国家发展都至关重要。由于少数民族地区自身经济社会发展基础薄弱，高考制度历来向少数民族地区和少数民族考生倾斜，实行民族地区和少数民族高考加分政策。

通过调查数据发现，"民族地区高考加分政策"和"少数民族高考加分政策"满意度都比较高，分别达到 61.2%和 57.8%。

表 7-33　　受访居民对民族地区和少数民族高考加分政策的评价　　单位：%

	满意	不满意	不清楚
对民族地区高考加分政策的评价	61.2	14.1	24.6
对少数民族高考加分政策的评价	57.8	16.2	26.1

随着一些少数民族人口从民族地区迁到城市，通过长期的共同工作和生活，他们同汉族居民逐渐融合，社会上对长期在城市居住的少数民族家庭子女参加高考是否应该加分产生了争论。本报告对这一问题在受访者中进行了调查，结果显示 53.5%受访者对这一问题持支持态度，21.2%受访者持反对态度。

表 7-34 受访居民对长期在城市居住的少数民族
家庭子女参加高考是否应该加分的态度 单位:%

应该	不应该	不清楚
53.5	21.2	25.3

7. 少数民族语言文字使用情况及双语教育

(1) 普通话推广工作成效明显,民族语言保护工作平稳推进

从调查数据看,受访居民最先学会的语言中普通话占到了 46.9%,本民族语言占到了 39.0%;目前使用的语言中,上述两种语言分别占到 26.1% 和 38.2%。90% 以上受访者能够熟练使用普通话和本民族语言。由此可见,普通话推广工作成效明显,民族语言保护工作平稳推进。

表 7-35 受访居民语言使用情况 单位:%

	居民小时候最先学会的方言	居民现在与人交谈使用的语言
普通话	46.9	26.1
汉语方言	20.7	28.4
本民族语言	39.0	38.2
其他少数民族语言	1.1	1.5
其他	0	0.4

表 7-36 受访居民语言水平 单位:%

	能流利准确地使用	能熟练使用但有些音不准	能熟练使用但口音较重	基本能交谈但不熟练	能听懂但不太熟练	能听懂一些但不会说	听不懂也不会说
普通话	85.9	7.7	5.2	1.2	0	0	0
汉语方言	81.1	15.0	0.8	2.4	0.8	0	0
本民族语言	93.5	1.1	0.5	2.2	1.6	0	1.1
其他少数民族语言	71.4	0	0	0	0	0	28.6
其他	0	0	0	100	0	0	0

(2) 汉字推广工作成效明显,民族文字保留工作亟须重视

调查数据显示大多数受访者能够使用或书写汉字,但除去没有本民族文字的受访者 (85.5%) 外,余下 14.5% 受访者中有 6.0% 受访者会或者会一些本民族文字,大多数受访者 (8.5%) 不会本民族文字。

表 7-37　　　　　　　　　　　受访居民文字使用情况　　　　　　　　　　单位:%

	受访居民是否会以下文字				受访居民文字水平					
	会	会一些	不会	没有文字	不知道有没有文字	掌握足够文字,能流利书写	掌握较多文字,能书写书信	掌握文字数量不够,书写不流利	掌握文字数量太少只能写简单句子	完全不能用文字书写
汉字	74.1	16.7	9.0	0.2	0	44.2	19.1	17.4	8.4	10.9
本民族文字	5.1	0.9	8.5	85.5	0	12.0	0	4.0	0	84.0
其他	20.0	20.0	0	60.0	0	0	0	0	50.0	50.0

（3）双语教育受到受访居民支持

76.0%受访者表示愿意送子女到双语学校学习，并且绝大多数认为学习普通话对居民工作生活和个人发展有好处，2.0%受访者表示学习普通话方便做买卖，31.2%受访者表示学习普通话方便同其他民族交往，64.0%受访者表示学习普通话对工作生活各个方面都有好处。

表 7-38　　　　　　　　　受访居民对双语教育的态度　　　　　　　　单位:%

居民是否愿意送子女到双语学校学习			居民对双语教育的评价			
愿意	不愿意	无所谓	好	一般	不好	不清楚
76.0	9.2	14.8	37.5	10.4	3.8	48.4

表 7-39　　　　　　　　　　受访居民对普通话的态度　　　　　　　　单位:%

居民对普通话的态度	
有好处，方便与其他民族交往	31.2
有好处，方便做买卖	2.0
对工作生活各个方面都有好处	64.0
不好说	2.0
没太大好处	0.9

（二）政府管理

政府是一个地区经济社会发展的主导力量，政府把握着经济社会发展的方向，引领结构的调整。提高政府行政效率对莫旗经济社会良性高速发展至关重要。

1. 受访居民对政府行政能力的评价

调查结果显示，70.4%的社区或村庄没有配备驻社区（村）干部，有驻社区（村）干部的地区，当地居民对干部满意度为29.2%，大多数居民对干部持漠不关心的态度。

表 7-40　　　　　驻村（社区）干部派遣情况及受访居民对其满意度　　　　单位:%

村（社区）有无驻村（社区）干部或工作组		居民对驻村（社区）干部满意度			
有	无	满意	一般	不满意	不清楚
29.6	70.4	29.2	9.9	3.4	57.5

同时，68.7%受访者认为少数民族地区干部有必要掌握当地民族语言，由此可见干部掌握当地民族语言对科学行政的重要性。

表 7-41　　　　　少数民族地区干部掌握当地民族语言的必要性　　　　单位:%

有必要	一般	没必要	不清楚
68.7	4.9	13.5	12.9

政府处理自然灾害事件、传染病及公共卫生事故、一般社会治安事件的能力得到了居民较高的评价，超过50%的受访者给予满意的评价。同时上述三种能力居民的不满意比例也最高，尤其是政府处理自然灾害事件能力受访者不满意比例达到了19.2%。由此可见，上述三类突发事件发生时，政府的应对之策不成制度化、规范化，各地处置结果差异较大，进而导致了两个截然不同的评价。大多数受访者对政府处置生产安全事故、群体性突发事件、暴力恐怖事件的能力呈不关心状态。

表 7-42　　　　受访居民对居住地政府处理突发事件能力的满意度　　　　单位:%

	满意	不满意	不清楚
自然灾害事件	52.9	19.2	27.9
生产安全事故	46.7	9.3	43.9
传染病及公共卫生事故	50.5	12.1	37.3
一般社会治安事件	55.8	11.7	32.5
群体性突发事件	27.3	6.8	65.8
暴力恐怖事件	22.4	5.9	71.6
其他	23.5	5.9	70.6

七　民族交往与民族文化

民族交往是社会交往的一部分，是民族生存和发展中必然发生和经历的一种社会现象和社会过程。民族交往指民族与民族之间的接触、交流和往来以及族际关系的协调，即民族联系中的互动和民族关系的整合过程，也就是民族生存和民族发展的一种方式①。正常和谐的民族交往是民族关系的稳定器，是民族文化传播的重要载体。民族文化是一个民族的灵魂，维系着民族的团结和稳定，是本民族人民的精神寄托。本部分通过数据呈现，多维度展示莫力达瓦达斡尔族自治旗受访民族交往与民族文化的状况。

（一）民族交往

汉族受访居民同少数民族居民交往的意愿较为强烈。95.1%汉族受访居民愿意和少数民族居民聊天，93.3%的汉族受访居民愿意和少数民族居民成为邻居，95.1%的汉族受访居民愿意和少数民族居民一起工作，94.2%的汉族受访居民愿意和少数民族居民成为亲密朋友，86.3%汉族受访居民愿意和少数民族居民结为亲家。

表 7-43　　　　　　　汉族居民和少数民族居民交往的意愿　　　　单位:%

事项	很愿意	比较意愿	不太愿意	不愿意	不好说
聊天	77.7	17.4	2.7	1.8	0.4
成为邻居	75.4	17.9	2.2	2.7	1.8
一起工作	75.9	19.2	2.7	1.8	0.4
成为亲密朋友	76.3	17.9	3.1	1.8	0.9
结为亲家	71.6	14.7	6.2	3.6	4.0

少数民族受访居民愿意同汉族居民和其他少数民族居民交往，并且和汉族居民交往的意愿略强于同其他少数民族交往的意愿。

---

①　金炳镐、肖锐、毕跃光:《论民族交往交流交融》,《新疆师范大学》(哲学社会科学版) 2011 年第 1 期。

表 7-44			少数民族受访居民和其他民族居民交往的意愿						单位:%	
事项	汉族					其他少数民族				
	很愿意	比较愿意	不太愿意	不愿意	不好说	很愿意	比较愿意	不太愿意	不愿意	不好说
聊天	77.7	17.4	2.7	1.8	0.4	74.3	20.0	2.9	0.5	2.4
成为邻居	75.4	17.9	2.2	2.7	1.8	73.3	21.0	2.4	1.0	2.4
一起工作	75.9	19.2	2.7	1.8	0.4	73.8	20.5	2.9	1.0	1.9
成为亲密朋友	76.3	17.9	3.1	1.8	0.9	73.3	20.5	2.4	1.0	2.9
结为亲家	71.6	14.7	6.2	3.6	4.0	71.6	17.1	4.3	2.8	4.3

(二) 社会满意度

本报告从受访居民生活压力程度、安全感和公平感三个维度考察莫旗受访居民社会满意度。

1. 生活压力程度

从调查数据可以看出,莫旗受访居民总体社会生活压力较大,超过59%的受访居民认为总体社会生活有压力,20.7%的受访居民认为生活压力很大。我们认为社会压力的最主要来源是经济压力,超过83%的受访居民认为存在经济压力,58.6%的受访居民认为经济压力很大。受访居民的婚姻生活压力最小,72.8%的受访居民认为没有这方面的压力。

表 7-45	受访居民生活压力程度评价			单位:%
事项	压力很大	有压力	压力很小	没有这方面压力
经济压力	58.6	24.8	8.7	7.9
个人发展压力	23.4	25.5	15.2	35.9
人情往来压力	34.3	27.2	20.6	17.9
孩子教育压力	23.3	22.1	12.4	42.2
医疗/健康压力	27.6	29.7	18.7	24.0
赡养父母压力	10.8	15.7	11.4	62.2
住房压力	21.0	20.2	16.1	42.7
婚姻生活压力	4.1	7.2	15.9	72.8
总体社会生活压力	20.7	39.0	21.3	19.0

2. 受访居民安全感

调查数据显示，莫旗总体社会安全状况呈比较好的态势发展。94.9%
的受访居民认为莫旗安全，超过40%的受访居民认为很安全。但是，值
得注意的是交通、医疗、食品的安全指数较低，超过10%的受访居民认
为交通、医疗不安全，特别突出的是，超过15%的受访居民认为食品不
安全。

表7-46   受访居民的安全感评价   单位:%

安全事项	很不安全	不太安全	比较安全	很安全	不确定
个人和家庭财产	0.8	3.0	40.6	53.1	2.5
人身	0.2	2.1	41.9	54.5	1.3
交通	1.5	8.7	44.4	42.0	3.4
医疗	1.9	8.5	44.6	39.9	5.1
食品	1.5	13.6	40.8	36.3	7.9
劳动	1.3	5.1	43.7	42.2	7.7
个人信息、隐私	0.4	5.6	42.9	43.1	7.9
生态环境	1.5	5.1	43.6	45.5	4.3
人身自由	0	1.3	42.9	52.8	3.0
总体社会安全状况	0.2	2.9	52.4	42.5	2.0

3. 受访居民公平感

总体来讲，莫旗受访居民的公平感较高，超过80%的受访居民认为
社会总体是公平的。但是教育、住房、社会保障、干部选拔任命、就业、
政府办事的不公平感较高，超过15%的受访居民认为上述事务不公平，
尤其社会保障和政府办事两项，超过20%的受访居民认为其不公平。

表7-47   受访居民的公平感评价   单位:%

事项	很不公平	不太公平	比较公平	很公平	不确定
教育公平	3.8	11.3	49.6	25.5	9.8
语言文字公平	0.7	3.7	53.3	33.6	8.7
医疗卫生公平	1.7	11.5	55.3	26.8	4.7
住房公平	3.8	13.9	53.3	23.9	5.1
社会保障公平	4.7	19.4	46.0	23.2	6.8

续表

事项	很不公平	不太公平	比较公平	很公平	不确定
司法公平	1.1	9.2	35.8	18.0	35.8
干部选拔任用公平	3.4	14.4	35.4	13.3	33.5
就业公平	3.0	15.7	44.4	13.9	23.0
信息公平	0.9	4.3	54.6	17.3	22.9
政府办事公平	5.6	15.7	42.5	15.5	20.8
投资经营公平	0.9	5.4	45.9	13.2	34.6
总体社会公平状况	1.4	10.7	65.9	15.7	6.3

　　建立适当的安全阀制度，作为社会的缓冲器，对于促进社会稳定有重要作用，当居民遭遇不公平时有解决问题的渠道是安全阀制度的重要组成部分。本报告统计了受访居民遭遇不公平时可发挥作用的途径。我们发现，莫旗受访居民缺乏解决不公平遭遇的有效渠道，自己忍受是最多数居民的第一选择。

表 7-48　　　　　　　　受访居民遭遇不公平时可发挥作用的途径　　　　　　单位:%

途径选择	排序			
	第一途径	第二途径	第三途径	第四途径
无能为力，只能忍受	35.3	3.9	1.9	2.2
没有解决办法，寻求宗教安慰	0.2	2.6	0	0
找本县、市政府相关部门或干部	27.0	19.3	10.5	8.7
不用自己关心，有别人会管的	1.6	3.4	2.9	4.3
自己想办法在网络发信息	1.6	5.6	5.7	2.2
找相关报纸电视等媒体反映问题	1.2	5.6	10.5	13.0
通过非正式渠道如托人、找关系	1.9	5.2	4.8	4.3
通过社区组织解决问题	9.5	25.3	15.2	10.9
组织周围群众集会、游行、示威	0.2	0.4	1.9	4.3
上访或集体上访	2.1	3.4	13.3	6.5
通过法律诉诸	16.0	23.2	31.4	39.1
个人暴力抗争	0.2	0.4	1.9	2.2
集体暴力抗争	0	0.4	0	2.2
宗教	0	0.4	0	0
宗教组织	0	0	0	0
其他	3.0	0.9	0	0

(三) 社会矛盾与民族关系

1. 社会矛盾状况

一个地区或社会在一定范围内存在社会矛盾是正常的, 一定程度上社会矛盾推动社会进步, 但社会矛盾需要被控制在一定范围内, 否则社会矛盾激化将严重影响社会稳定, 阻碍经济社会发展。总体来讲, 莫旗社会较为稳定, 矛盾不突出。

表 7-49　　　　　　　　受访居民对社会矛盾的评价

	非常严重	有点严重	不算严重	完全不严重	不清楚
干群矛盾	3.0	8.3	32.9	28.0	27.8
民族间冲突	1.3	3.2	26.4	48.8	20.3
城乡居民间冲突	0.9	3.4	22.9	48.5	24.4
医患冲突	2.1	7.9	24.7	40.5	24.7
不同收入水平者间冲突	5.5	8.5	21.3	39.2	25.4
不同宗教信仰者间冲突	0.4	1.5	14.8	38.2	45.0

2. 民族关系

不管是全国普遍情况还是莫旗当地情况, 各个时期内受访居民心中民族关系都呈现良好态势, 且随着时代进步我国民族关系正在向积极方向调整。且莫旗当地民族关系略优于全国水平。

表 7-50　　　　　受访居民对不同时期民族关系的评价　　　　单位:%

	全国情况				本地区			
	好	一般	不好	说不清	好	一般	不好	说不清
改革开放前	42.7	18.9	14.6	23.8	48.7	18.3	13.6	19.4
改革开放以来至2000年	64.3	24.6	1.1	10.0	68.8	22.0	1.7	7.5
2001年以来	78.1	13.8	0.8	7.2	81.2	13.2	0.4	5.1

(四) 民族文化发展与身份认同

1. 民族文化保护工作

少数民族文化的保护工作需要政府投入主要力量, 也需要广大群众的协同参与，居民的保护意愿构成了少数民族文化保护工作的基础力量之一。调查数据，显示莫旗受访居民最关心的是传统民居、传统服饰、传统节日的保护，分别有 24.8%、23.5%、21.2%受访者将上述三类文化类型看作最具特色的少数民族文化类型。

表 7-51　　　　　受访居民心中最具特色的少数民族文化类型　　　　　单位:%

文化类型	第一位的传统文化	第二位的传统文化	第三位的传统文化
传统民居	24.8	3.4	5.9
传统服饰	23.5	30.0	4.1
传统节日	21.2	26.1	17.2
人生礼仪	3.5	8.9	8.3
传统文娱活动	11.5	10.8	26.0
传统饮食	3.5	7.9	14.8
道德规范	2.7	2.5	4.1
人际交往习俗	4.0	3.9	7.7
传统生产方式	0.4	1.5	2.4
宗教活动习俗	1.3	1.0	6.5
其他	3.5	3.9	3.0

同样，传统民居、传统服饰、传统节日以及传统文娱活动也是莫旗受访居民认为最需政府保护的传统文化类型。

表 7-52　　　　　受访居民心中最需要政府保护的传统文化　　　　　单位:%

文化类型	第一位的传统文化	第二位的传统文化	第三位的传统文化
传统民居	24.1	6.1	6.3
传统服饰	22.8	32.5	5.7
传统节日	14.7	24.4	20.3
人生礼仪	2.7	7.1	8.2
传统文娱活动	12.9	9.6	19.6
传统饮食	2.7	4.6	9.5
道德规范	4.0	3.0	6.3
人际交往习俗	3.1	3.6	7.6
传统生产方式	0	3.6	5.1
宗教活动习俗	1.8	1.5	7.0
其他	11.2	4.1	4.4

　　总体来讲，莫旗受访居民对政府所做的少数民族文化保护工作给予了肯定。75.7%受访者对政府工作表示满意。

表 7-53　　　　　受访居民对本地政府保护本地文化和
少数民族文化所做的工作的满意度　　　　单位:%

满意	不满意	不好说
75.7	7.8	16.5

　　历史建筑是民族文化的重要载体，但在城镇化的进程中，必然要对历史建筑进行适当的改造和拆迁。调查结果显示大多数（56.6%）受访者倾向于保持历史建筑原貌不变，少部分受访者持比较开明的态度，14.5%受访者支持保持外形但内部可变动，3.1%受访者同意直接拆迁，6.1%受访者赞同异地重建。

表 7-54　　　　受访居民对本地城市历史建筑改造拆迁的态度　　　单位:%

态度	
保持原貌不动	56.6
保留外形但内部可改动	14.5
直接拆迁	3.1
异地重建	6.1
不清楚	19.7

　　对于拆迁工作，大多数莫旗受访居民支持政府工作。37.4%的受访者认为价钱合理即可拆迁，32.6%受访者服从国家需要。在旅游资源开发和民族文化遗产保护工作的矛盾问题上，大多数受访者认为应以保护本民族传统文化为主，不赞同过度商业化。

表 7-55　　　　　　受访居民对城市建设的态度　　　　　单位:%

居民对城市建设的态度		
居民对房屋拆迁的态度	价钱合理即可	37.4
	价格再高也不愿意拆迁	7.0
	服从国家需要	32.6
	看周围邻居态度	4.4
	看拆迁工作的工作方法	18.5

续表

	居民对城市建设的态度	
居民对开发旅游资源和保护本民族文化遗产发生冲突的态度	以经济发展为主，提高现代生活水平	23.9
	保护本民族传统文化为主，不赞同过度商业化	58.1
	不好说	18.0

2. 民族文化传承

民族文化传承，首先需要人们有渠道了解文化。调查发现，莫旗受访居民了解本民族和其他民族文化的主要渠道是亲朋好友的耳濡目染和广播、电视、互联网等媒体。

表 7-56　　　　受访居民了解本民族和其他民族文化的渠道　　　单位：%

渠道	第一位的渠道	第二位的渠道	第三位的渠道
家庭、邻里、亲朋耳濡目染	71.8	24.4	2.3
学校教育	3.2	20.3	2.3
村庄社区的公共文化活动	7.7	11.4	18.2
旅游展示	0.5	1.6	6.8
广播、电视、互联网	13.6	35.8	47.7
图书报刊	1.8	4.9	18.2
其他	1.4	1.6	4.5

文化传承，其次需要有人愿意继承。调查发现，除本民族宗教信仰外，大多数受访者子女愿意继承语言文字、风俗习惯、特色手工艺等民族文化和技能。这无疑有利于本民族文化的传承和发展。

表 7-57　　　　　　受访居民子女接受本民族文化的意愿　　　单位：%

事项	意愿	不愿意	无所谓
语言文字	65.3	15.3	19.4
风俗习惯	65.9	13.9	20.2
宗教信仰	46.6	16.9	36.5
特色手工艺	56.5	14.4	29.2

3. 城市生活满意度

莫旗受访居民并不倾向于在城市居住。调查数据显示，46.6%的受访居民愿意在城市居住，53.4%的受访居民不愿意在城市居住。究其原因，城市对受访居民的吸引力主要体现在生活便利、优越的医疗卫生条件、优质的教育；受访居民排斥城市生活的原因主要在高开销和巨大的经济压力、住房条件差。

表 7-58　　　　　　　受访居民在城市居住的意愿　　　　　　单位:%

愿意	不愿意
46.6	53.4

表 7-59　　　　　　　居民愿意生活在城市的理由　　　　　　单位:%

理由	百分比
生活便利	25.2
挣钱机会多，收入高于农村	11.9
医疗卫生条件好	22.2
孩子能受到更好的教育	22.5
文化生活丰富	7.4
社会地位高于农村	2.7
信息高，提高个人能力途径多	7.0
其他	1.1

表 7-60　　　　　　　受访居民对城市不习惯的地方　　　　　　单位:%

渠道	第一位	第二位	第三位
城市太大，生活不方便	14.1	0	0
开销多经济压力大	43.7	14.8	7.7
人际关系淡漠难有真朋友	0	11.1	10.3
住房拥挤	9.9	7.4	7.7
收入和社会地位低，被人看不起	7.0	25.9	2.6
工作中规中矩、管制多、不自由	1.4	3.7	5.1
文化水平技能低，找满意工作难	2.8	18.5	23.1
老人养老、孩子教育问题难解决	5.6	14.8	38.5
其他	15.5	3.7	5.1

4. 身份认同

在我国汉族占人口主体，其他55个民族构成少数民族。在这个大格局下，民族身份必然对居民的生活造成或多或少的影响。随着我国经济发展和社会转型，民族关系日益和谐，民族交往日益频繁，民族身份给居民生活带来的不便日益减少。调查数据显示，绝大多数（88.9%）莫旗受访居民在本地没有遭遇过因民族身份给自己带来的不便，75.8%莫旗受访居民外出旅行或出国时没有遭遇过民族身份给自己带来的不便。

表 7-61　　　　　　　　　　民族身份对受访居民生活的影响　　　　　　　　单位:%

	居民民族身份在本地有无不便	居民民族身份外出旅行、出国有无不便
经常有	1.3	0.9
偶尔有	5.3	4.0
很少	1.8	1.3
没有	88.9	75.8
不清楚	2.7	18.1

国籍身份、民族身份、公民身份、本地人身份是考察居民身份认同的4个维度。调查数据显示，莫旗受访居民在国籍身份和民族身份中明显倾向于国籍身份，82.6%受访者将中国人的身份置于本民族身份之前；在民族身份和公民身份中，受访者更倾向于将公民身份置于民族身份之前，这从一个侧面反映了莫旗居民公民意识的觉醒；在民族身份和本地人身份的权衡中，莫旗受访居民将两者置于同等位置。

表 7-62　　　　　　　　　　　　　居民身份认同　　　　　　　　　　　　单位:%

	身份比较类型	
外国人问居民民族身份，居民的回答	中国人、本民族	82.6
	本民族、中国人	3.9
	中国人和本民族不分先后	12.2
	不好回答	1.3
民族身份和公民身份哪个更重要	民族身份	10.5
	公民身份	59.6
	一样重要	29.8
民族身份和本地人身份哪个更重要	民族身份	33.6
	本地人身份	14.8
	一样重要	51.5

　　民族上的差异带来的交往对象选择上的差异越来越少。调查数据显示，47.8%受访者在交往和信任对象的选择上不存在民族、地域差异。

表 7-63　　　　　受访居民在外地优先交往、信任的对象　　　　单位：%

对象类型	
本民族的人	22.1
同乡	22.1
本民族的人和同乡	8.0
不存在民族、地域差别	47.8

八　总结与讨论

　　党的十八大以来，随着全面深化改革不断向纵深推进，内蒙古莫力达瓦达斡尔族自治旗的经济结构不断调整，资源配置不断优化，社会建设不断完善，对以往工作不断总结，提炼经验，检讨不足，把握好改革大方向，找准今后工作切入点，调整不合理政策措施的重要方式。

　　（1）在经济生活方面，内蒙古莫力达瓦达斡尔族自治旗的经济结构不断调整，产业布局不断优化，就业岗位不断增加，少数民族居民的失业率较低，该地区居民的职业类型分布比较均匀。但是农业户口居民还是以农林牧渔水利生产为主，因此该地区非农职业机会有待进一步增加；虽然固定职工已经占有一定比例，但是该地区的劳动力市场还有待完善，劳动者的合法权益工作有待进一步提升。

　　该地区城乡居民的就业地域范围较为狭小，就业视野较窄，社会关系网络成为该地区城乡居民就业的主要途径，因此，拓展就业渠道，拓宽就业区域成为达斡尔族自治旗努力的一个重要方面。

　　同时该地区受访居民对过去 5 年生活水平的变化持肯定的态度，并且对未来 5 年的生活水平抱有积极的态度，但是仍然存在一定程度上的不安全感。

　　（2）在资源环境和生态保护方面，该地区在实施退耕还林和退牧还草方面取得了一定的成效，农村受访居民对于退耕还林和退牧还草政策有着很大的认可度和很高的信心。该地区受访居民对于资源环境和生态保护的重视对于当地的生态保护和建设具有重要的意义。

　　（3）在公共服务和政府管理方面，政府处理自然灾害事件、传染病及公共卫生事故、一般社会治安事件的能力得到了受访居民较高的评价，莫旗在医疗设施方面有待完善。在社会保障领域，莫旗农村受访居民社会保险参加率较高，而城镇社会保险参加率低，低保覆盖人群不尽合理。在扶贫政策中，基本农田建设工程、种植业林业养殖业扶贫工程、人畜饮水工程的满意度较低。

（4）在民族文化方面，总体来讲，文化保护工作成效显著，经济发展和城镇化进程中日益注重传统文化的保留恢复工作，居民文化生活日益多样化，居民文化生活需要不断得到满足。莫旗政府少数民族文字保护工作亟待加强，传统民居、传统服饰、传统节日以及传统文娱活动也是莫旗受访居民认为最需政府保护的传统文化类型。莫旗普通话推广工作成效明显，民族语言保护工作平稳推进，干部掌握当地民族语言对科学行政具有很高的重要性。

（5）在民族交往方面，该地区汉族受访居民同少数民族居民交往的意愿较为强烈，少数民族受访居民愿意同汉族居民和其他少数民族居民交往，并且和汉族居民交往的意愿略强于同其他少数民族交往的意愿。民族上的差异带来的交往对象选择上的差异越来越少，民族关系日益和谐，民族交往不断增多，文化交流不断融合，且莫旗当地民族关系略优于全国水平。

第八章

吉林省长白朝鲜族自治县
经济社会发展综合调查报告

　　长白朝鲜族自治县（以下简称"长白县"）是全国唯一的朝鲜族自治县，位于吉林省东南部，长白山南麓，鸭绿江上流，西与临江市毗邻，北与抚松县接壤，东南以鸭绿江为界、与朝鲜民主主义人民共和国两江道一市五郡隔江相望，总面积 2497.6 平方公里。该县地处长白山腹地和鸭绿江源头，具有丰富的森林资源、水利资源和矿产资源，森林覆盖率92%，是国家级全幅员森林旅游区，素有"长白林海、人参之乡、天然氧吧、绿色宝库"之美誉。截至 2013 年 12 月末，全县辖 7 镇 1 乡、77 个行政村、11 个社区、56 个自然屯；全县总人口为 83276 人，有汉族、朝鲜族、满族、回族、蒙古族、锡伯族等 10 个民族成分，其中朝鲜族人口为 1.1 万人，占全县总人口的 13.7%。① 长白县边境线长达 260.5 公里（其中，陆地边界 3.5 公里，其余均属水界），占白山市的 57%，吉林省的 18%，是吉林省边境线最长的县份。长白是边境县，也是民族自治县，既存在资源丰富的优势，又具有地处偏远、交通不便、人口少、规模小的发展障碍，这些因素构成了长白县经济社会发展的现实基础。

　　为全方位了解新世纪以来长白县政治经济文化社会生态等方面发展的现状和问题，中国社会科学院民族学与人类学研究所实施国家社会科学基金特别委托课题、中国社会科学院创新工程重大专项课题《21 世纪初中国少数民族地区经济社会发展综合调查》之子课题《21 世纪初长白朝鲜族自治县经济社会发展综合调查》于 2014 年 7 月赴长白县进行为期 20 余天的实地调查，同时完成了长白县的大样本抽样调查。本报告基于长白县

---

　　① 长白县教育局：《长白朝鲜族自治县"双语工程"实施方案》，2014 年 6 月。

城乡受访居民的主观反映，针对县域经济生活、民族文化、民族关系、民族政策、公共服务与政府管理等方面进行定量分析，以量化方法呈现长白县经济社会发展现状，为有关部门评估和改进国家政策尤其是民族政策提供必要参考依据。

一　调查对象基本情况

本报告数据来源于《21 世纪初长白朝鲜族自治县经济社会发展综合调查》课题组在长白县的家庭问卷抽样调查数据。长白县共回收有效样本 461 份，经整理录入后，主要使用社会统计软件 SPSS 加以统计分析。调查对象的基本情况见表 8-1。

表 8-1　　　　　　　　长白县调查对象基本情况　　　　　单位:%

	类别	频数	
性别	男	198	43.0
	女	263	57.0
年龄	30 岁以下	22	4.8
	31—45 岁	94	20.4
	46—60 岁	179	38.8
	61 岁及以上	166	36.0
民族	汉族	372	80.7
	朝鲜族	82	17.8
	其他民族	7	1.5
受教育程度	未上学	45	9.8
	小学至初中	266	57.8
	高中	107	23.3
	大学及以上	42	9.1
户口	农业	206	44.7
	非农业	255	55.3
宗教信仰	无宗教信仰	419	91.7
	有宗教信仰	27	5.9
	佛教	13	2.8
	其他宗教	14	3.0
	不想说	11	2.4

说明：（1）民族维度中"其他民族"由样本量低于 30 的民族共同构成，长白县的抽样数据中"其他民族"包括满族、侗族、瑶族。

（2）宗教信仰包括佛教、天主教、基督教、民间信仰和其他类型，由于有宗教信仰的样本总量低于 30，故合并统计。

（3）因存在缺失值，所以各个分项指标总计并不都等于总样本量，表格中所列比例均为有效百分比。

由表 8 - 1 可见，受访者在性别分布上，男性和女性占比分别为 43.0% 和 57.0%。在年龄分布上，31—45 岁的占 20.4%，30 岁以下的年轻人和 61 岁以上的老年人占总人口的比例分别为 4.8%、36.0%，说明受访者中老年人比例较高。在民族成分上，汉族和朝鲜族占比为 80.7% 和 17.8%，其他民族包括满族、侗族和瑶族，占比为 1.5%，由于所占比重太小不具有数据代表性，因此在后续的数据分析中对这几个民族不做具体分析，因此，本文所列表格的民族成份加总与城乡加总并不一致，特此说明。在受教育程度上，初中及以下的占 67.6%，高中文化程度的占 23.3%，接受过大学及以上教育的仅占 9.1%，受访者整体教育水平不高。在户籍类型上，农业户口和非农业人口占比分别为 44.7% 和 55.3%，受访对象中城镇人口超过农村人口。在宗教信仰方面，绝大多数受访者无宗教信仰，占比为 91.7%，5.9% 的人承认有宗教信仰，其中信仰佛教的占信教人群的 48.1%。

二　经济生活

（一）就业情况

一个地区劳动力的就业状况、职业类型、就业渠道、就业主观感受等综合反映着该地区劳动力职业素质、职业分工合理程度和劳动力市场的完善程度。

表 8-2　　　　　　　　　　在职受访者的职业类型　　　　　　单位:%，个

		公务员和事业单位人员	专业技术人员	企业办事人员	商业、服务业人员	农业生产人员	合计	样本量
总计		20.3	5.2	2.6	13.1	58.8	100	153
民族	汉族	15.7	5.0	2.5	14.9	62.0	100	121
	朝鲜族	35.7	7.1	3.6	3.6	50.0	100	28
户口	农业		3.2		5.3	91.6	100	95
	非农业	53.4	8.6	6.9	25.9	5.2	100	58

表 8-3　　　　　　　　　　　　农村受访者的职业类型　　　　　　单位:%，个

		专业技术人员	商业、服务业人员	农业生产人员	合计	样本量
总计		3.2	5.3	91.6	100	95
民族	汉族	2.5	6.3	91.3	100	80
	朝鲜族	7.1		92.9	100	14

表 8-4　　　　　　　　　　　　城市受访者的职业类型　　　　　　单位:%，个

		公务员和事业单位人员	专业技术人员	企业办事人员	商业、服务业人员	农业生产人员	合计	样本量
总计		53.4	8.6	6.9	25.9	5.2	100	58
民族	汉族	46.3	9.8	7.3	31.7	4.9	100	41
	朝鲜族	71.4	7.1	7.1	7.1	7.1	100	14

如表 8-2 所示，长白县受访对象的劳动力结构中，农业生产人员占比最高，为 58.8%；其次为公务员和事业单位人员，比例为 20.3%；商业、服务行业等第三产业从业人员占 13.1%。在受访者中，专业技术人员和企业办事人员比例偏低。

从城乡劳动力的职业类型来看，如表 8-3、表 8-4 所示，农村劳动力主要从事农业生产，占职业类型比重为 91.6%，有少量的商业、服务业人员和专业技术人员，两者总和占比不足 10%。城镇劳动力更多从事体制内的工作，公务员和事业单位人员占比最高，占 53.4%，其次为商业、服务业人员，占 25.9%，其他职业类型从业人员比例偏低。从职业类型的民族差异来看，农村受访者从事农业生产的人员没有民族差异，专业技术人员中，朝鲜族比例高于汉族，少量的商业、服务业从业人员均为汉族公民。城市受访者中，在公务员和事业单位人员中，朝鲜族（71.4%）比例明显高于汉族（46.3%），在商业和服务业人员中，汉族（31.7%）比例明显高于朝鲜族（7.1%），其他职业类型从业人员没有明显的民族差异。

这些数据与长白县的经济结构基本吻合。长白县的传统支柱产业为林业和人参业，虽然水电、旅游、外贸等产业也有一定的进展，但总体经济总量较小，从业人员不多。除此之外，企业运行质量不高、产业机构不合理、民营经济发展滞缓和受访者文化素质偏低等原因也导致长白县三产从业人员、企业办事人员和专业技术人员比例总体不高。长白县

应当在经济结构调整、加快第三产业发展以及专业技术人员培养方面下更大力气。

表8-5　　　　　农村受访劳动力寻找本地非农务工工作的主要渠道

单位:%，个

		政府/社区安排介绍	商业职介和招聘	直接申请（含考试）	家人和熟人介绍	其他	合计	样本量
	总计		3.9		41.2	54.9	100	51
民族	汉族		4.4		37.7	57.8	100	45
	朝鲜族				80.0	20.0	100	5

表8-6　　　　　　　城镇受访劳动力找工作的主要渠道　　　　单位:%，个

		政府/社区安排介绍	商业职介和招聘	直接申请（含考试）	家人和熟人介绍	其他	合计	样本量
	总计	27.9	5.8	15.1	18.6	32.6	100	86
民族	汉族	24.2	7.6	13.6	18.2	36.4	100	66
	朝鲜族	43.8		18.8	18.8	18.8	100	16
	其他民族	25.0		25.0	25.0	25.0	100	4

在劳动力市场和就业渠道方面，农村劳动力在寻找非农务工工作时，更多地依靠家人和熟人介绍，占41.2%，通过商业职介和招聘的仅占3.9%，政府或社区安排以及参加招工考试等途径数量为零，同时，朝鲜族农村劳动力就业时依靠家人和熟人介绍的比例（80.0%）明显高于汉族（37.7%）。这说明长白县尚未形成完善的劳动力市场，依靠社会关系网络就业的比例仍然很高，而且政府和社会公共服务机构在对农村劳动力就业方面存在一定程度的缺位。与此相对应，在城镇劳动力就业渠道中，政府或社区的作用非常突出，占27.9%，朝鲜族城镇居民依靠政府和社区就业的比例高于汉族；此外，参加招考和熟人介绍也占有一定的比例，就业途径呈现多元化趋势。除政府与社会安排、招考和熟人介绍，只有城乡汉族劳动力使用了商业职介和招聘渠道就业，其就业渠道更加多样化。值得注意的是，无论是农村劳动力和城镇劳动力就业，均有超过50%的人选择了"其他"渠道，但又未列明具体途径，这说明在劳动力市场发育不健全的情况下，劳动力在寻找工作机会时往往各显神通。

表8-7　　　　　　　　　　　　受访劳动力就业区域选择

		县城内	县外省内	相邻省区	东部一线城市	其他	合计	样本量
总计		61.7	11.0	0.5	3.0	23.9	100	201
民族	汉族	63.3	11.9	0.6	3.4	20.9	100	177
	朝鲜族	52.2	4.3			43.5	100	23
户口	农业	57.6	9.1		3.0	30.3	100	99
	非农业	65.7	12.7	1.0	2.9	17.6	100	102

表8-8　　　　　　　　　　　　城镇受访劳动力就业区域

		乡镇内	乡外县内	县外省内	合计	样本量
总计		72.5	21.6	5.9	100	102
民族	汉族	79.0	14.8	6.2	100	81
	朝鲜族	47.1	47.1	5.9	100	17

表8-9　　　　　　　　　　　城乡受访居民外出就业的主要障碍

	总计	民族		户口	
		汉族	朝鲜族	农业户口	非农户口
得不到相关就业信息	13.3	14.0	9.0	13.6	12.8
被当地人看不起	4.8	4.3	9.0	1.7	8.5
工作辛苦收入低	17.1	17.2	9.0	16.9	17.0
生活成本太高	12.4	10.8	27.3	11.9	12.8
生活习俗不能适应	18.1	17.2	27.3	16.9	19.1
气候不能适应	2.9	2.2	9.0	13.6	4.3
孩子就学困难	6.7	7.5		10.2	2.1
家里需要照顾必须返乡	9.5	10.8		13.6	4.3
当地政府的政策限制	1.0		9.0		2.1
社保缴费高关系难转移	1.0	1.1			2.1
其他	13.3	15.1		13.6	14.9
合计	100	100	100	100	100
样本量	105	93	11	59	47

从受访城乡居民的就业区域选择意愿来看，如表8-7所示，如果能找到工作，61.7%的受访者表示愿意在县城之内就业，11.0%愿意在县外省内就业，愿意去发达地区的仅占3.0%。由此看来，更多的人愿意在本地就业，因此在民族地区推进新型城镇化道路的过程中，当地政府应下大力气开拓本地劳动力市场，引导当地劳动力就近城镇化。受访城镇劳动力的实际就业区域与其就业意愿基本一致，如表8-8所示，94.1%的受访者在本县就业，其中在乡镇内就业的占72.5%，在县外省内就业的仅为5.9%。关于城乡居民外出就业的障碍，不能适应生活习俗的比例最高，占18.1%，17.1%的人认为外出打工工作辛苦收入低，13.3%的人认为外地人获得就业信息渠道不通畅，也有12.4%的受访者表示想留在当地但因生活成本太高而退却。除此之外，家里需要照顾（9.5%）、孩子就学困难（6.7%），偶尔还会被当地人看不起（4.8%），以及气候不适应、当地政府的政策限制、社保缴费和关系转移等问题影响虽然不显著，但共同构成了边疆少数民族自治县城乡居民外出就业的阻滞因素。与汉族相比，朝鲜族在生活习俗、生活成本、当地政府的政策限制方面遇到更大的阻碍，对汉族居民来说，在就业信息不通畅、工作辛苦收入低、孩子就学困难、家里需要照顾等方面遇到的阻碍更多。此外，农村居民在气候适应、家里需要照顾方面有更大的困难，城镇居民则更关注当地的社会包容度，如果被当地人看不起会选择离开。

（二）住房与家庭生活条件

从受访居民拥有房产的情况来看，91.6%的居民拥有1套房产，4.3%的人没有自己的房产，拥有2套和3套的比例不高，仅为2.7%和1.4%。农村居民和城镇居民拥有自有产权住房均在1套以上，汉族人均在1套以上，朝鲜族人均不足1套。汉族与朝鲜族、城镇与农村居民的人均住房面积差别不大。

从居民住房的产权归属来看，88.4%的居民拥有自有住房，租房居住的比例偏低，租住的范围包括廉租房、亲友房和私人房，租住各种类型房屋居住的比例差别不大。农村居民拥有自有住房率高于城镇居民，与农村居民相比，城镇居民租住廉租房的比例更高。从住房产权情况来看，朝鲜族拥有自有住房的比例高于汉族，汉族租住廉租房的比例高于朝鲜族。

表 8-10 受访居民自有住房套数及住房面积 单位:%,个

		自有产权住房数（套）		人均住房面积（平米）	
		均值	样本量	均值	样本量
总计		1.01	441	69.6	429
民族	汉族	1.02	354	69.7	346
	朝鲜族	0.99	80	69.3	76
户口	农业户口	1.0	200	70.4	193
	非农业户口	1.02	241	68.9	236

表 8-11 受访居民目前住房产权归属情况 单位:%,个

		自有住房	租/住廉租房	租/住亲友房	租/住私人房	其他	合计	样本量
总计		88.4	4.3	3.6	1.8	2.0	100	447
民族	汉族	87.8	4.7	4.2	1.9	1.4	100	361
	朝鲜族	91.3	1.3	1.3	1.3	5.0	100	80
户口	农业户口	91.0	2.0	3.5	1.0	2.5	100	200
	非农户口	86.2	6.1	3.6	2.4	1.6	100	247

长白县受访城乡居民对现有住房和住房政策满意度较高，除商品房政策低于50%外，其余满意比例均高于60%，对农村住房改革政策满意度最高，为75%。住房政策包括商品房政策、政府保障性住房政策、小产权房政策、城镇棚户区改造政策和农村住房改革政策，一般来讲，相应住房政策的受益者对政策满意度较高，朝鲜族对政府保障性住房政策、小产权房政策和农村住房改革政策的满意度高于汉族，汉族对城镇棚户区改造政策满意度高于朝鲜族。

一般来讲，改善住房的愿望与住房满意度成反比，由于受访者对现有住房和住房政策满意度较高，因此，改善住房的意愿普遍偏低，汉族和朝鲜族住房改善意愿差距不大，农村居民改善住房的迫切程度高于城镇居民。在住房改善途径方面，更多的人倾向于购买商品房，占30.7%，26%的选择政府保障性住房，20.9%选择自建新房，选择换租更大房子、购买单位筹资共建房和购买小产权房的比例偏低。

表 8-12　　　　　　　　受访者对现有住房和住房政策的满意度　　　单位:%，个

		总计	民族		户口	
			汉族	朝鲜族	农业户口	非农业户口
对现有住房的满意度	满意比例	64.7	62.6	60.0	61.2	67.5
	样本量	445	358	81	196	249
对商品房政策的满意度	满意比例	49.5	47.6	56.4	50.0	49.2
	样本量	208	166	39	84	124
对政府保障性住房政策的满意度	满意比例	63.2	61.5	70.0	66.3	61.3
	样本量	204	161	40	80	124
对小产权房政策的满意度	满意比例	64.5	61.3	76.7	66.7	62.8
	样本量	152	119	30	66	86
对城镇棚户区改造政策的满意度	满意比例	69.8	70.8	64.7	66.7	71.4
	样本量	205	168	34	72	133
对农村住房改革政策的满意度	满意比例	75.0	73.1	81.6	75.0	75.0
	样本量	216	175	38	120	96

表 8-13　　　　　　　　　　受访居民改善住房的意愿　　　　　单位:%，个

		迫切	一般	不迫切	不想改善	合计	样本量
总计		34.4	8.7	16.5	40.4	100	448
民族	汉族	34.5	8.6	16.7	40.1	100	359
	朝鲜族	32.9	9.8	14.6	42.7	100	82
户口	农业户口	40.8	7.0	13.9	38.3	100	201
	非农业户口	29.1	10.1	18.6	42.1	100	248

（三）生活质量

对生活质量的评估包括客观经济数据和主观生活感受两个方面的指标体系，前者强调客观经济条件的改善与提高，后者侧重个体对生活质量的主观感受。本节主要考察在经济社会发展水平相当的县域环境下城乡居民和不同民族群众对生活质量的主观评价。被问及过去 5 年生活水平的变化，长白县城乡居民整体持肯定态度，75.7%的受访者认为生活水平有所上升。农村和城镇居民对生活质量的评价差异不大，汉族对生活质量的满意度高于朝鲜族。

人们往往会依据当前发展的客观形势和主观感受而对未来生活水平做出预判，在被问及未来 5 年生活水平的期待时，农村居民对未来生活水平较为悲观，认为生活水平将会下降的比例高于城镇居民。与对过去 5 年的发展情况的判断相比，在对未来 5 年的生活水平的预期中，无论城乡还是民族维度都存在诸多不确定性，认为"不好说"的比例远高于前者。

表 8-14　　　　受访居民对过去 5 年生活水平变化的评价　　　单位:%，个

		有所上升	没有变化	有所下降	不好说	合计	样本量
	总计	75.7	18.7	5.2	0.4	100	461
民族	汉族	77.4	17.5	4.6	0.5	100	372
	朝鲜族	68.3	23.2	8.5		100	82
户口	农业户口	77.7	17.5	4.9		100	206
	非农户口	74.1	19.6	5.5	0.8	100	255

表 8-15　　　　受访居民对未来 5 年生活水平变化的期待　　　单位:%，个

		会上升	没有变化	会下降	不好说	合计	样本量
	总计	63.2	16.3	4.3	16.1	100	459
民族	汉族	62.4	15.6	5.9	16.1	100	370
	朝鲜族	63.8	16.9	3.1	16.1	100	82
户口	农业户口	59.8	24.3	3.7	12.2	100	205
	非农户口	85.7			14.3	100	254

三　民族文化

（一）民族语言与文字使用

1. 民族语言文字与汉语言文字使用情况

调查发现，长白县受访居民最先习得的语言中普通话占 56.7%，汉语方言占 31.3%，本民族语言占 16.6%，其他少数民族语言占比为 0；在日常交谈中使用的语言与最先习得的语言占比顺序一致，依次为：普通话69.5%，汉语方言 33%，本民族语言 16.3%，其他少数民族语言 0.7%。

因为长白县样本中只有汉族和朝鲜族两个民族成分，朝鲜族最先习得本民族语言的占比为90.2%，日常交谈使用民族语言的占比为85.4%。而汉族的民族语言是汉语言（包括普通话和汉语方言），如果累计计算的话，最先习得和日常使用占比最高的仍应是本民族语言。但通过后续的观察可以看出，少数民族对自己民族的语言和文字标识和认知很明确，而汉族则无法分清普通话、汉语方言和本民族语言的界限，因此在习得和使用语言中选择本民族语言的比例较少。与其他民族地区不同的是，东北地区作为移民地区，大多数人讲普通话，少部分来自山东、河南的人讲汉语方言。从城乡区别来看，城镇居民最先习得和日常使用普通话的比例高于农村居民，而农村居民最先习得和日常使用汉语方言和本民族语言的比例高于城镇居民，但差距并不大。

随着九年制义务教育的逐渐普及，长白县各民族普遍掌握了汉文字，受访者中懂汉字的有72.4%，会一些的有16.7%，不会的有10.7%。汉族和城镇居民使用汉文字的熟练程度高于朝鲜族和农村居民，朝鲜族和汉族、农村和城镇居民不懂汉文字的比例相当。关于民族语言的使用情况，朝鲜族使用本民族文字的熟练程度较高。

表8-16　　　　　　　不同民族最先习得的语言　　　　单位:%，个

		普通话		汉语方言		本民族语言		其他少数民族语言	
		是	样本量	是	样本量	是	样本量	是	样本量
合计		56.7	457	31.3	457	16.6	457	0	457
民族	汉族	64.1	368	37.8	368	0.3	368	0	368
	朝鲜族	22.0	82	3.7	82	90.2	82	0	82
户口	农业户口	52.9	204	32.4	204	17.6	204	0	204
	非农户口	59.7	253	30.4	253	15.8	253	0	253

表8-17　　　　　　　不同民族日常交谈使用的语言　　　　单位:%，个

		普通话		汉语方言		本民族语言		其他少数民族语言	
		是	样本量	是	样本量	是	样本量	是	样本量
合计		69.5	455	33.0	455	16.3	455	0.7	455
民族	汉族	70.5	366	37.4	366	0.8	366	0.8	366
	朝鲜族	64.6	82	13.4	82	85.4	82		82
户口	农业户口	65.0	203	35.0	203	18.2	203	0.5	203
	非农户口	73.0	252	31.3	252	14.7	252	0.8	252

表 8-18　　　　　　　　　受访居民汉文字使用情况　　　　　　单位:%, 个

		会	会一些	不会	合计	样本量
合计		72.4	16.7	10.7	100	450
民族	汉族	73.5	15.7	10.8	100	370
	朝鲜族	64.4	24.7	11.0	100	73
户口	农业户口	65.0	24.5	10.5	100	200
	非农户口	78.4	10.8	10.8	100	250

表 8-19　　　　　　　　受访居民本民族文字使用情况　　　　　单位:%, 个

		会	会一些	不会	合计	样本量
合计		86.3	6.3	7.5	100	80
民族	汉族	80.0		20.0	100	10
	朝鲜族	87.0	7.2	5.8	100	69
	其他民族	100			100	1
户口	农业户口	85.7	5.7	8.6	100	35
	非农户口	86.7	6.7	6.7	100	45

2. 双语教育

双语教育是党和国家在教育领域贯彻党的民族政策的重要举措,有助于促进各民族交往交流,有助于少数民族群众增加发展机会。长白县是朝鲜族自治地方,但汉族人口占多数,朝鲜族人口占比不足 14%。在具体工作中,相当一部分朝鲜族干部群众不能够熟练使用本民族语言,大部分汉族干部群众不熟悉朝鲜族语言,全县干部群众普通话水平又不过关,朝鲜语调加山东调的地方语,给工作带来许多不便和不利,影响了经济社会进一步发展。针对这些问题,长白县于 2010 年开始实施"双语工程",以在职干部为重点,力争通过三年时间的努力,使全县 1970 年 1 月 1 日后出生的在职干部、1970 年 1 月 1 日前出生的副局级后备干部和在校中小学生能够基本掌握朝鲜语,讲好普通话。[1] 这说明长白县委县政府已经深刻认识到双语教育在民族自治地方及所在地各民族发展中的重要作用。

双语教育包括少数民族学汉语言文字和汉族学少数民族语言文字两种情况。受访者普遍认识到了会说普通话的好处,并将掌握通用语言文字作为融入主流社会的重要途径,56.3%的人认为会说普通话对于工作生活各方面都有好处,38.8%认为会说普通话方便与其他民族交往。从受访者让

---

[1]　长白县教育局:《长白朝鲜族自治县"双语工程"实施方案》,2014 年 6 月。

子女接受双语教育的意愿来看，57.3%的人愿意送子女上双语学校，其中城乡居民意愿差别不大，朝鲜族居民愿意让孩子上双语学校的比例明显高于汉族。愿意让子女接受双语教育的汉族主要出于民族交往和民族团结的角度，认为孩子掌握一门特长对孩子发展有好处，在就业时可以多一些选择；朝鲜族则从保护民族语言、传承民族文化的角度考量更多。而不愿意让孩子接受双语教育的受访者只涉及汉族，他们认为孩子把汉语学好更为重要，双语学习会加重孩子的学业负担。

双语教育既包括学校教育，也包括日常工作语言的互通。长白县"双语工程"也以在职干部为重点，该县城乡居民高度认可这一做法，认为当地干部有必要学习和掌握当地民族语言的有 75.6%，朝鲜族的认可度高于汉族，城镇居民的认可度高于农村居民。

受访者对于当前的双语教育工作满意度不高，认为双语教育所在地区双语教育做得好的有 45.0%，一般和不好的分别为 9.8%和 2.1%，43.1%的受访者对双语教育不太了解。从城乡和民族维度来看，朝鲜族对双语教育的认可度要高于汉族，城镇居民的认可度高于农村居民，这说明长白县双语教育实施力度、覆盖范围和宣传力度有待加强。

表 8-20　　　　　　　　　　送子女上双语学校的态度　　　　　　　单位:%，个

		愿意	不愿意	无所谓	合计	样本量
总计		57.3	15.4	27.3	100	447
民族	汉族	52.3	18.7	28.9	100	363
	朝鲜族	80.5		19.5	100	77
户口	农业户口	56.9	14.2	28.9	100	197
	非农户口	57.6	16.4	26.0	100	250

表 8-21　　　　居民对于少数民族地区干部学习和掌握当地民族语言的态度

单位:%，个

		有必要	一般	没必要	合计	样本量
总计		75.6	7.1	17.3	100	394
民族	汉族	73.5	6.4	20.1	100	313
	朝鲜族	85.1	9.5	5.4	100	74
户口	农业户口	72.4	8.3	19.3	100	181
	非农户口	78.4	6.1	15.5	100	213

表 8-22		对双语教育的评价				单位:%，个	
		好	一般	不好	不清楚	合计	样本量
总计		45.0	9.8	2.1	43.1	100	427
民族	汉族	41.7	9.9	2.6	45.8	100	343
	朝鲜族	57.7	9.0		33.3	100	78
户口	农业户口	37.7	9.3	1.1	51.9	100	183
	非农户口	50.4	10.2	2.9	36.5	100	244

（二）民族文化传承与保护

由于汉族和其他民族样本量极低，因此本节关于民族文化传承与保护的分析仅以朝鲜族为例。受访者认为最具特色的少数民族文化类型主要有传统服饰、传统节日、传统民居、传统饮食和传统文娱活动，有的受访者还提到了人生礼仪和语言，由此看来，少数民族文化生活与其日常生活紧密联系，对其风俗习惯的尊重也是促进民族文化传承与保护的重要组成部分。需要政府保护的传统文化基本与最具特色的少数民族文化类型一致，只是更多的人提到了语言，占比近10%，说明语言作为民族文化传承的重要工具和民族的鲜明特征，为少数民族所珍视。朝鲜族城乡居民对本县市政府保护本地文化和少数民族文化的工作高度认可，满意率达82.1%，这说明长白县作为全国唯一的朝鲜族自治县，无论自身政府还是上级国家机关都高度重视民族文化和地域文化的传承与保护。

表 8-23	最具特色的少数民族文化类型								单位:%，个
	第一位			第二位			第三位		
		户口			户口			户口	
	总计	农业户口	非农户口	总计	农业户口	非农户口	总计	农业户口	非农户口
传统民居	11.3	15.4	7.3	9.9	8.3	11.4	10.5	11.1	10.0
传统服饰	36.3	41.0	31.7	25.4	25.0	25.7	12.3	14.8	10.0
传统节日	11.3	7.7	14.6	21.1	16.7	25.7	17.5	22.2	13.3
人生礼仪	8.8	5.1	12.2	7.0	8.3	5.7	14.0	18.5	10.0
传统文娱活动	12.5	15.4	9.8	11.3	19.4	2.9	22.8	14.8	30.0
传统饮食	7.5	10.3	4.9	12.7	13.9	11.4	10.5	7.4	13.3
道德规范	5.0		9.8	8.5	8.3	8.6	8.8	7.4	10.0

续表

	第一位			第二位			第三位		
	总计	户口		总计	户口		总计	户口	
		农业户口	非农户口		农业户口	非农户口		农业户口	非农户口
人际交往习俗				1.4		2.9	1.8		3.3
传统生产方式	1.3		2.4			2.9			
宗教活动习俗	2.5		4.9	1.4		2.9			
其他	3.8	5.1	2.4						3.7
样本量	80	39	41	71	36	35	57	27	30

表 8-24　　　　　　　　最需要政府保护的传统文化类型　　　　单位:%，个

	第一位			第二位			第三位		
	总计	户口		总计	户口		总计	户口	
		农业户口	非农户口		农业户口	非农户口		农业户口	非农户口
传统民居	19.0	25.6	12.5	1.5	3.2		7.7	8.0	7.4
传统服饰	24.1	23.1	25.0	26.2	35.5	17.6	11.5	8.0	14.8
传统节日	12.7	10.3	15.0	29.2	25.8	32.4	25.0	28.0	22.2
人生礼仪	8.9	10.3	7.5	7.7	6.5	8.8	13.5	12.0	14.8
传统文娱活动	21.5	23.1	20.0	9.2	9.7	8.8	17.3	16.0	18.5
传统饮食	1.3		2.5	10.8	9.7	11.8	13.5	8.0	18.5
道德规范	3.8		7.5	10.8	9.7	11.8	7.7	12.0	3.7
人际交往习俗				1.5		2.9	1.9	4.0	
传统生产方式									
宗教活动习俗				3.1		5.9			
其他	8.9	7.7	10.0				1.9	4.0	
样本量	79	39	40	65	31	34	52	25	27

表 8-25　　　　对本县/市政府保护本地文化和少数民族文化的评价

单位:%，个

		满意	不满意	不好说	合计	样本量
总计		82.1	5.1	12.8	100	78
户口	农业户口	83.8	5.4	10.8	100	37
	非农户口	80.5	4.9	14.6	100	41

　　民族文化的传承保护与民族群体对自身文化的认知和意识直接相关，一般来讲，民族群体的文化自觉与经济社会发展程度正相关。与上辈相

比,朝鲜族的后代接受民族文化意愿强烈,愿意接受本民族语言文字和风俗习惯的超过90%,愿意传承特色手工艺的为75.3%,愿意传承宗教信仰的为44.8%,农村普遍高于城镇。可见,少数民族对本民族文化有强烈的文化自信,愿意将民族文化传承下去,但由于当前民族文化产业和市场不完善,选择以民族文化为业的人大大减少,这也成为民族文化传承的最大隐忧。

传承意愿是民族文化得以传承的内因,而外因则是文化传播的载体和渠道,两者同等重要。调查显示,受访者了解本民族或其他民族民俗文化的主要渠道依次为家庭、邻里、亲朋耳濡目染,广播电视互联网等主流媒体,村庄或社区的公共文化活动,得益于学校教育、旅游展示和图书报刊的比例还很低,这说明当地的双语教育工作、文化旅游产业和民族文化传媒还不够发达,未能成为民族文化传承的主要阵地。

表8-26　　　　　子女接受本民族文化和风俗习惯的意愿　　　单位:%,个

		语言文字		风俗习惯		宗教信仰		特色手工艺	
		愿意	样本量	愿意	样本量	愿意	样本量	愿意	样本量
总计		95.1	82	91.5	82	44.8	67	75.3	73
户口	农业户口	97.5	40	95.0	40	54.8	31	82.4	34
	非农户口	92.9	42	88.1	42	36.1	36	69.2	39

表8-27　　　　　了解本民族或其他民族民俗文化的主要渠道　　　单位:%,个

	第一位			第二位			第三位		
	总计	户口		总计	户口		总计	户口	
		农业户口	非农户口		农业户口	非农户口		农业户口	非农户口
家庭、邻里、亲朋耳濡目染	60.0	57.9	61.9	29.2	41.2	22.6			
学校教育	5.0	0	9.5	12.5	11.8	12.9	16.7	12.5	20.0
村庄或社区的公共文化等活动	10.0	5.3	14.3	10.4		16.1	22.2	25.0	20.0
旅游展示							11.1		20.0
广播、电视、互联网等	23.8	34.2	14.3	47.9	47.1	48.4	33.3	50.0	20.0
图书报刊	1.3	2.6					16.7	12.5	20.0
样本量	80	38	42	48	17	31	18	8	10

四　民族关系与民族政策

（一）族际交往与民族关系

民族关系是在各民族交往过程中发生的兼具社会性和民族性的社会关系，不仅与民族身份的地位与权益密切相关，而且涉及民族意识和国家认同，是一种关涉政治、经济、文化、生态的综合性社会关系。[①] 本节对民族关系的考量，主要通过受访者族际交往的意愿和行为、民族身份和权益、各民族对全国和当地民族关系的评价等方面来呈现，以期全面反映当地民族关系现状。

1. 民族交往现状

调查显示，长白县各族群众在聊天、成为邻居、一起工作、成为亲密朋友和结为亲家等社会交往方面，汉族与朝鲜族、城乡居民都表现出强烈的交往意愿。与汉族相比，朝鲜族交往意愿更加强烈，这与朝鲜民族的移民历史有关。汉族是长白地区开发的前驱者，朝鲜族越境而居后，始终面临着与本土人民相处的问题，因此适应性更强。与其他民族结为亲家是各民族深层次社会交往的表现，尽管朝鲜族和汉族在其他方面表现出较强的交往意愿，但在结为亲家方面则表现得较为保守，远低于其他社会交往的比例。从调查结果来看，朝鲜族人愿意与其他民族结为亲家的比例为72.6%，比汉族高近10个百分点。这说明随着朝鲜族大量外出流动和各民族社会交往的日益增多，朝鲜族族内通婚的传统观念有所转变，但农村转变的速度明显低于城镇（农村朝鲜族愿意与其他民族结为亲家的比例较城镇朝鲜族低24.4个百分点）。

交往意愿显示了民族关系的主观层面，交往行为则是民族关系的真实存在。调查表明，各民族交往意愿并非总是与交往行为正相关。如表5-3所示，长白县城乡居民拥有1个以上亲密往来的少数民族朋友的占51.2%。在拥有3个以上其他民族朋友的受访者中，朝鲜族的比例高于汉族，城镇居民高于农村居民。

[①] 参见闵浩《正确认识民族关系及其表现形式》，《中央民族学院学报》1990年第3期。

表 8-28　　　　　　汉族居民愿意与少数民族居民交往的比例　　　单位:%，个

		聊天		成为邻居		一起工作		成为亲密朋友		结为亲家	
		比例	样本量	比例	样本量	比例	样本量	比例	样本量	比例	样本量
总计		89.5	371	93.0	371	92.5	371	89.5	371	63.1	369
户口	农业户口	87.1	163	91.4	163	90.8	163	88.3	163	61.7	162
	非农户口	91.4	208	94.2	208	93.7	208	90.4	208	64.3	207

表 8-29　　　少数民族居民愿意与汉族和其他少数民族居民交往的比例

单位:%，个

			聊天		成为邻居		一起工作		成为亲密朋友		结为亲家	
			比例	样本量	比例	样本量	比例	样本量	比例	样本量	比例	样本量
少数民族和汉族		总计	96.3	80	97.6	80	97.6	80	96.3	80	72.6	80
	户口	农业户口	94.9	39	94.9	39	94.9	39	94.9	39	59.0	39
		非农户口	100	41	100	41	100	41	97.6	41	85.4	41
少数民族和其他少数民族		总计	96.9	73	96.9	73	96.9	76	94.5	73	64.3	73
	户口	农业户口	94.7	38	94.7	38	94.7	38	94.7	38	52.6	38
		非农户口	97.1	35	97.1	35	97.1	35	94.2	35	77.2	35

表 8-30　　　　　　居民拥有亲密往来的少数民族朋友的数量　　　单位:%，个

		3 个以上	2 个	1 个	1 个都没有	合计	样本量
总计		38.2	7.9	5.0	48.8	100	416
民族	汉族	33.0	7.2	4.9	54.8	100	345
	朝鲜族	64.1	10.9	4.7	20.3	100	64
户口	农业户口	36.1	6.0	3.8	54.1	100	183
	非农户口	39.9	9.4	6.0	44.6	100	233

2. 民族关系评价

通过调查，长白县居民对全国和当地民族关系的好评持续上升，并且认为当地民族关系要好于全国的民族关系。对于全国民族关系的判断，受访者的好评率从改革开放前的 47.9% 上升到 2001 年以来的 72.7%，朝鲜族好评率高于汉族，城乡好评率基本持平。尽管 2008 年、2009 年以来，民族关系出现一些不和谐的声音，但并未影响长白县城乡居民对民族关系整体趋好形势的判断。对于本地民族关系的好评度更

好，从改革开放前的 59.7% 上升到 2001 年的 79.5%，虽然整体上仍出现农村好评率高于城镇、朝鲜族好评率高于汉族的态势，但城乡差距和民族间差距都在缩小。对民族关系的主观评价奠定了当地民族关系和谐发展的思想基础。

表 8-31　　　受访居民给予不同时期全国民族关系好评的比例

单位:%，个

		改革开放前		改革开放以来至 2000 年		2001 年以来	
		比例	样本量	比例	样本量	比例	样本量
总计		47.9	457	67.8	457	72.7	458
民族	汉族	44.8	368	65.5	368	70.2	369
	朝鲜族	61.0	82	75.6	82	81.7	82
	其他民族	57.1	7	100	7	100	7
户口	农业户口	47.6	206	68.4	206	74.3	206
	非农户口	48.2	251	67.3	251	71.4	251

表 8-32　　　受访居民给予不同时期本地区民族关系好评的比例

单位:%，个

		改革开放前		改革开放以来至 2000 年		2001 年以来	
		比例	样本量	比例	样本量	比例	样本量
总计		59.7	457	74.2	458	79.5	458
民族	汉族	56.5	368	71.5	369	77.2	369
	朝鲜族	74.4	82	84.1	82	87.8	82
户口	农业户口	62.1	206	76.7	206	82.5	206
	非农户口	57.8	252	72.2	252	77.0	252

（二）民族认同与国家认同

民族认同是"社会成员对自己民族归属的认知和感情依附"①，国家认同是"对统一领土之上最高政治法律共同体的效忠，对国家统一法律规范的遵守及积极践行公共生活的准则"和"对国家统一政治文化的认可和分享"，民族认同和国家认同的关系可以转化为"民族异质性要素和差异性要素与国家

---

① 王希恩:《民族认同与民族意识》,《民族研究》1995 年第 6 期。

统一性之间的关系"①。民族认同与民族身份紧密结合，而且作为民族意识的重要组成部分影响着多民族国家的政治整合过程。长白县地处中朝边境，兼具自治县与边境县身份，因此民族认同与国家认同同时交织、高频凸显在各民族日常生活中。调查发现，随着中国在国际世界发挥越来越大的影响力，中华民族的凝聚力和自豪感空前增强，而随着居民的国家意识普遍增强，民族意识也随之增强。这也在实践层面反映了民族认同与国家认同的不同层次，以及民族认同与国家认同的联动性。民族现象有其自身的发展规律，民族意识的增强与中华民族凝聚力和祖国认同并不冲突，朝鲜族民族自我发展意识增强比例明显高于汉族（17.1%与3.9%），同时，朝鲜族群众认可民族意识应从属于国家意识，并形成良好的互动。

国际交往场合是国家认同与民族认同同时存在的场域，当被外国人问及民族身份时的第一反应是民族认同与国家认同在心理层面比较的结果。调查表明，73.9%的人将中国人身份置于首位、本民族次之，12.5%的人认为中国人和本民族不分先后，将民族认同置于国家认同之上的仅占6.8%。从民族和城乡维度，认为国家认同高于民族认同的朝鲜族高于汉族，城镇高于农村。在被问及民族身份和公民身份的重要性时，48.3%的人认为民族身份与公民身份一样重要，其中，汉族人由于较少区分民族认同与国家认同，因此100%认同这一提法，朝鲜族则除了认可两者同样重要以外，也重视公民身份，认为公民身份更重要的有46.3%。作为跨境民族，朝鲜族虽然在意自己的民族身份，民族意识也较强，但同样有着较高的国家意识，93.9%的人认可自己是中国的朝鲜族。

表 8-33　　　　　　受访者对当前民族意识的发展趋势的判断　　　单位:%，个

		民族自我发展意识增强	国家意识增强	民族意识增强，国家意识也随之增强	国家意识增强，民族意识也随之增强	不清楚	合计	样本量
总计		6.1	32.8	8.1	19.9	33.0	100	442
民族	汉族	3.9	34.3	9.2	18.9	33.7	100	359
	朝鲜族	17.1	26.3	3.9	22.4	30.3	100	76
户口	农业户口	9.0	32.0	8.0	18.0	33.0	100	200
	非农户口	3.7	33.5	8.3	21.5	33.1	100	242

①　高永久、朱军：《论多民族国家中的民族认同与国家认同》，《民族研究》2010年第2期。

表 8-34 　　　　　　　　自身民族身份排序　　　　　　　　单位:%，个

		中国人、本民族	本民族、中国人	中国人和本民族不分先后	不好回答	合计	样本量
总计		73.9	6.8	12.5	6.8	100	88
民族	汉族	50.0		50.0		100	2
	朝鲜族	72.8	7.4	12.3	7.4	100	81
户口	农业户口	65.9	9.8	17.1	6.4	100	41
	非农户口	80.9	4.3	8.5	6.8	100	47

表 8-35 　　　　　　民族认同与国家认同的关系　　　　　　单位:%，个

		民族身份更重要	公民身份更重要	民族身份和公民身份一样重要	合计	样本量
总计		5.6	46.1	48.3	100	89
民族	汉族			100	100	2
	朝鲜族	6.1	46.3	47.6	100	82
户口	农业户口	2.4	50.0	47.6	100	42
	非农户口	8.5	42.6	48.9	100	47

（三）民族政策

1. 生育政策

从受访者对少数民族地区及少数民族生育政策的评价来看，居民对这一政策满意度达到 78.7%，认为一般的有 16.4%，认为不好的仅有 5.0%。从城乡和民族差别来看，农村居民对生育政策的满意度高于城镇居民，朝鲜族的满意度高于汉族。汉族对生育政策的满意度虽略低于平均水平，但与朝鲜族相比差距并不大，说明汉族虽然未享受这一政策，但认同国家对少数民族的生育政策。在对待生育政策方面，朝鲜族具有特殊性，由于受教育水平和城市化水平普遍偏高，朝鲜族群众的生育观与其他边远民族自治地方有所不同，很多人由于育儿成本高、生活压力大等原因，生育意愿普遍偏低，甚至在调研过程中还出现了朝鲜族干部群众为了应对人口老龄化的问题而要求实行鼓励生育的政策。因此，政策的调整应当因地制宜，给予民族地区和少数民族更多的自主选择权。

表 8-36   受访者对少数民族地区及少数民族生育政策的评价

单位:%，个

		好	一般	不好	合计	样本量
总计		78.7	16.4	5.0	100	342
民族	汉族	77.7	17.5	4.7	100	274
	朝鲜族	82.3	11.3	6.5	100	62
	其他民族	83.3	16.7		100	6
户口	农业户口	80.3	13.8	5.9	100	152
	非农户口	77.4	18.4	4.2	100	190

2. 高考加分政策

为缓解民族地区及少数民族与发达地区在教育水平和教育资源分布上的差距，保障少数民族平等的受教育权利，国家对民族地区及少数民族实行降档录取的优惠政策。这一政策在各地的实施范围和力度不一，有的是针对民族地区的所有民族包括汉族全部加分，有的是针对主体民族加分，个别少数民族由于教育水平普遍较高，主动提出放弃高考加分优惠政策。长白县城乡受访居民对高考加分政策满意度很高，超过80%，城镇受访居民和农村受访居民对高考加分政策的态度差距不大，汉族对高考加分的政策低于平均水平，朝鲜族作为政策的受益者，对政策的满意度为100%。当被问到如果是少数民族，并且长期居住在城市，其子女是否应当加分时，朝鲜族认为应该的比例为93.3%，汉族为62.8%，城镇居民认为应当加分的比例高于农村居民。这说明，在民族自治地方，汉族在教育政策方面有不公平感，而农村居民更期待教育资源的均衡化发展。

表 8-37   对民族地区及少数民族高考加分政策的态度   单位:%，个

		对民族地区高考加分政策的看法		对少数民族高考加分政策的看法		如果是少数民族且长期在城市居住，子女高考是否应该加分	
		满意比例	样本量	满意比例	样本量	应该比例	样本量
总计		84.1	295	83.6	299	70.1	284
民族	汉族	79.1	225	78.6	229	62.8	218
	朝鲜族	100	64	100	65	93.3	60
户口	农业户口	83.1	124	83.5	127	66.9	118
	非农户口	84.8	171	83.7	172	72.3	166

五　公共服务和政府管理

（一）公共基础设施配备和公共服务提供

　　长白县城不大，公共基础设施齐全，调查显示，超过 35% 的受访者位于幼儿园、小学、中学、社区或乡卫生院、医院、治安设市、活动中心、农贸市场等公共基础设施的 1 公里以内，银行与邮电所稍远，处于 1—3 公里的居民最多，基本形成了便利的生活圈，因此受访居民对公共基础设施使用效果的满意度较高。从公共基础设施配置的具体情况来看，教育设施、医疗机构、治安设施、活动中心、邮电所、银行均超过 90%，农贸市场为 89.5%，运动场所及器材为 84.9%。汉族和朝鲜族受访者对不同公共基础设施的占有比例不同，在运动场所、农贸市场方面比例相当，在教育设施、车站、邮电通信设施和金融设施的占有方面，汉族受访者明显高于朝鲜族受访者，在中学配备上，朝鲜族比汉族低 13.8 个百分点。从城乡基础设施对比来看，医疗机构、治安设施和活动中心方面配置水平相当，城镇在教育设施、活动中心、运动场所、农贸市场、车站、邮电和银行等方面的基础设施配备要明显优于农村。

　　汉族和朝鲜族受访家庭抵达教育设施、医疗机构、治安设施、活动中心、运动场所和农贸市场、车站、邮电所和银行等各项基础设施的便利性大体相当，超过 87% 的各族居民居住在距离各类教育设施 5 公里以内，可以在离家 5 公里以内找到医疗机构的比例高达 96% 以上。公共基础设施在城乡之间呈现出一定的差距，城镇居民在 5 公里以内抵达各类教育设施的比例和在 10 公里之内抵达农贸市场、邮电中心和银行的比例远高于农村居民。城乡在获取治安设施、活动中心、运动场所的便利性没有差异。值得注意的是，农村在获取医疗机构的便利性方面超过城镇，这说明农村基础医疗机构的完善。对公共基础设施使用效果的满意度与其占有和利用基础设施的便利性成正比，比如朝鲜族在距离各类教育设施 5 公里以内占比较高，因此他们对教育设施的满意度要高于汉族。

表 8-38 公共基础设施配置情况 单位:%,个

		总计	民族		户口	
			汉族	朝鲜族	农业	非农业
教育设施（幼儿园）	配置比例	91.3	93.3	82.3	82.0	98.8
	样本量	458	372	79	205	253
教育设施（小学）	配置比例	91.2	93.3	82.1	81.9	98.8
	样本量	456	371	78	204	252
教育设施（中学）	配置比例	90.8	93.3	79.5	80.9	98.8
	样本量	456	371	78	204	252
医疗机构	配置比例	97.6	97.8	97.5	96.1	98.8
	样本量	459	372	80	205	254
治安设施（派出所、警卫室等）	配置比例	96.5	96.5	97.5	93.6	98.8
	样本量	454	367	80	202	252
活动中心（活动室、广场等）	配置比例	92.4	93.8	85.0	85.8	97.6
	样本量	458	371	80	204	254
运动场所及器材	配置比例	84.9	85.7	81.3	77.5	90.9
	样本量	458	371	80	204	254
农贸市场	配置比例	89.5	89.7	88.8	79.3	97.6
	样本量	457	370	80	203	254
车站	配置比例	79.8	81.2	72.7	60.7	94.8
	样本量	446	362	77	196	250
邮电所	配置比例	91	92.5	85.0	83.3	97.2
	样本量	458	371	80	204	254
银行	配置比例	91.9	93.5	85.0	83.8	98.4
	样本量	457	370	80	204	253

表 8-39 教育设施与医疗机构距离 单位:%,个

		总计	民族		户口	
			汉族	朝鲜族	农业	非农业
教育设施（幼儿园）	5公里以内	88.2	87.8	90.6	81.4	93.3
	5—10公里	2.6	3.1		4.8	0.9
	10公里以上	9.3	9.1	9.4	13.8	5.9
	样本量	389	320	64	167	222

续表

		总计	民族		户口	
			汉族	朝鲜族	农业	非农业
教育设施（小学）	5公里以内	88.4	88.0	90.9	81.8	93.2
	5—10公里	3.2	3.6	1.5	4.7	2.1
	10公里以上	8.4	8.4	7.6	13.5	4.7
	样本量	404	332	66	170	234
教育设施（中学）	5公里以内	87.6	87.7	87.7	81.5	91.9
	5—10公里	4.0	3.9	4.6	4.8	3.4
	10公里以上	8.4	8.4	7.7	13.7	4.7
	样本量	403	332	65	168	235
医疗机构	5公里以内	96.8	96.7	97.5	97.9	95.9
	5—10公里	0.7	0.6	1.3		1.2
	10公里以上	2.5	2.8	1.3	2.1	2.8
	样本量	441	356	79	195	246

表8-40　　　　　　　　　　　　生活基础设施距离　　　　　　　单位:%，个

		总计	民族		户口	
			汉族	朝鲜族	农业	非农业
治安设施（派出所、警卫室等）	10公里以内	93.7	93.9	93.7	94.2	93.3
	10公里以上	6.3	6.1	6.3	5.8	6.7
	样本量	428	343	79	189	239
活动中心（活动室、广场等）	10公里以内	95.6	95.9	94.0	93.9	97.0
	10公里以上	4.4	4.1	6.0	6.1	3.0
	样本量	411	338	67	180	231
运动场所及器材	10公里以内	95.4	95.6	93.8	94.3	96.2
	10公里以上	4.6	4.4	6.2	5.7	3.8
	样本量	368	298	64	159	209
农贸市场	10公里以内	94.4	94.2	94.6	90.4	97.1
	10公里以上	5.6	5.8	5.4	9.6	2.9
	样本量	409	330	74	166	243

续表

		总计	民族		户口	
			汉族	朝鲜族	农业	非农业
邮电所	10公里以内	92.0	92.5	90.6	86.7	95.9
	10公里以上	8.0	7.5	9.4	13.3	4.1
	样本量	387	318	64	166	221
银行	10公里以内	92.1	92.5	90.8	85.7	96.9
	10公里以上	7.9	7.5	9.2	14.3	3.1
	样本量	391	320	65	168	223

表8-41　　　　　受访居民对公共基础设施使用效果的满意度　　单位:%，个

		总计	民族		户口	
			汉族	朝鲜族	农业	非农业
教育设施（幼儿园）	满意比例	55.3	54.2	61.5	56.5	54.4
	样本量	418	347	65	168	250
教育设施（小学）	满意比例	55.8	54.9	60.9	55.7	55.8
	样本量	416	346	64	167	249
教育设施（中学）	满意比例	55.6	54.3	62.9	56.4	55.0
	样本量	414	346	62	165	249
医疗机构	满意比例	46.0	46.4	44.9	43.7	47.8
	样本量	448	364	78	197	251
治安设施（派出所、警卫室等）	满意比例	63.5	63.0	64.1	61.4	65.1
	样本量	438	354	78	189	249
活动中心（活动室、广场等）	满意比例	66.2	66.1	66.2	64	65.3
	样本量	423	348	68	175	248
运动场所及器材	满意比例	57.6	56.9	61.5	59.5	56.3
	样本量	389	318	65	158	231
农贸市场	满意比例	64.8	63.9	66.7	65.8	64.1
	样本量	409	332	72	161	248
车站	满意比例	59.0	60.2	50.0	57.1	59.9
	样本量	356	294	56	119	237
邮电所	满意比例	60.0	60.1	57.4	60.0	59.9
	样本量	417	343	68	170	247

（二）城乡居民社会保障情况

从我国的城乡医疗保障体系来看，1998 年我国开始建立城镇职工基本医疗保险制度，之后又启动了新型农村合作医疗制度试点，建立了城乡医疗救助制度。2007 年起对城镇非从业居民试点城镇居民基本医疗保险，由此基本建立了覆盖城乡全体居民的医疗保障体系。当前，社会保险制度针对城乡居民设置了不同的险种。城镇社会保险包括城镇职工基本医疗保险、城镇居民基本医疗保险、城镇居民养老保险、城镇低保、失业保险、工伤保险和生育保险等多种类型，由于失业保险、工伤保险和生育保险的参加人数较少，在此不做具体分析。从问卷的统计结果来看，长白县城镇受访居民的社会保险参保率不高，城镇职工基本医疗保险参保率为42.8%，城镇居民基本医疗保险参保率为 54.5%，城镇居民养老保险参保率为 34.0%，城镇低保享有率为 12.8%。

值得注意的是，城镇职工和城镇居民基本医疗参保率远远低于长白县官方统计的比例。根据长白县人力资源和社会保障局提供的数据和媒体的公开报道，截至 2014 年 4 月，长白县城镇居民基本医疗保险参保率为95%。[1] 分析这一数据落差产生的原因，我们认为，排除统计口径等技术性因素，可能由于受访城镇职工对社会保险认知不足导致。

从城镇职工和城镇居民的医疗保障制度来看，根据《国务院关于建立城镇职工基本医疗保险制度的决定》（国发〔1998〕44 号），"城镇所有用人单位及其职工都要参加基本医疗保险"，"乡镇企业及其职工、城镇个体经济组织业主及其从业人员是否参加基本医疗保险，由各省、自治区、直辖市人民政府决定"[2]。而《吉林省建立城镇职工基本医疗保险制度总体规划》（吉政发〔2000〕27 号）要求 "全省城镇所有用人单位，……原则上都要参加基本医疗保险。乡镇企业及其职工、城镇个体经济组织业主及其从业人员，暂不参加基本医疗保险"[3]。为实现社会保险的全覆盖，国家将城镇居民基本医疗保险的参保范围设定为 "不属于城镇职工基本医疗保险制度覆盖范围的中小学阶段的学生（包括职业高中、中

---

① 《长白多措并举谋利惠民》，《吉林日报》2014 年 4 月 19 日。

② 《国务院关于建立城镇职工基本医疗保险制度的决定》，http://www.gov.cn/banshi/2005-08/04/content_ 20256.htm。

③ 《吉林省人民政府关于印发吉林省建立城镇职工基本医疗保险制度总体规划的通知》，http://hrss.jl.gov.cn/ylbx/qszc/201504/t20150427_ 1979820.html。

专、技校学生）、少年儿童和其他非从业城镇居民"①。也就是说，在全民
医保体系日益健全的情形下，城镇职工医保基本已成为强制险，是城镇单
位必须要给职工上的保险，城镇居民基本医疗保险与之相配合，为城镇居
民提供了全方位的医疗保障。但不容否认，城镇居民基本医疗保险与城镇
职工基本医疗保险既互相补充，也存在竞合关系，据统计，2014 年新农
合、城镇居民基本医疗保险、城镇职工基本医疗保险三大制度的全国重复
参保率目前在 10% 左右。② 一方面，两种城镇基本保险之间存在如此错综
复杂的关系，另一方面，如果不发生保险事故，一般民众很少关注自身参
保的险种和保险范围，这就导致了对参保率的认知远远低于实际情况的
现象。

　　从受访者的反映来看，朝鲜族城镇职工基本医疗保险的参保率高于汉
族，汉族在城镇居民养老保险和城镇低保的享有率高于朝鲜族。从对城镇
社会保障的满意度来看，城镇职工基本医疗保险和城镇居民基本医疗保险
满意度相当，分别为 70.2% 和 70.3%，城镇居民养老保险和城镇低保的
满意率为 57.0% 和 56.8%。城镇基本医疗保险和城镇居民养老保险方面，
朝鲜族的满意度高于汉族，在城镇低保方面汉族的满意度高于朝鲜族。

　　农村社会保险包括新型农村合作医疗、新型农村养老保险、农村五保、
农村低保和高龄津贴等类型。与城镇社会保险参保率不高形成鲜明对比的
是，农村居民参加新农合的比例高达 95.3%，其中汉族更是高达 97.4%，
但在其他险种方面参与度仍然偏低，农村低保为 28.0%，新农养为 22.5%，
高龄津贴为 15.2%。这说明农村居民日益认识到通过保险来规避疾病风险
的必要性，但在养老方面还是倾向于家庭养老。在新农合和高龄津贴方面，
汉族享有率高于朝鲜族，在新农养、农村低保方面，朝鲜族享有率高于汉
族，其中低保方面有较大差距，汉族为 23.7%，朝鲜族为 46.7%。有意思
的是，农村居民的社会保障满意度并非与参保率完全相关，除朝鲜族农村
低保满意度高于汉族外，在汉族参与度高的新农合、高龄津贴方面和在朝
鲜族参与度高的新农养方面，满意度恰好相反，这说明农村低保在运作过
程中有让人不尽如人意的地方，需要进一步改进。

----

① 《国务院关于开展城镇居民基本医疗保险试点的指导意见》（国发〔2007〕20 号），ht-
tp：//www.gov.cn/zwgk/2007-07/24/content_ 695118.htm。

② 《全国医保重复参保人数超一亿》，http：//news.xinhuanet.com/health/2014-08/15/c_
126874591.htm。

表 8-42　　　　　　　受访城镇居民参加城镇社会保险情况　　　单位:%，个

		总计	民族	
			汉族	朝鲜族
城镇职工基本医疗保险	参加比例	42.8	40.0	51.4
	样本量	222	180	37
城镇居民基本医疗保险	参加比例	54.5	54.3	51.4
	样本量	211	173	35
城镇居民养老保险	参加比例	34.0	35.8	25.0
	样本量	215	176	36
城镇低保	参加比例	12.8	12.8	7.1
	样本量	187	156	28
失业保险	参加比例	4.9	5.2	0
	样本量	185	154	28
工伤保险	参加比例	2.7	3.3	0
	样本量	184	153	28
生育保险	参加比例	2.7	3.2	0
	样本量	185	154	28

表 8-43　　　　　　　　受访城镇居民社会保障满意度　　　单位:%，个

		城镇职工基本医疗保险		城镇居民基本医疗保险		城镇居民养老保险		城镇低保	
		满意比例	样本量	满意比例	样本量	满意比例	样本量	满意比例	样本量
总计		70.2	104	70.3	118	57.0	86	56.8	37
民族	汉族	67.1	79	69.4	98	55.4	74	58.1	31
	朝鲜族	76.2	21	76.5	17	63.6	11	25.0	4

表 8-44　　　　　　　　受访农村居民参加社会保障情况　　　单位:%，个

		新型农村合作医疗		新型农村养老保险		农村五保		农村低保		高龄津贴	
		参加比例	样本量	参加比例	样本量	参加比例	样本量	参加比例	样本量	参加比例	样本量
总计		95.3	193	22.5	151	1.4	144	28.0	150	15.2	151
民族	汉族	97.4	154	20.8	120	1.8	114	23.7	118	16.9	118
	朝鲜族	86.5	37	27.6	29		28	46.7	30	9.7	31

表 8-45 受访农村居民社会保障满意度 单位:%，个

		新型农村合作医疗		新型农村养老保险		农村五保		农村低保		高龄津贴	
		满意比例	样本量	满意比例	样本量	满意比例	样本量	满意比例	样本量	满意比例	样本量
总计		88.1	185	68.4	38	40.0	5	80.0	45	84.6	26
民族	汉族	86.1	151	72.4	29	40.0	5	77.4	31	82.6	23
	朝鲜族	96.9	32	62.5	8	0	0	85.7	14	100	3

最低生活保障是维护贫困人口基本生活权益的基础性制度安排，是国家对人均收入低于当地最低生活标准的人口给予一定现金资助，以保证该家庭成员基本生活所需的社会保障制度。从低保的覆盖面来看，应当做到应保尽保、公平公正，但从长白县城乡居民对低保制度评价好坏参半，认为低保制度将该享受低保的人群全部纳入的有 54.8%，45.2%的认为低保制度覆盖面仍有改善空间；39.3%的人觉得低保户是身边最困难的人，30%的认为不是，30.7%的人不太清楚，这说明低保制度的公开公正程度有待提高，政府应当在畅通群众参与渠道，保证制度实施公平公正方面下功夫。低保作为社会救助的一部分，以满足最低需求、增进社会和谐为宗旨，但在调查中发现，认为该制度能满足最低需求的仅为 43.7%，32.7%的受访者认为不能够满足最低需求，认为能够帮助解决家庭特殊困难和提高生活水平的占比分别为 14.0% 和 10.0%。朝鲜族对低保制度的认同度高于汉族，50.0%的朝鲜族受访者认为低保制度能够满足最低需求，汉族持同样想法的占 42.3%。

表 8-46 受访者对最低生活保障水平和作用的看法 单位:%，个

		能够满足最低需求	能够帮助提高生活水平	能够帮助解决家庭特殊困难	不能够满足最低需求	合计	样本量
总计		43.7	10.0	14.0	32.7	100	442
民族	汉族	42.3	10.4	13.5	33.8	100	355
	朝鲜族	50.0	8.8	16.3	25.0	100	80
户口	农业	42.1	9.1	16.2	32.5	100	197
	非农业	44.9	10.6	12.2	32.2	100	245

（三）地方政府扶贫政策实施情况及其效果

当前，地方政府高度重视扶贫工作，将扶贫攻坚作为全面建成小康社会的重要举措。民族地区将救济式扶贫与开发式扶贫相结合，在基础设施、技能培训、产业扶持等方面采取政策扶贫、项目扶贫、产业扶贫，广泛致力于减贫扶贫工作。经过数据筛选，将样本量（城乡居民知晓情况）小于30的项目排除，长白县政府实施的扶贫项目中群众知晓度高的详见表8-47。从扶贫项目的知晓情况来看，长白县扶贫项目主要涉及"两免一补"政策、"村村通"工程、卫生设施建设项目、人畜饮水工程、电力设施建设工程和退耕还林补助工程，占比分别为43.6%、35.3%、32.9%、31.2%、30.1%、26.9%。从城乡差别来看，城镇和农村居民对扶贫工程生产项目、技术扶贫、卫生设施建设项目的知晓度基本持平，城镇居民知晓率较高的主要涉及教育领域，包括"两免一补"政策、资助儿童入学和扫盲教育项目、教育扶贫工程等，此外，城镇居民对移民搬迁工程的知晓率远高于农村居民；农村居民知晓度较高的涉及基础设施和农业生产等领域，包括退耕还林补助工程、基本农田建设工程、电力设施建设工程、道路修建和改扩工程、人畜饮水工程、"村村通"工程。朝鲜族和汉族在各项扶贫政策的知晓度方面与总体情况大致相同，朝鲜族更加关注教育扶贫、技术扶贫，汉族更加关注基础设施方面的扶贫政策与项目。调查发现，长白县城乡居民和各族群众普遍对扶贫培训了解不多，当地政府应加大扶贫知识和扶贫政策培训力度。

长白县城乡居民对各项扶贫政策的满意比例都达到80%以上，其中，排除满意度评价样本量低于30的扶贫项目，"两免一补"、电力设施建设工程、"村村通"工程、教育扶贫工程、种植业/林业/养殖业扶贫金的满意率超过90%，分别为98.5%、97.9%、94.6%、94.6%、94.4%。从城乡差距来看，城乡居民对各项扶贫政策的满意率整体差别不大，退耕还林工程、"村村通"工程和教育扶贫工程城镇居民的满意度城镇高于农村，基本农田建设工程、人畜饮水工程中农村居民的满意度明显高于城镇居民。从民族维度来看，汉族在移民搬迁方面的满意率明显高于朝鲜族，朝鲜族在退耕还林工程、扶贫生产工程、"村村通"工程、种植业/林业/养殖业扶贫金和教育扶贫方面的满意率明显高于汉族。

由此可见，国家大力投入资金和项目支持民族地区和少数民族发展，各项扶贫项目实施情况良好，得到当地城乡居民的广泛认可。其中，"两免一补"政策最受群众欢迎，电力设施建设和"村村通"工程同样获得广泛好评。但是，扶贫政策在扶贫工程生产项目、基本农田建设、技术推广及培训、资助儿童入学和扫盲教育项目、种植业/林业/养殖业扶贫金、教育扶贫工程和扶贫培训工程等领域的投入力度仍需加强，当前未能完全满足城乡居民的需求。

表 8-47　　　　　　　　　受访者对当地扶贫政策的知晓情况　　　　　单位:%，个

	总计	民族		户口	
		汉族	朝鲜族	农业户口	非农户口
移民搬迁工程	15.0	14.1	19.0	6.0	23.3
"两免一补"政策	43.6	42.4	46.6	37.3	49.4
扶贫工程生产项目	18.8	17.7	24.1	19.3	18.3
退耕还林还草补助工程	26.9	26.5	29.3	31.3	22.8
道路修建和改扩工程	71.1	70.7	74.1	74.1	68.3
基本农田建设工程	13.0	11.3	22.4	15.7	10.6
电力设施建设工程	30.1	30.4	27.6	36.7	23.9
人畜饮水工程	31.2	31.4	27.6	34.9	27.8
技术推广及培训工程	11.8	11.3	15.5	12.7	11.1
资助儿童入学和扫盲教育项目	9.0	7.1	15.5	6.0	11.7
卫生设施建设项目	32.9	31.8	37.9	33.1	32.8
种植业/林业/养殖业扶贫金	13.0	13.4	12.1	12.7	13.3
"村村通"工程（广播电视/道路/通信网络）	35.3	36.0	32.8	42.8	28.3
教育扶贫工程	12.7	11.0	19.0	6.6	18.3
样本量	346	283	58	166	180

表 8-48　　　　　　　　　受访者对当地扶贫政策的满意度　　　　　单位:%，个

		总计	民族		户口	
			汉族	朝鲜族	农业户口	非农户口
移民搬迁工程	满意比例	82.1	85.2	72.7	85.7	81.3
	样本量	39	27	11	7	32
"两免一补"政策	满意比例	98.5	98.1	100	98.2	98.8
	样本量	136	107	25	56	80

续表

		总计	民族		户口	
			汉族	朝鲜族	农业户口	非农户口
扶贫工程生产项目	满意比例	89.1	85.4	100	92.9	85.2
	样本量	55	41	13	28	27
退耕还林还草补助工程	满意比例	82.5	79.0	94.1	79.6	87.1
	样本量	80	62	17	49	31
道路修建和改扩工程	满意比例	82.1	81.6	85.7	81.0	83.3
	样本量	235	190	42	121	114
基本农田建设工程	满意比例	83.3	82.6	84.6	87.5	75.0
	样本量	36	23	13	24	12
电力设施建设工程	满意比例	97.9	97.4	100	98.3	97.3
	样本量	96	78	16	59	37
人畜饮水工程	满意比例	80.8	82.5	81.3	89.5	69.0
	样本量	99	80	16	57	42
技术推广及培训工程	满意比例	87.9	87.5	88.9	89.5	85.7
	样本量	33	24	9	19	14
资助儿童入学和扫盲教育项目	满意比例	96.2	100	88.9	88.9	100
	样本量	26	15	9	9	17
卫生设施建设项目	满意比例	85.0	84.5	85.7	86.8	83.3
	样本量	107	84	21	53	54
种植业/林业/养殖业扶贫金	满意比例	94.4	93.1	100	94.7	94.1
	样本量	36	29	7	19	17
"村村通"工程（广播电视/道路/通信网络）	满意比例	94.6	93.6	100	92.8	97.7
	样本量	112	94	17	69	43
教育扶贫工程	满意比例	94.6	92.0	100	90.0	96.3
	样本量	37	25	10	10	27

（四）退耕还林与生态保护

长白县居民的生态保护认同度较高，而且具有朴素的环境保护意识，认为万物都有生命，在人类开发使用中需要保护大自然，为了子孙后代，为了继承先人和本民族传统而保护生态环境的认同度均高于96%。但当经济发展、促进就业与环境保护相冲突时，部分受访者倾向于牺牲环境，认为经济发展和促进就业与环境保护同等重要的比前面高度认同的生态保护意识低 20—30 个百分点。另外，对于生态补偿机制的建设赞同度为 85.3%。这说明，城乡居民的环境保护意识还处于朴素的自发阶段，缺乏体制机制建设意识，遇到经济发展、促进就业与环境保护的张力时会忽视环境的重要性。

表 8-49　　　　　　　　受访居民生态保护评价　　　　　单位:%，个

		总计	民族		户口	
			汉族	朝鲜族	农业户口	非农户口
大自然容易破坏，需要人类保护	同意比例	96.7	96.8	97.5	97.1	96.4
	样本量	459	371	81	206	253
万物和人类一样都有生命	同意比例	97.4	97.3	97.5	98.5	96.4
	样本量	459	371	81	206	253
为了子孙后代必须大力保护环境	同意比例	98.0	98.1	97.5	98.1	98.0
	样本量	459	371	81	206	253
为了本民族传统，必须平衡利用与保护环境的关系	同意比例	97.4	97.3	97.5	97.6	97.2
	样本量	457	369	81	205	252
为了加快致富发展，人类没必要考虑环境	反对比例	75.8	77.9	66.7	79.1	73.1
	样本量	459	371	81	206	253
为了当地经济和就业，需要大规模开发自然资源	反对比例	61.8	62.4	60.5	69.3	55.7
	样本量	458	370	81	205	253
国家和发达地区需要加强生态补偿机制建设	同意比例	85.3	87.0	77.8	82.0	88.0
	样本量	457	369	81	206	251

退耕还林是生态保护的重要举措，是我国实施西部大开发战略的配套政策之一。该项工作于 1999 年开始试点，2002 年全面启动，截至 2014 年 10 月完成工程建设任务 2940 万公顷，工程区森林覆盖率平均提高 3 个多百分点，使全国有林地面积、森林总蓄积量增长分别超过 15.4% 和 10%。[①] 长白县自 2002 年起实施退耕还林工程，通过一系列的生态恢复举措，使生态环境得到很大改善，水土流失现象得到有效遏制，森林覆盖率进一步提高，防灾减灾能力持续增强，从而为县域经济社会发展注入强劲

---

① 《新一轮退耕还林启动　全面深化改革又一重大突破》，中国林业网 http://www.forestry.gov.cn/tghl/2432/content-712615.html。

活力。

退耕还林工作关系到老百姓的切身利益，理应为城乡居民所熟知。但在调查中发现，82.8%的受访者认为所在地区并未实施退耕还林，绝大多数受访者对于退耕还林的起始年份、运行状态、配套措施知之甚少。受访者对退耕还林的具体作用持谨慎乐观态度，认为"已经遏制了土地或草场退化"的仅占 34.1%，59.1%的人认为政策实施"时间太短没有明显改观，但时间长了肯定有好的效果"，有 6.8%的人认为"无论时间长短，环境都不会有所改变"。对于退耕还林的经济效果，37.5%的受访者表示不清楚，占比最高，32.5%的受访者认为退耕后自家收入没变化和收入下降的比例分别为 32.5% 和 10.0%，认为退耕后自家收入提高的仅占 20.0%。在普遍不了解政策内容和运作方式的情况下，对退耕还林的相关职业培训了解程度农业户口高于非农业户口，在仅有的 28 个了解退耕还林职业培训的人中，农业户口的为 26 人，占 92.9%；同时农业户口受访者对于退耕还林政策的后续实施给予更多的关注，有 45 人对是否继续实施退耕还林政策表态，占 93.8%。

六　简要结论与相关建议

党和国家一贯重视民族自治地方和边疆地区发展问题，采取诸多特殊政策和措施，以加快边疆民族地区经济社会的全面发展。长白县是边境县，也是自治县，不仅享受民族区域自治的所有政策，而且享受国家出台的支持边疆民族地区发展的各项政策措施。进入 21 世纪，根据国家实施西部大开发战略和加快少数民族和少数民族地区经济社会发展措施，吉林省委、省政府也制定了相应的实施意见，提出在省级职权范围内，少数民族自治县可比照西部大开发享受优惠政策，为长白县实现后来居上提供了政策支持。与此同时，长白县独特的资源优势、区位优势也为其发展外向型经济提供物质保障和地缘平台。调查显示，进入新世纪以来，长白县经济社会实现了长足发展，经济总量快速增长，城乡面貌明显改善，人民生活水平进一步提高，呈现出经济发展、社会和谐、民族团结、百姓富裕、边境稳定的良好氛围。

具体来说，长白县经济社会快速发展主要体现在：县域经济的迅速发展，促使经济结构和就业结构的初步转型，长白县居民逐渐改变以农业为主的传统生计方式，实现了灵活就业。随着商品房政策、政府保障性住房政策、小产权房政策、城镇棚户区改造政策和农村住房改革政策等一系列住房政策的完善，长白县城乡居民家庭自有住房率较高，居住条件得到较大改善。长白县扎实推进民生工程，加强基础设施建设，教育设施、医疗机构、治安设施、活动中心、邮电所、银行等基础设施齐全，居民生活便利性明显增强。重视医疗、卫生、教育和社会保障等各项社会事业的发展，保障各民族尤其是贫困人群和弱势群体抵御疾病、养老等社会风险的能力，提高他们的自我发展能力。各项涉及少数民族的生育、教育、扶贫和其他优惠政策的实施，使少数民族获得了更多的发展机会，提高了他们的社会参与能力。对于民族文化的保护，特别是语言文字的保护，使少数民族文化得以传承和弘扬，促进了各民族之间的文化交流，使各民族在热爱祖国的同时对本民族文化具有较强的归属感和自豪感。总之，边境民族地区的快速发展，基础设施的不断改善，少数民族权益的有效保障，生态环境持续得以优化，各项社会事业不断发展，使得当地居民对长白县的发展充满信心，生活满意度较高。和谐稳定的政治、经济和社会环境促使了各民族间的良性互动，推动民族关系和谐发展，使各民族对祖国形成高度认同，并且在国家认同的基础上，各民族形成和发展着本民族认同，进一步增强了民族自信和文化自信，促进边境民族地区繁荣稳定发展。

在肯定成就的同时，长白县当前发展面临的特殊困难与问题也无法忽视。首先，受地域、交通等多方面限制，长白县经济总量小，发展活力不足，缺乏稳定的企业税收来源，无力对基础设施建设投入；属于资源主导型经济，但资源开发综合效益偏低；基础设施较为落后，交通闭塞，落后薄弱的交通造成了长白县与外界联系的困难，限制了长白县向国内外的招商引资，成为制约长白县经济社会发展的主要瓶颈。其次，长白县居民的就业途径和择业地点，仍以传统的方式和本地就业为主，而长白县劳动力市场不尽完善，城镇劳动力供大于求，农村也有大量富余劳动力需要转移。与此同时，企业招工难和劳动力就业难并存的结构性矛盾仍是就业的主要难题，劳动力数量大，但素质偏低，难以满足多元化岗位需求，就业困难人员和农民工等群体由于自身条件缺乏就业竞争力，高校毕业生存在自愿性失业和被动性失业并存的情况。就业多元化与就业服务相对滞后的矛盾也在持续，就业服务平台不健全，就业培训体系不完善，距离公共服务均等化和劳动者的期望还有较大差距。再次，政府对民族文化的传承和保护力度不够，双语教育效果不明显，实施力度、覆盖范围和宣传力度有待加强。当地的文化旅游产业和民族文化传媒尚不发达，未能成为民族文化传承的主要阵地。复次，由于基层政府工作头绪繁多，而工作人员素质参差不齐、认识不足、人手不足等问题并存，导致一些群众期望值较高的优惠政策不能落地，群众对扶贫、生育、教育、社会保障等政策一知半解，影响着政策的实施效果。最后，虽然边境民族地区和谐稳定，但国家在制定和实施政策过程中，往往采取统一标准，未能顾及地理位置、边境因素、人口密度、生活成本等综合因素，未能充分体现各个自治地方的发展诉求和实际愿望，未能有效满足边境县和自治县的经济社会发展与和谐稳定并存的需求。

改革开放以来，长白县在经济社会发展方面取得了令人瞩目的成就。然而，在长白县发展过程中也存在一些困难与问题，其中既有主观原因，也有客观因素。为更好地促进边疆民族地区经济社会建设，维护边疆民族地区的长治久安，长白县未来发展应重点关注以下几个方面。

1. 加强交通基础设施建设，扩宽就业渠道，引导本地劳动力就近城镇化

在经济发展和城镇化进程中，长白县医疗卫生、文体基础设施、治安设施和城市道路、给排水、垃圾处理、供热等综合基础设施得到改善。然而，相对于生活基础设施来说，落后的交通基础设施一直是制约长白县发展的主要瓶颈。长白县地处偏远山区，群山林立，沟壑纵横，交通建设困难重重。这里交通不便，交通基础条件薄弱，无航空和铁路，没有高速公路，是吉林省两个不通火车的县份之一，仅有两条公路与县域外相通，而且这两条公路等级为二级公路标准下限，远远不能满足经济发展与边防战备需求。这里远离中心城市，距离上级城市白山市区290公里，距省府城市长春510公里，距长白山机场110公里。落后的交通基础设施导致长白县经济实力和发展活力不足，有资源优势却由于自我开发能力不足而未能有效开发。交通是加强边疆民族地区和内地经济、技术、文化交流的重要桥梁，交通建设关乎国计民生，也涉及边防战略，需要国家和吉林省政府的高度重视和督促，并从政策、财力等方面给予大力支持和扶持。

当前，新型城镇化作为破解城乡二元结构、促进农业现代化、提高农民生产和收入水平的重要抓手，为推动我国经济持续健康发展提供强大动力。新型城镇化强调"推进以人为核心的城镇化，推动大中小城市和小

城镇协调发展、产业和城镇融合发展，促进城镇化和新农村建设协调推进"，① 并以中小城市和小城镇为重点。长白县要抓住国家战略机遇，大力加强交通基础设施建设，增强城镇辐射带动、人口吸纳和综合服务能力，要加强城镇劳动力市场的规范与管理，加大农村劳动力转移就业培训力度，提高城乡居民的就业能力，引导本地劳动力就近城镇化。

2. 探索实施生态移民，完善生态补偿机制，实现经济与社会协调发展

长白县拥有丰富的林业资源和林下经济资源禀赋，林业和人参生产是该县传统的经济支柱，是国家支持的长白山林区生态保护与经济转型、资源型城市转型、循环经济转型、新兴战略转型县份，享有老少边穷地区等政策和实施居民收入增长与 GDP 增长同步的机遇，享受国家支持公益林管护和生态补偿等多方面的优惠政策。近年来，随着国家加大实施天然林保护工程力度，对林地采伐指标实行严格管理，长白县林业、人参企业生产规模逐年下降，全县 8 个林场职工大量转岗、离岗，原有的 4 个国营参场职工全部下岗。这些下岗职工文化程度偏低，创业能力有限，加上年龄的限制，他们的就业和生活等方面遇到较大问题，而当前的生态补偿机制存在补偿标准偏低、地方和群众直接获益不足等弊端，未能很好地消解这一问题。此外，为巩固生态建设和环境保护成果，自治县部分参场和无发展前景的偏远村屯急需生态移民，但因县级政府财力有限难以实施。

为统筹解决原参业企业参农、林业企业职工以及边远村屯居民的"民生"与"发展"等问题，长白县编制《生态移民总体规划》，积极探索生态移民，将生态城镇化建设与新农村建设有机结合起来，结合保障性住房建设、园区建设、重点村镇建设，逐步将生态破坏严重、地质灾害隐患较大的村屯居民迁出。② 在政策措施和资金支持方面，除争取国家和省在生态移民、产业发展、土地转换等方面给予更多的支持外，应建立和完善投融资机制，制定有利于筹集生态建设资金的各项政策，鼓励不同经济成分和各类投资主体以多种形式积极参与生态建设，不断加大生态建设重点项目的资金投入力度。针对生态保护和环境污染防治，通过法律法规进

---

① 《中共中央关于全面深化改革若干重大问题的决定》，http：//news.xinhuanet.com/2013-11/15/c_ 118164235.htm。

② 《长白县探索实施"生态移民"工程》，http：//www.farmers.org.cn/Article/ShowArticle.asp？ArticleID=620265。

行约束和规制，加强市场机制对生态环境资源供求的引导作用，基于受益者和破坏者付费的原则，实施生态补偿保证金制度，逐步实行按排污总量进行征收资源税费，所征收的资源和环境保护税费专项用于生态建设。

3. 大力发展文化生态旅游，使文化产业成为弘扬地方文化和民族文化的主阵地

长白县是全国唯一的朝鲜族自治县，其身处天池下，背靠望天鹅，源生鸭绿江，面临朝鲜惠山市，为长白山南麓第一站，鸭绿江源头第一县。目前，长白县观光旅游以长白山和鸭绿江旅游为主，对县内景点的旅游及赴朝旅游尚未全面开展。地方文化和民族文化资源整合与开发不足，丰富的文化资源优势尚未转化为产业优势，对经济的贡献率偏低。

当前，长白县正努力加强生态旅游服务设施建设，扩大民族风情旅游、特色农业企业文化及观光农业旅游，加强长白县农业采摘园及民俗休闲旅游区建设，围绕"环山、沿江、跨国"的总体框架，争创集"边境风貌、民俗风情、原始风景、异国风光"于一体的旅游网络，① 并进一步向"休闲观光年林业、休闲农林采摘业、滑雪运动休闲"等休闲旅游转型，力争将长白县打造成生态旅游强县。与此同时，要大力发展文化产业，使之成为弘扬地方文化和民族文化的主阵地，加强文化产业对经济社会发展的贡献率。

4. 改善社会政策投入方式，增强基层自治地方政府的执政能力与治理能力

应当说，由于民族区域自治制度的实施，长白县的民族干部培养和任用迈上了新的台阶，在25个政府序列局中，始终有8个局由朝鲜族干部担任局长，占32%；保证至少有2名朝鲜族干部担任乡镇党委书记，乡镇领导班子中至少配备1名朝鲜族干部，在2001年和2004年两次乡镇撤并中，长白县乡镇由原来的11个撤并为8个，但朝鲜族干部任乡镇党委书记的职数没有减少，仍然保证了2个乡镇的党委书记由朝鲜族干部担任。然而，在经济与社会发展方面的自治权则容易被忽视，甚至被侵犯。比如，吉林省明确规定长白县比照享受西部大开发的有关政策，但长白县并没有享受这方面的优惠政策；与此同时，也存在上级国家机关侵犯"确定本地方内草场和森林的所有权和使用权"的自治权的做法。此外，广

---

① 长白县环保局：《长白朝鲜族自治县生态县建设规划》，2014年，第41—43页。

大群众对诸多关涉切身利益的扶贫政策和民族优惠政策知晓度不高，也成为影响民族区域自治制度实施效果的重要因素。因此，各级政府和有关部门要将政策措施和法律常识纳入宣传教育计划，充分利用多种新闻媒体广泛开展多层次的舆论宣传和科普教育，扩大公民对社会政策的知情权、参与权与监督权，促进决策的科学化与民主化。同时将社会治理与政府治理相结合，促进治理主体的多元化，发挥社会组织在各项建设事业中的作用，增强基层自治地方政府的执政能力与治理能力。

长白县作为边境县、民族自治县，在国家和上级政府的关怀下，享受相关政策支持及各种优惠扶持，这是长白朝鲜族自治县改变落后的边疆地区面貌的重要动力之一。然而，相比之下，民族自治县待遇上除了宪法和区域自治法规定的硬性条件外，因为民族自治地方而享受的政策倾斜不明显，尤其是省级政府的政策倾斜落实不足。此外，边境县待遇方面，不管边境线长短都一样的做法也应改变。如白山市辖边境县（区）有长白、临江、抚松、八道江区 4 个，边境线总长 451.3 公里，其中长白边境线 260.5 公里、临江 141 公里、抚松 4.8 公里、八道江区 45 公里，这几个县区的边境线长短悬殊，但享受一样的待遇。国家和上级政府制定和落实有关政策时，应该兼顾长白县之边境县、民族自治县的"双重身份"，予以更多的关注和支持。同时，要区别对待边境线长短地区，应对边境线长的地区给予更多的政策支持和扶持。

边疆民族地区是政治、民族、宗教、生态、国际关系等方面最敏感的地区之一。关注边疆民族及其地区发展和边疆民族地区长治久安，加大相关政策的扶持力度，促进边疆民族地区经济社会快速发展，不仅是经济问题，也是政治问题。需要国家及相关部门进一步重视，将其提上重要的议事日程，加强边疆民族发展问题的调查研究，为边疆民族地区经济社会的快速发展服务。

关键词索引

后　记

中国社会科学院民族学与人类学研究所主持开展的国家社科基金特别委托暨中国社会科学院创新工程重大专项《21世纪初中国少数民族地区经济社会发展综合调查》，在2013年完成民族地区十六个县的问卷调查的基础上，2014年继续完成了城乡问卷调查（以下简称民族地区大调查），调查地点涵盖了内蒙古、吉林、浙江、湖北、广西、四川、西藏、青海、宁夏和新疆十个省区的18个县域。

受中国社会科学院民族学与人类学研究所委托，中央民族大学、新疆师范大学、青海民族大学完成了北方五省区——内蒙古、吉林、青海、宁夏和新疆下辖的八个民族自治县（旗）的问卷调查。具体为：

中央民族大学民族学与社会学学院艾斌教授、丁宏教授亲自挑选了本科、研究生阶段的同学组建了问卷调查队，于2014年7—8月圆满完成了内蒙古莫力达瓦达斡尔族自治旗、吉林长白朝鲜族自治县、宁夏红寺堡区的问卷调查。

新疆师范大学民族学与社会学学院王平教授在2013年完成了新疆四地的问卷调查后，2014年6—7月继续组织所在学院的本科生和研究生形成调查队，圆满完成了新疆鄯善县、乌恰县、富蕴县的问卷调查。

青海民族大学民族学与社会学学院院长马成俊教授，组织该学院师生在2014年7—8月圆满完成了青海省达日县、循化撒拉族自治县两地的问卷调查。

《2014年调查问卷分析·北方卷》共分八章，第一章新疆鄯善县经济社会发展综合调查报告由阿迪娜撰写；第二章新疆乌恰县经济社会发展综合调查报告由李元晖撰写；第三章新疆富蕴县经济社会发展综合调查报告由殷鹏撰写；第四章青海达日县经济社会发展综合调查报告由张小敏撰写；第五章青海循化撒拉族自治县经济社会发展综合调查报告由刘芳撰写；第六章宁夏红寺堡区经济社会发展综合调查研究报告由张少春撰写；第七章内蒙古莫力达瓦达斡尔族自治旗经济社会发展综合调查报告由万斌、刘佳丽共同撰写；第八章吉林省长白朝鲜族自治县经济社会发展综合调查报告由刘玲撰写。

中国社会科学院民族学与人类学研究所所长王延中研究员和丁赛研究员对全书进行了修改和统稿。

中国社会科学院民族学与人类学研究所大调查办公室在王延中所长的带领下对问卷设计、问卷调查的组织与协调、调查问卷录入、调查数据清理、调查数据分析等各项工作倾注了大量心血。同时，2014年大调查各子课题的主持人也对问卷调查给予了大力支持，10个省区、18个民族自治县的民委等有关部门也提高了大量的帮助，在此我们一并表示深深的谢意！

王延中　丁　赛

2016年6月